עבודת הנפש

אייל ורד

# עבודת הנפש

## הדרכה לחיים מלאים לאור תורת החסידות

מגיד

Eyal Vered

*The Work of the Soul: How Hasidic Teachings Can Help You Experience the Fullness of Life*

אייל ורד

עבודת הנפש: הדרכה לחיים מלאים לאור תורת החסידות

עורך אחראי: ראובן ציגלר
עורכת ראשית: אוריה מבורך
עורכת משנה: אפרת גרוס
עריכה לשונית: דוד ברוקנר
הגהה: שרה המר
עימוד: עדי רובין
עיצוב כריכה: שמואל לעסרי



ספרי מגיד, הוצאת קורן
ת״ד 4044 ירושלים 9104001
טל׳: 02-6330530 פקס: 02-6330534
www.korenpub.co.il



מסת״ב ISBN 978-965-526-345-9
נדפס בישראל Printed in Israel 2022

# תוכן העניינים

**בין אדם לחברו**

# נַפְשִׁי חָמְדָה בְּצֵל יָדֶךָ

**"נַפְשִׁי חָמְדָה בְּצֵל יָדֶךָ, לָדַעַת כָּל רָז סוֹדֶךָ"**. ונפש חומדת זו מצאה את דרכה אל מעיינות תורת החסידות. כצמֵא שמצא מעיין מים חיים, כך הרגשתי באותם ימים שנפתחו לפניי שערי תורת החסידות. רבי נחמן מברסלב ותלמידו רבי נתן מנמירוב, שושלת חב"ד מאדמו"ר הזקן עד לרבי זי"ע, ר' צדוק הכהן מלובלין והתפארת שלמה מרדומסק – כל אלה ועוד ועוד.

"צריך לחיות עם הזמן", קרא אדמו"ר הזקן. בהמשך גילו זקני החסידים כי כוונת הרבי היא שיש 'לחיות' עם פרשת השבוע, לא רק ללמוד אותה בכל יום אלא 'לחיות' עימה ממש, עם ההוראה בעבודת ה' הנמצאת בה.

בדרך הזו צעדנו אף אנו, וכך נוצקו אוצרות החסידות מדי שבוע לשיעור 'נפש הפרשה', שהוא הבסיס לספר זה.

אך כאן קרה תהליך מעניין. פעמים רבות מצאתי עצמי ממשיך עם התורות הללו הרבה אחרי שהפרשה חלפה, ומגלה שהתורה הזו נהפכה למשהו שאיתו אני רוצה ללכת כל הזמן.

נוצרה מעין 'התרחבות של הזמן'. פרשת השבוע היוותה נקודת מוצא אך לא נקודת סיום. אט אט התגבשו להן תורות שאליהן ועליהן הייתי חוזר שוב ושוב.

וכך נולד הספר הזה, המחולק למרחבים.

המרחב הראשון – בין אדם לעצמו: תורות הנוגעות לנו כאנשים פרטיים, למודעות הנכונה שלנו ולאופן שבו אנו עומדים בעולם.

המרחב השני – בין אדם לאלוקיו: תורות הנוגעות לאופן שבו אנו עומדים לפני הבורא, לקשר איתו ולאופן שבו אפשר להחיות את הקשר הזה, שיהיה פועם, תוסס וחי.

והמרחב השלישי – בין אדם לחברו: תורות העוסקות במערכת החברתית שלנו כמרכיב משמעותי בעבודת השם; לעיתים כמראה ושיקוף, לעיתים כהזדמנות או כקריאה.

שלושה מרחבים אלה מתלכדים יחד ויוצרים תמונה אחת ממגוון מקורות החסידות, כשמילה אחת עולה ומאירה מתוך כולם: **מפגש.** מפגש של האדם עם עצמו, מפגש עם אלוקיו ומפגש עם חבריו. מפגש אמיתי ועמוק.

כדרכם של דברים, התורות הללו גלגלו בעקביהן גם סיפורים. חלקם קרו סמוך ונראה לזמן כתיבת התורות, וחלקם התרחשו לפני זמן רב, אך רק כשפגשתי את הדברים מתוך תורת החסידות – יכולתי להבין מה קרה לי אז...

הסיפורים מלווים את הספר לאורכו, בין תורה לתורה. בחינת "בדרך סיפרתי מעשה שכל מי ששומעה היה לו הרהור של תשובה".[1]

שותפים רבים לספר הזה, ולכולם אני מודה.

ראשונים – בית הוצאת מגיד־קורן, ובהם בפרט למו"ל יהושע מילר; לראובן ציגלר העורך האחראי; לאוריה מבורך שליוותה את כל תהליך ההוצאה מראשיתו ביחד עם אפרת גרוס; לדוד ברוקנר ולשרה המר על העריכה וההגהה המדויקות. לשמואל לעסרי על עיצוב הכריכה ולכל צוות ההוצאה שבעשייתם היומיומית הם מהווים בית של ממש להתחדשות רוחנית בכל תחום, והכול בנעימות, מקצועיות ואהבת תורה.

מכון מאיר בירושלים, וקהילת יחדיו בפתח תקווה שבה אני זוכה לשמש ברבנות, היו פעמים רבות השומעים הראשונים של השיעורים. התגובות, השאלות והתובנות שעלו בעקבות השמיעה הפעילה הזו הפכו את השומעים לשותפים של ממש בספר הזה, בחינת "חברים מקשיבים לקולך".

ואחרונה חביבה, אשתי מיכל – ששפת אמת בפיה ובלבבה, וחלקה בספר הזה גדול מכפי שניתן לתאר.

1 הקדמת רבי נחמן ל"מעשה מבת מלך" ש**בסיפורי מעשיות**.

נַפְשִׁי חָמְדָה בְּצֵל יָדֶךָ

יחד אנחנו מקדישים את הספר הזה לילדינו היקרים – תהילה חיה ובעלה אביהו, נעמה מרים ובעלה עזריאל, דוד, עבריה, קמה ועטרה – ולנכדינו רועי, אלינעם ובניה יצחק, נרם יאיר ויזרח.

יהי רצון שיהא ליבכם פתוח לעבודת השם בדרך רבותינו בעלי החסידות מתוך שמחה, דבקות, אהבת ישראל ועין טובה.

רגע לפני שיוצאים לדרך אזמין אותך, הקורא או הקוראת, לפתוח את ליבך. לתת לדברים לחלחל אליו פנימה, ולחולל בו שינוי של ממש.

בואו. נצא לדרך.

איל ורד

תשרי תשפ״ג

# בין אדם לעצמו

## שער ראשון

ראשית תנועת התיקון של האדם בעבודת השם היא בינו לבין עצמו. עוד לפני שנפגוש את הבורא ואת מה שהוא רוצה מאיתנו, נדרשת עמידה בסיסית והיכרות של האדם עם עצמו, עם כוחותיו וכישרונותיו, עם חלקי אישיותו. שאלת "אייכה?", המהדהדת מאז פרשת בראשית, יכולה להגיע רק אחרי שיש אדם שמכיר את עצמו מעט, ושאליו ניתן להפנות את הזעקה. ראשית המסע תהיה אפוא בתורות העוסקות במערכת היחסים של האדם עם עצמו.

# בְּרַח לְךָ אֶל מְקוֹמְךָ

## להיות במקום שלי

באופן הכי טבעי, כל אחד מאיתנו רוצה להתקדם על ציר עולה של הצלחה, של התפתחות ושל זרימה. את הציר הזה אנו הולכים ומחפשים כל ימינו. מה המאפיינים של מקום כזה? יש בו מרחב, טבעיות, חידוש ויצירתיות. זה המקום שבו אנו מרגישים את התחושה המיוחדת של 'הגעתי', 'זה המקום שלי'.

אלא שיש כמה וכמה מחסומים בדרך לנקודה הזו. ראשית יש את המחסומים הרגילים והמוכרים: היצרים, התאוות, כל מה שמסיט אותנו מן המסלול הזה לעבר צדדים נמוכים יותר באישיות שלנו.

אלו המחסומים הקלים.

המחסומים היותר קשים הם הדברים הטובים שאנו שומעים כל העת ממחנכים, מהורים, מחברים. כיוונים טובים, משמעותיים, נכונים – אך לא שלנו. וכאן כבר קשה מאוד להבדיל. כאן אין מדובר בבחירה בין טוב לרע, אלא במלאכה אחרת. מלאכה של דיוק. מהו הטוב שלי, השייך אליי. מהי האות שלי בתורה.

כאן נדרשת עבודת נקיות, שנלמדת דווקא מבלעם. כמו הרבה דברים גדולים, שבאים קודם כול בעטיפה של קליפה עבה – כך גם במקרה זה. בלעם רוצה לקלל את ישראל. זוהי מהותו. אלא שלא נעים לו להיראות כך ברבים, ולכן הוא עוטף עצמו באיצטלה מכובדת הרבה יותר. הוא כביכול נמסר לידי שמיים. את אשר ישים אלוקים בפיו – אותו ישמור לדבר. אין הוא רודף כבוד או ממון כלל וכלל, אלא מין גורו רוחני.

גם הקללות שרצה לקלל נושאות אופי נכבד. הרי את הברכות שבירך יש להפוך כדי להבין מה עלה תחילה במחשבתו. כך לימד אותנו משה רבנו: "וַיַּהֲפֹךְ ה' אֱלֹהֶיךָ לְּךָ אֶת הַקְּלָלָה לִבְרָכָה".[1]

לפי זה נמצא שבלעם רצה לקלל את עם ישראל בקללות גבוהות, הקשורות בהיותנו עם. הכול ברמה הלאומית והבינלאומית. בלעם הוא קוסם גדול, לא סתם אחד שמחרף ומגדף ברחוב.

אך כל זה לא מועיל. הוא לא מצליח לקלל. עולם הקללות שלו, שבו הוא יצירתי ומוצלח כל כך, נסתם בעדו בגלל שהוא מנסה לחקות מישהו שאינו הוא.

בסופו של דבר מרעים עליו בלק: "בְּרַח לְךָ אֶל מְקוֹמֶךָ!"[2] – למה אתה מנסה להידמות למי שאינו אתה? היכנס למקום שלך, למי שאתה באמת, ואז תצליח. ובאמת, בלעם מצליח. ברגע שהוא מרפה מהניסיון להיות מין קוסם־על מכובד עם עניבה, וחוזר לנקודה שלו, שהיא עריות, הוא מייד מצליח לתת עצה שמכשילה את ישראל: "אלהיהם של אלה – שונא זימה". זה בלעם, זה המקום שלו, ושם הוא מצליח לתת עצה מדויקת. כך מבאר **התפארת שלמה** מרדומסק:

> לכן כשאמר לו "ברח לך אל מקומך" בלא שום כבוד ושכר, אז מצא הרשע המזוהם הזה ליעצו, כמ"ש "איעצך". ומה היא העצה? אלהיהם של אלו שונא זמה הוא כו', ובעונות הרבים עלתה בידו להכשיל.

המקום הזה, שאצל בלעם הוליד את האפשרות לקלל את ישראל בצורה מדויקת ותכליתית שפגעה בנו מאוד, הוא מקום יקר. הזוהר הקדוש לוקח את הפסוק

1 דברים כג, ו.

2 במדבר כד, יא.

הזה, שאמר בלק לבלעם, ומגדיר איתו את ספירת הכתר. ספירה זאת היא בעצם השם הפנימי של המרחב שעליו אנו מדברים כאן:

> תלת רישין אתגלפן דא לגו מן דא, ודא לעילא מן דא. רישא חדא חכמתא סתימאה, דאתכסייא ולא מתפתחא, וחכמתא דא סתימאה, רישא לכל רישי דשאר חכמות. רישא עלאה עתיקא קדישא סתימא דכל סתימין, רישא דכל רישא, רישא דלאו רישא, ולא ידע ולא אתידע מה דהוי ברישא דא, דלא אתדבק בחכמתא ולא בסוכלתנו, ועל האי אקרי "ברח לך אל מקומך".
>
> [תרגום: שלושה ראשים המגולפים זה מתוך זה וזה למעלה מזה. ראש אחד הוא חכמה סתומה מכוסה ולא פתוחה, וחכמה זו הסתומה היא המקור והראש לשאר החכמות. (הראש השני הוא) ראש עליון, עתיקא קדישא הסתום מכל סתום, ראש דכל ראש, ראש שאינו ראש, ולא ידע ולא נודע מה שיש בראש זה, שהוא למעלה מן החכמה וההשכלה, ועל כן נקרא "ברח לך אל מקומך"]

הזוהר מתאר כאן את ספירת הכתר העליונה, הנקראת בלשונו "ברח לך אל מקומך". הספירה הזו מבטאת עבורנו את שורש הנשמה, את הנקודה הפנימית שאולי לא ניתן לתארה במילים, אך ניתן לחוש אותה ולהכיר בה. במקום הזה, שהוא המקום שלנו, אנו חווים תחושת שייכות, קִרבה ודיוק, וממילא מצליחים גם לחדש, לפרוץ ולנבוע. זהו המקום המקביל בקדושה למקומו של בלעם, שבו הצליח לקלל ולפגוע אחרי שניסה לעשות זאת פעמים רבות כל כך ללא הצלחה. המקום הזה, המקום שלי, הוא מקום שבו יש קשר, מגע כלשהו, עם ספירת הכתר הנעלמה והבלתי נודעת.

בדרך כלל, במרחבים הללו שבהם יש נגיעה של ספירת הכתר, אנו נוטים לענות תשובה אחת קצרה: "ככה".

מדוע אתה גר במקום כזה ולא במקום אחר? "ככה".

מדוע התחתנת עם אישה זו ולא עם אישה אחרת הדומה לה? "ככה".

המילה "ככה" היא ראשי תיבות של הביטוי "כתר כל הכתרים".

"ברח לך אל מקומך" פירושו שברגע שאנו מזהים מקום כזה – צריך למהר ולאחוז בו, 'לברוח' אליו. הכתר מציץ אלינו ברגעי חסד, נגלה ואינו נגלה, ואז צריך לנצל את ההזדמנות ולמהר לאחוז בו. הארת הכתר נעלמת מייד. נוכחותה בגלוי היא קצרה מאוד. הכתר רומז רמזים, שאותם עלינו למהר ולתפוס.

"ברח לך אל מקומך!". האמירה הזאת מופנית במיוחד כלפי קולות חיוביים שונים שמציפים אותנו ומטשטשים את מי שאנחנו באמת. אדם צריך למצוא את מקומו המיוחד, שבשבילו נברא ונשלח לעולם.

יפים מאוד לעניין זה הם דברי הרב קוק, תחת הכותרת "השם העצמי וההתחדשות":

> העולם הרוחני בונה כל אחד ואחד לעצמו בקרבו. כל תכונת ההקשבה אינה כי אם הכשרה לבנין הנצחי העצמי של היחיד, **כל מרכז התורה הוא הפסוק של שמו הפרטי**. זהו כל כובד הדין, כל עומק השאלה, כל איום האחריות, כל חיבוט הקבר. ויש אשר הקשבתו היא כל כך מפולשה, עד שאובד הוא את הריכוז העצמי, יודע הוא שמות רבים, רק את שמו שכח, ולא ידע. אז כי עמלו לריק הוא, ואין לו תקנה כי אם על ידי ערלת אזן כבירה, שמונעתו מכל הקשבה, ואחרי ההירוס הגדול הזה, החרשות, שהיא איבוד כללי, חרשו נותן לו דמי כולו, הוא שב ומתחדש בצורה חדשה. תתהפך כחמר חותם, ויתיצבו כמו לבוש.

טוב להקשיב. אך לא טוב להקשיב יותר מדי, לא טוב להקשיב עד איבוד הקול הפנימי העצמי שלנו, עד ששוכחים את מרכז התורה שהוא הפסוק של שמו

הפרטי של האדם. לעיתים התרופה היא להיאטם לקולות הסובבים כדי להצליח לשמוע את הקול הפנימי האמיתי שלנו – ואז לברוח אליו.

בעולם מסתובבים אנשים רבים ששומעים קולות רבים הממלאים את סביבתם. ההקשבה שלהם "מפולשה", אומר הרב קוק. יודעים הם "שמות רבים" – רק את שמם שלהם אינם מכירים. רק את הקול שלהם, הקול הפנימי, אינם מצליחים לשמוע. רק את מקומם שלהם אינם מכירים. רק את הניגון שלהם אינם מנגנים.

הקריאה "ברח לך אל מקומך" היא קריאת חיים. קריאה לכל אחד מאיתנו לחפש ולמצוא את הנקודה המאירה הזו, הנוזלת אלינו מן הכתר. וכשפוגשים אותה, כשמבחינים בה מתנוצצת – מייד לברוח אליה, לרוץ אליה ולאחוז בה, כי היא כנראה סוד התיקון והסיבה שבגללה נשלחנו לעולם.

מעניין מאוד לראות את הרב קוק עושה את התהליך הזה בעצמו, כפי שמופיע בספר **חדריו**:

> ומהי תשוקתי התדירית, יותר טוב לומר טבעי הקבוע, טבע נפשי ומהלך רעיוני? – רק להתחיל מחדש מבראשית. הנני תמיד עומד אצל ההתחלה. הידיעות הבודדות והמסובכות לא ירחיקוני לעולם מהנקודה הראשית שהכל תלוי בה. יכול להיות שיש כאן מן החולשה של פחד מההתרחבות היתרה, אבל אי אפשר כלל לומר שאין כאן גרעין של כישרון טמיר המושך אותי להתעמק בהראשית, בתחלת הכל, ביסודיות ההויה, ברז המציאות, באידאל האידאלים, במרום וקדוש.

כל אחד מאיתנו צריך לחפש את תשוקתו התדירית, את טבע נפשו ומהלך רעיוניו, את נקודת הראשית של הכתר, רישא דלא אתידע. ומשזיהה אותה – לברוח אליה. שם מקומו, שם מקומך שלך.

# וְכָל זֶה אֵינֶנּוּ שֹׁוֶה לִי

## מה אני שווה באמת...

בשיא רוממותו, כשהמן יוצא מן המשתה הראשון יחד עם אסתר ואחשוורוש, הוא נתקל במרדכי שלא קם ולא זע ממנו.

הוא מגיע לביתו ומספר לכל אוהביו את כל גודלו ורוב בניו, ומוסיף:[1]

אַף לֹא הֵבִיאָה אֶסְתֵּר הַמַּלְכָּה עִם הַמֶּלֶךְ אֶל הַמִּשְׁתֶּה אֲשֶׁר עָשָׂתָה כִּי אִם אוֹתִי, וְגַם לְמָחָר אֲנִי קָרוּא לָהּ עִם הַמֶּלֶךְ. וְכָל זֶה אֵינֶנּוּ שֹׁוֶה לִי בְּכָל עֵת אֲשֶׁר אֲנִי רֹאֶה אֶת מָרְדֳּכַי הַיְּהוּדִי יוֹשֵׁב בְּשַׁעַר הַמֶּלֶךְ.

שוו בנפשכם. אדם שכל העולם כפשוטו משתחווה לו, שיש לו עושר עצום, כוח ועוצמה, וכל זה לא שווה בעיניו בגלל יהודי אחד שלא משתחווה לו. מקום הנפש של המן הוא המעניין כאן: עד כמה יכולה להיות נפשו רחבה ויונקת מתהומות של טומאה, שכל הטובות הרבות שיש לו לא שוות דבר כל עוד מרדכי לא משתחווה לו. זהו כנראה אחד הפסוקים המתארים מצב שיא של שפל.

ומה רבה פליאתנו כשאנו מוצאים את שם ה' מסתתר דווקא בפסוק הזה: "וְכָל זֶה אֵינֶנּוּ שֹׁוֶה לִי".

סופי התיבות יוצרים, למפרע, את שם הוי"ה. מה פשר הסתתרות זו של השם כאן?

1 אסתר ה, יב–יג.

ובכן, יש דברים שכנראה אפשר ללמוד רק מהסטרא אחרא. הרי גם היא חלק מעולמו של הקדוש ברוך הוא, כי "לית אתר פנוי מיניה כלל". יש עולם מתוקן, של סדר טוב, ולעומתו עולם של סדר מופרע, של שבירת הכלים. בעולם הזה פועלת הסטרא אחרא, אך היא עצמה לא יודעת שלמפרע, באופן מוסתר, גם היא שותפה במימוש התוכנית האלוקית.

אם נרצה ללמוד על עוצמתו של יהודי אחד – אחד! – ממי נלמד? מהמן... כל עוד יש יהודי אחד בעולם שלא משתחווה לו, לא שווים בעיניו מלוא העולם וחללו. מהמן למדנו על עוצמתו ותוקפו של יהודי בודד.

הפסוק המצוטט מפי המן פוגש אותנו במקום מעניין מאוד במעגל השנה. זהו צירוף שם ה׳ המאיר בחודש תמוז, כמובא בספר יצירה. מדוע?

דווקא בחודש תמוז, שבו מתחיל החורבן וכל מחמדינו נעלמו והיו לאין, יכול היה להתגנב הייאוש לליבנו. כיצד נחזור לימינו הראשונים אחרי חורבן נורא שכזה? או אז, כדי לנחם ולתת כוח, צריך לגייס את האמונה העמוקה ביותר בכוחם של ישראל ובכוחו של כל יהודי. את הכוח הזה – לומדים מהמן. הנה, ראו מה כוחו של יהודי אחד. לכן, כל עוד יש יהודי אחד בעולם, אין ייאוש ולא אבדה התקווה לחזור חזרה למקומנו הראשון. עומק הנחמה צריך להיות עמוק כל כך, שלספר אותו יכול רק מוח מטורף כשל המן. ומשם נחמתנו.

אומנם על מעלת המסירות ליהודי אחד לא למדנו רק מהמן אלא גם ממרדכי. חמש שנים מרדכי מתהלך בשער המלך לדעת מה שלום אסתר ומה ייעשה בה. על השנים הארוכות הללו אומר **השפת אמת**:

> ובכל יום ויום מרדכי מתהלך כו׳. נראה שכל הדברים הנזכרים במגילה היה הכל לצורך הנס. ובוודאי זה דבר גדול מאוד שהיה כארבעה וחמשה שנים מעת הלקח אסתר לאחשורוש. ומרדכי הצדיק הלך בכל יום ויום לראות שלומה בעבור כי היתה יתומה. ובצער התפיסה בבית הנכרי. ובזכות זה זכה לנס.

מי שמוסר את נפשו חמש שנים על יחיד מישראל, סופו שיושיע את כלל ישראל. מי שמבין שכל יחיד מישראל הוא עולם ומלואו, סופו שכל ישראל ייוושעו על ידו.

פורים הוא חגם של היחידים. הם נספרים ונחשבים ונפקדים. לא רק המוקפים, המאוחדים והמחוברים ביניהם, אלא גם הפרזים היושבים בערי הפרזות – ואפילו הוא פרוז יחיד, ואפילו הוא פרוז בן יומו, הנראה בודד ורחוק ומנותק.[2] גם הוא חלק, גם הוא אות, וערכו הוא אינסוף. אי אפשר לוותר עליו, כי הוא שקול כנגד כל העולם כולו. מניין לנו? כי ככה למדנו מהמן. כי מרדכי אחד מכריע אצלו את הכף מול כל הטובות וההנאות שישנן.

מסכן המן... כמה צער יש לו כשהוא מגלה שהוא המורה הגדול ביותר לסגולת ישראל, וממנו נחמה ותקווה גם במצבים הכי קשים.

הלימוד הזה פוגש אותנו לא רק בימי הפורים, אלא לכל אורך השנה. כמה גדולה עוצמתו של יהודי. אחד. וממילא כמה כל אחד מאיתנו יקר בעיני ה׳. את הפסוק הזה צריך לומר כמה פעמים ביום, לחזור עליו, לשנן אותו מול כל מיני רגעי חורבן אישיים, קטנים או גדולים, שיש לנו. מקומות שבהם הנחש לוחש באוזננו שאולי אנחנו לא שווים, לא רצויים, לא חשובים, לא משמעותיים. מי אנחנו בכלל? אנחנו מתחילים לתהות בעקבות לחישותיו. הנה, לא זכרו אותנו כאן, ולא חשבו עלינו שם. הרבה קולות מחלישים כאלה יש. הם בפני עצמם אומנם אינם עבירה, אך מחלישים את המערכת החיסונית הנפשית שלנו. וכאשר מערכת החיסון חלשה – גם נזלת פשוטה נהיית מסוכנת. ההחלשה העצמית, חוסר תחושת הערך, התחושה שאני לא שווה – מסוכנות מפני שהן עצמן יכולות להביא לשבירה ולעבירה. בחסידות אומרים שעצבות אינה עבירה – אך היא עלולה להביא לידי כל העבירות כולן. מול כל המחשבות האלה – צריך לשנן ולחזור על פסוקו של המן. דווקא הוא: ״וכל זה איננו שווה לי״. אתה יודע מה באמת לא שווה? כל העולם לא שווה כלום מול יהודי אחד.

2 האותיות ז׳ וד׳ הן אותיות מתחלפות, ונמצא ש׳פרוז׳ הוא בעצם ׳פרוד׳.

יהודי שהוא בן של מלך, שמלך מלכי המלכים חפץ בו ונתן לו חיים. הידיעה הזו מסוגלת לתת לנו כוחות אפילו בימים של תמוז, בימים של קושי ותעוקה.

ויש לזה גם צד שני: לא רק אדם כלפי עצמו, אלא גם אדם כלפי חברו. כך קורה בפורים. חג זה הוא יום של משלוח מנות איש לרעהו. פתאום צריך לדפוק בדלת, לכתוב פתק, לבוא, לחבק, להשקיע – והכול במישהו אחד.[3] מספיק שהכרת יהודי אחד בפורים קצת יותר לעומק – וכבר יצאת ידי חובה.

למה? כי יהודי אחד הוא אינסוף ממש. וכל העולם כולו לא שווה מול יהודי אחד.

3 מגילה ז ע"א: "ומשלוח מנות איש לרעהו – שתי מנות לאיש אחד".

# חִיצוֹנִי פְּנִימִי עַצְמִי

## על מעלת ההתבודדות

בקרב חסידי חב״ד היו נוהגים לציין אנשים בתארים שונים מהמקובל אצלנו. ושלושה טיפוסים נמנו:

חיצון

פנימי

ועצמי.

### חיצון

**מיהו החיצון?** בחסידות מעמיקים גם במושג הזה. לא מדובר על אדם צבוע – זה אינו חיצון, אלא סתם רמאי. החיצון הוא מי שנתפס לחיצוניות הדברים. הוא לא מרמה חלילה ולא מתחפש למה שאינו. אך בדבר עצמו הוא נתפס לצדדים החיצוניים.

ממילא הוא מושפע מ׳מה יאמרו׳, מהאופן שבו הוא נראה או נתפס. החיצון רץ מהר. קולט דברים ומייד יודע לדבר עליהם בביטחון.

אך הדברים לא הופנמו. לא שקעו פנימה לאישיות. הם בעלי רושם כללי בלבד ולא יצרו כל תהליך עומק. החיצון עושה את המעשים אך חסרה בהם הנשמה והכוונה. ועל זה אנחנו מתפללים: ״תנצל נפשי ורוחי ונשמתי – מן החיצונים״. מלהיות חיצוני.

**אפשר להיות חיצון בתפילה.** בתנועות יתרות או בתשומת לב לשאלה איך אני נשמע כחזן וכמה ׳סחפתי׳ אחריי את הקהל. **ואפשר להיות חיצון בלימוד**

**תורה.** התעקשות על סברה לא נכונה, אמירת דברים בברק חיצוני משכנע אך ללא עומק פנימי נדרש. **ואפשר להיות חיצון בחסד.** ולהיתפס לרושם שהדבר עושה, לתחושת המושיע שיש בדבר, תוך אובדן הרגישות למקבל עצמו. **ואפשר להיות חיצון גם בחסידות עצמה.** בקידוש המסגרת, התנועות, הלבוש.

פעם ניגש יהודי לרבי מלובביץ' ואמר לו: "רבי! אני מאוד אוהב אותך ואת הדרך שלך, אבל לעולם לא אוכל להיות חסיד שלך, בגלל שהדבר ידרוש ממני שינוי חיצוני, כמו גידול זקן ושינוי סגנון הלבוש, ולא נראה לי שאני מסוגל לזה".

הביט בו הרבי במבטו החודר ואמר: "כל יהודי שקם בבוקר וחושב לעצמו כיצד הוא יכול להיות היום טוב יותר מאשר אתמול – הוא חסיד שלי". זו דוגמה למעבר מחיצון לפנימי.

אצל חסידים – להיות חיצון זהו חשש ממשי וגנאי שאין גדול ממנו.

**וכך סיכם את דמותו של החיצון הרבי הריי"ץ,** רבי יוסף יצחק שניאורסון מלובביץ': "החיצון – הדברים אינם קיימים אף לא אצלו עצמו. ה'חיצון' הוא אדם מרומה, ללא יסוד".

החיצון מקביל אפוא לטיפוס בספר התניא שהוא מתחת לבינוני. אין הוא עושה עבירות, אך כל מהותו רחוקה ומלאה בישות. הוא חושב על עצמו ונפעל מסביבתו במקום לחשוב על הקדוש ברוך הוא ולעשות מה שדורשים ממנו כוחותיו הפנימיים.

## פנימי

**עבודת כל אדם היא להיות פנימי.** הפנימי אינו צדיק. הוא קרוב יותר למעלת הבינוני של ספר התניא.

הפנימי מנסה לעשות כל דבר לפי כוונתו הפנימית, ולא לפי מה יאמרו או איך הדבר נתפס. אצל פנימי הדברים נתפסים היטב. יושבים בעומק האישיות ויש לו שייכות אמיתית אליהם.

הפנימי נע כל העת על הציר שבין החשש להיות חיצוני, שתנועתו ומעשיו יושפעו מהסביבה, ובין הרצון להיות בפנים באמת, להיות בדבר כפי שמצופה וכפי שצריך.

**פעם ניגש בעל התפילה** של הרבי הריי"ץ לתפילה. אחר כך עבר לפני הרבי ושאל אותו – "איך הייתה התפילה?" ענה לו הרבי: "במקומות שהתאמצת – לא היה טוב...".

מקומות המאמץ, כמו מה שהופיע בסידורים הישנים "כאן בוכים", הם המקומות שבהם בעל התפילה מפסיק להיות פנימי והופך לרגע אחד להיות חיצון.

בעל תפילה עלול בקלות לעבור למצב שבו הוא מנסה לרצות או לרגש את הקהל ששלח אותו, ואולי חוט השערה מפריד בין שני המצבים. ייתכן שזו הסיבה שמתפללים עם טלית על הראש – כדי שלפחות בתפילה נהיה יותר במרחב של פנימי מאשר של חיצון. **הפנימי מבקש את פנימיות הדברים** ויודע גם לשהות בהם. אין הוא ממהר לעבור מדבר לדבר. **הפנימי – הוא עניין של עבודה.** בכך הוא מקביל לבינוני של התניא, הנקרא גם "עובד אלוקים", כי כל מה שבא לו – בא מתוך עבודה ומאמץ. שהמילים יהיו מילים, שהכוונה תהיה כוונה, שהכול יהא מונח היטב.

על הציר שבין חיצון לפנימי נעים רוב בני האדם, וכל העת המלחמה היא פנים ואחור. מכל עבר מקיף וסובב איום החיצון. כאמור – אין מדובר כאן על עשיית עבירות חלילה, אלא על עשיית מצוות, על תפילה ולימוד תורה. אך תוך סכנת ההיתפסות לדברים החיצוניים, ובהתעלם מן הכוונה הפנימית שבדברים.

בזמן אדמו"ר הרש"ב קרה שהחסידים מיהרו בניגון המקדים את מאמר החסידות של הרבי, כדי שיוכלו לשמוע כמה שיותר מהר את המאמר עצמו. אמר להם הרבי: "הכל חייב לבא באופן 'פנימי'. כאשר מנגנים, צריכים להיות מונחים בניגון. וכאשר שומעים את המאמר, צריך להיות מונחים במאמר. הרצון הזה לעבור מהר מהניגון אל עבר העניין עצמו במאמר – הוא הפך הפנימיות.

כי הפנימי מונח במקום שבו הוא מונח".[1] **דרך כלל יעדיף הפנימי את האיכות על הכמות.** את המעט בכוונה מהרבה בלא כוונה. את אמירת התהילים האיטית המגרת אנחה מליבו של אדם, מאשר את האמירה המהירה שנועדה 'להספיק' את החוב היומי. הפנימי גם יודע היטב מה לא מתאים למדרגתו. הוא לא ממהר לקפוץ מעל דרגתו. "חב"ד תובעת פנימיות", היה אומר רבנו הזקן, "וכדי להגיע לפנימיות יש צורך במסירות נפש".

הפנימי הוא אפוא הבינוני.

## עצמי

**למעלה מכולם, עומדת דמותו של העצמי.** הלוא הוא הצדיק. העצמי מוצא את עצמו בתוך עצמו. אין הוא זקוק כלל לסיוע או תמיכה מן הסביבה. דרכו ברורה לו, אף על פי שפעמים רבות היא לא ברורה כלל לסביבתו. הוא מדבר שפה שכעת איש לא מבין אותה. אולי בעוד מאה שנה יבינו, אך כעת אין מבינים אותה, ובכל זאת הוא ממשיך.

אדם רגיל היה נרתע מן העניין הזה של שחייה נגד הזרם כולו. לא כן העצמי: עוצמתו מתוכו.

**אין לו צורך במחמאות וחיזוקים, ואין הוא נרתע מחרפות וגידופים.** העוצמה הפנימית שלו מכריעה את הכף.

בהיותו תלמיד חכם צעיר, כתב הרב קוק חוברת קטנה שבה קרא ללימוד פנימיות התורה גם לצעירים. בתגובה קיבל מכתב נזעם מתלמיד חכם זקן בשם הרב ישעיהו אורנשטיין. הרב קוק עונה לו בנחת, ולקראת סוף האיגרת מספר על עצמו:

ואנכי כשאני לעצמי הנני רחוק ברוך ד' מלהיות נהנה הרבה כשמשבחין אותי ולא להיות מצטער ומקפיד הרבה כשמבזין אותי. שבח לשמו יתברך

1 ראו **ספר השיחות תורת שלום**, שיחת י"ט כסלו תרס"ד.

שהעסק התמידי בלימוד המוסר ופנימיות תורתנו הקדושה פעל עלי זאת התכונה.[2]

ובמקום אחר כתב ביומנו:

אני צריך למצוא את אושרי בקרבי פנימה, לא בהסכמת הבריות, ולא בשום קריירה איזו שתהיה. כל מה שאכיר יותר את עצמיותי, וכל מה שיותר אתיר לעצמי להיות מקורי ולעמוד על רגלי עצמי, בהכרה פנימית, הממוזגת מדיעה, הכרה, הרגשה ושירה, יותר יאיר לי אור ד׳, ויותר יפותחו כחותי להיות לברכה לי ולעולם.[3]

זוהי דוגמה ל׳עצמי׳. לאדם שכוחו נובע מתוכיותו, ואין לו כל צורך בהסכמות מן הסביבה. העצמי מקביל לצדיק של ספר התניא שנשלח לעולם להאיר לאחרים, ולעיתים לדורות, בעוד הפנימי נשלח לתקן.

**העצמי הוא כזה כי לכך נוצר. לכך נשלחה נשמתו לעולם – להאיר לאחרים.**

פעמים רבות העצמי הוא גם **חדשן**. משנה מוסכמות שקדמו לו ויוצר יצירה חדשה. ושוב הוא מעורר עליו התנגדות. ׳כך לא עשו עד עתה!׳, ׳חדש אסור מן התורה!׳, ׳כל המשנה ידו על התחתונה!׳. זהו מבחן עבור העצמי. אם יעמוד בו – זהו אות שאכן הוא עצמי. ואם ייסוג – אין הוא עצמי. כי כאמור – אנשי ה׳עצמי׳ הם בעלי נשמות מיוחדות ונדירות מאוד.

**הדמות הידועה ביותר בתור עצמי היא דמותו של יוסף הצדיק.** לא היה ניסיון קשה כמו הניסיון של יוסף.

2 **אגרות הראי״ה** חלק א עמ׳ מב.

3 **שמונה קבצים** ב, עז.

לא היה לו מניין לשאוב כוח. הוא היה האדם הכי בודד בעולם. איש לא ידע על קיומו. אביו התאבל עליו ואחיו מחקו אותו. את הכוח להתמודד מצא יוסף מתוכו. מפנימיותו. מדמות דיוקנו של אביו שנראתה לו בחלון והזכירה לו לאן הוא יכול להגיע אם לא יישבר. איש לא עודד אותו. איש לא היה שם כדי להזהיר אותו. איש גם לא היה יודע אם היה חוטא.

רק יוסף והקדוש ברוך הוא לבדם.

## זהו עצמי

לכן בני ישראל מעלים עימם את עצמות יוסף. והים – זהו ים התאוות והחומר – "ראה וינס". מה ראה? – את עצמות יוסף, שעליו נאמר "וַיָּנָס וַיֵּצֵא הַחוּצָה".[4]

זוהי דמותו של העצמי, הבאה לידי ביטוי בדמותם של צדיקי האמת שבכל דור. ענקים אלה הם חידוש גדול ולא מובן לשעתם, אך דור אחרי, בשעה שכבר הסתלקו מן העולם, איש לא מבין כיצד אפשר היה להסתדר אחרת...

## הנקודה העצמית

התנועה הבסיסית של כל אחד מאיתנו היא על הציר חיצון-פנימי. והלוואי פנימי.

להיות פנימי זהו עניין הדורש עבודה מתמדת, רצינית ועקבית.

ובכל אופן, יש דיבור שבעת הגאולה מתחדש מצב חדש. של **"עַמֵּךְ כֻּלָּם צַדִּיקִים"**.[5] כלומר יש בכל אחד ואחד מאיתנו נקודת צדיק, שבה הוא עצמי, שבה היא עצמית לו.

בנקודה הזו שלו – **יכול כל אחד להיות מורה לרבים**. הצדיק הכללי הוא עצמי בכול, אך לדידנו – מדובר בנקודה מסוימת שאותה קיבלנו במתנה. היא עצמית לנו. אין לנו בה מאבק או קושי. היא זורמת לנו היטב. בנקודה הזו אנו נשלחים להאיר לאחרים, ואין לנו צורך לתקן בה את עצמנו.

4 בראשית רבה פז, ח.

5 ישעיה ס, כא.

הצדיק בא להאיר לאחרים כמין מגדלור עצום וגדול ממדים, שמאיר למרחקים של מאות שנים.

אך כאן, המשל הוא לקהל גדול הנמצא באולם חשוך, וכל אחד מדליק את פנס הטלפון שלו, עד שאלפי נקודות של אור צובעות את היציעים.

**זהו מראה מרהיב,** דווקא בגלל הזערוריות שבו. המראה של ריבוי אורות קטנים נותן לא מעט אור, אך מעבר לזה יש בו חן מיוחד, הרמוניה מיוחדת. איש לא מסנוור את חברו בעוצמה שלא ניתן להביט בה, כמתואר אצל משה "וְהִנֵּה קָרַן עוֹר פָּנָיו וַיִּירְאוּ מִגֶּשֶׁת אֵלָיו".[6]

דווקא נקודת האור הקטנה מאפשרת גישה ולמידה. מאפשרת להתקרב ולהגיד: בעניין הזה – פלוני הוא הצדיק שלי. כך, לכל אחד מאיתנו יש נקודה של אור, ובעת הגאולה הוא נקרא להאיר אותה. למעשה, זוהי חובתו. בנקודה הזו הוא צדיק, ומהותו של צדיק – שהוא צדיק לרבים. בחסידות קוראים למדרגה האמצעית הזו 'משפיע'. וכל אחד – צריך שיהיה לו משפיע, וצריך להיות משפיע בעצמו.

כאשר נפגשים כמה וכמה אנשים, כמה עשרות ואף מאות, שעז חפצם להינצל מן החיצוניות, אך בה בעת גם כל אחד מכיר בתוכו שיש בו נקודת צדיק – שאותה אין הוא בוש להאיר ולהשפיע לאחרים, וגם האחרים משתוקקים ללמוד אותה ממנו – אז **כל אחד הוא גם רבי וגם חסיד**. הקהל הגדול הזה נזרע אז באלפי נקודות של אור, המאירות זו לזו ומקבלות זו מזו, והמראה הזה הוא מראה מופלא ממש.

## התבודדות

וכאן באה ההתבודדות, כמין גשר בין מצבים. גשר בין חיצון לפנימי.

מה קורה בהתבודדות?

עוד לפני הדיבור, האדם נמצא עם עצמו. אין בני אדם מסביב. אין על מי לעשות רושם. אין ממי לבקש תשומת לב.

6 שמות לד, ל.

האדם עם עצמו. בינו לבין עצמו. ושם נשמעת הדממה. שם נפגש האדם עם ערכו העצמי, ולעיתים עם המצוקה הנוצרת עם ההרגשה שאין סביבו קהל. אז ה'עסק' פתאום קצת תקוע, המילים לא יוצאות, התנועות לא זורמות. שחקן בהצגה על במה ללא קהל. נטול כוח.

וכאן צומחת מצוקה. ודווקא מתוך המצוקה הזו, שמנכיחה היטב את ממד ה'חיצון' בחיינו, עולה רצון אחר. רצון להיות 'פנימי'. להיות מחובר אל עולם תוכן העומד בפני עצמו. ללא צורך בקהל. ההתבודדות נעשית מוצאת חן מצד עצמה. מצד היותה מרחב שבו הפנימיות גוברת על החיצוניות. מרחב שבו האדם מתחיל להכיר מישהו חשוב מאוד: את עצמו.

האדם הנמצא בתהליך הזה מתחיל, כפי שאומרים בשפה החסידית, "להיכלל בשורשו". במקום שיתעסק בענפים המתפשטים לכל עבר – האדם מתחיל להכיר את שורשיו שלו. את התכלית שלשמה ירד לעולם. את העניין הפנימי שלו. ההיכללות בשורש היא בעצם חיבור לבורא שברא אותי, חיבור מחודש למשימה ולשליחות. ממדי הפנים באישיות הולכים ומתגלים, והמסע מ'חיצון' ל'פנימי' מתחיל.

כך כתב רבי נחמן:

ואי אפשר לבוא לידי ביטול, כי אם על ידי התבודדות. כי על ידי שמתבודד ומפרש שיחתו בינו לבין קונו, על ידי זה הוא זוכה לבטל כל התאוות והמדות רעות, עד שזוכה לבטל כל גשמיותו, ולהכלל בשרשו.

אך עיקר ההתבודדות הוא בלילה, בעת שהעולם פנוי מטרדת העולם הזה. כי ביום, על ידי שרודפין העולם אחר העולם הזה, הוא מבטל ומבלבל את האדם מלהתדבק ולהכלל בהשם יתברך. ואפילו אם הוא בעצמו אינו טרוד, אף על פי כן מאחר שהעולם טרודים אז, ורודפים אז אחר הבלי העולם הזה, על ידי זה קשה אז לבא לידי ביטול.[7]

7 **ליקוטי מוהר"ן** (קמא) תורה נב.

ההתבודדות מצריכה מעטפת, שתכליתה לסייע לאדם להתנתק מצדדי החוץ במציאות ולהיכנס פנימה.

לכן – הלילה עדיף על היום. אז 'הקווים שקטים'. העיסוק האינטנסיבי בטרדות היום פוחת, והסיכוי למפגש עם הצד הפנימי שבנו גובר.

> **ההתבודדות הוא מעלה עליונה וגדולה מן הכל.** דהיינו לקבוע לו על כל פנים שעה או יותר, להתבודד לבדו באיזה חדר או בשדה, ולפרש שיחתו בינו לבין קונו בטענות ואמתלאות, בדברי חן וריצוי ופיוס, לבקש ולהתחנן מלפניו יתברך, שיקרבו אליו לעבודתו באמת. ותפילה ושיחה זו, יהיה בלשון שמדברים בו, דהיינו בלשון אשכנז (במדינתנו). כי בלשון הקודש קשה לו לפרש כל שיחתו, וגם אין הלב נמשך אחרי הדיבורים, מחמת שאינו מורגל כל כך בהלשון, כי אין דרכנו לדבר בלשון הקודש. אבל בלשון אשכנז שמספרים ומדברים בו, קל וקרוב יותר לשבר לבו... ויזהר מאד להרגיל עצמו להתמיד בזה מדי יום ביום שעה מיוחדת כנ"ל, ושאר היום יהיה בשמחה כנ"ל.[8]

גם כאן ניתנת סביבת העבודה הראויה למעבר מחיצון לפנימי. יציאה מן העיר אל השדה, ודיבור חופשי בשפתך שלך.

לא פעם מילות התפילה המוכתבות מראש מסייעות לנו לחמוק מעצמנו. מישהו כבר עשה עבורנו את העבודה. סוג של חציצה עלול להתפתח כאן. אך העמידה בהתבודדות, ודיבור בשפה שלך – דורשים מהאדם לחפור פנימה ולבדוק מהן המילים שלו. איפה הוא נמצא. על מה הוא רוצה לדבר. כך הולך ונבנה הגשר הנפשי בין חיצון לפנימי. האדם הולך ומתחבר לשורשו ונהפך לאישיות פנימית, מלאת תוכן ועושר, מחוברת לעצמה ולשליחות שלשמה נברא ונשלחה אל העולם.

8 **ליקוטי מוהר"ן** (תניינא) תורה כה.

אני נכנס לחדר כדי לארגן ציוד וכביסה לקראת השבת. על המיטה והכיסא יושבים אביב ויוסי ומסתודדים ביניהם.

"מה קורה, מה זה הסודות האלה?"

"ששששש, תהיה בשקט. אתה לא רואה שמתכננים פה?"

"דברו. מה קורה?"

"אנחנו מארגנים מסיבת הפתעה למיקי. יום הולדת שמונה עשרה. לא סתם הוא בשלוש יחידות מתמטיקה, מתברר שעוד בגן הוא נשאר שנה. בקיצור, הוא כבר בן שמונה עשרה המגודל הזה, ואנחנו מארגנים לו מסיבה מארץ המסיבות, משהו רציני. גם אתה חלק מהעניין. זאת התוכנית – במוצאי שבת כל אחד אחראי להוציא רכב מההורים. רק מי שיש לו רישיון כמובן" (חבר כמו יוסי לעולם לא יפספס הזדמנות לעקוץ אותי, שכבר סיימתי שני טסטים בכישלונות מהדהדים). "נפגשים ליד הבית של מיקי, ואז נכנסים 'לחטוף' אותו. מכסים לו את העיניים שלא ידע לאן נוסעים, ומשם – ישר לפארק הגדול, שם כבר יחכו עוד המון חבר'ה של מיקי מהסניף ומכל העולם שמכיר אותו".

"מגניב! איזו השקעה! אז איך אני מגיע? יוסי, אתה אוסף אותי?"

"עליי. אתה צריך להכין איזו ברכה מושקעת עם שיר. אתה כותב שירים אם אני זוכר נכון. ושלא יהיה מתוק מדי! שיהיה כמו מיקי".

במוצאי שבת אני ממהר להיפרד מההורים ומהשבת. יוסי כבר מחכה לי למטה. אל הפארק הגדול לפי דבריו זורמים בשעה זו מאות חבר'ה שמכירים את מיקי מכל תחנה אפשרית: מהמחנות, מההדרכה, מהסניף. מהישיבה שעף ממנה, מהישיבה שיעוף ממנה (כלומר הישיבה שלנו). מאיפה לא. קבענו שם שעתיים אחרי צאת השבת.

תכף אנחנו ליד הבית של מיקי.

דופקים בדלת, ואימו פותחת לנו. יוסי כבר הספיק לעדכן גם אותה, שתשמור לנו על מיקי שלא יברח. היא מחייכת חיוך רב משמעות של אימהות שעמדו במשימה.

מיקי מופתע. "מה אתם עושים פה?"

במקום לענות יוסי פוקד: ״תרים ידיים ואל תזוז! אתה חטוף!״

הוא מרים ידיים, ממושמע, ואני ניגש אליו וקושר את המטפחת על עיניו.

״קשור לו גם את הידיים״. יוסי ממש מתלהב מהעניין.

״אל תנסה לנחש לאן אנחנו לוקחים אותך, כי זה בלתי אפשרי. ככל שתשתף פעולה יכאב לך פחות״. הוא ממש מקצועי בעניין, יוסי. אולי הוא ילך להיות חוקר שבויים בצבא, ולא עתודאי כמו שהוא חולם.

מיקי נגרר אחרינו בזהירות.

אני מוריד לו את הראש ומכניס אותו למושב האחורי.

״אני מרגיש כמו אייכמן. ככה חטפו אותו, לא?״

״אני לא יודע. זה לא היה בחומר לבגרות. בכל מקרה עכשיו אתה איתנו״.

יוסי יוצא לדרך. אנחנו עושים לו כמה סיבובים ברחובות שליד הבית שלו, כדי לבלבל את החושים, ויוצאים לכיוון הפארק הגדול.

״אוקיי, אנחנו כבר מגיעים ליעד. מיקי, שים לב להוראות. אתה יוצא מהרכב והולך צמוד אלינו. בשלב כלשהו אייל יוריד לך את הכיסוי, ואז... אז כבר תדע״.

הרכב מחליק לחניה, ועל הדשא מרוכזים המון חבר׳ה. אפילו אני קצת מופתע. מיקי הוא באמת טיפוס חברותי, אבל מסתבר שאפילו אני לא ידעתי עד כמה. יש שם אולי מאה איש.

יוסי מהבהב עם האורות לכיוון ההתכנסות, וכולם מגיעים, נעמדים בעיגול אחד גדול.

אני מוביל את מיקי בזהירות למרכז העיגול, יש דממה מוחלטת והוא צועד בזהירות אחריי.

יוסי אומר ״שלוש ארבע ו...״

ומייד נשמעת קריאת הקרב ״אחים, אחים, אחים אחים אחים! שמחה, שמחה, שמחה שמחה שמחה!״. אני מוריד למיקי את המטפחת, והוא – מסונוור מהאור בהלם.

״וואי, איזו הפתעה! בחיי שהגזמתם!״

מיקי לא מספיק לגמור את המשפט לפני שעפים לכל עבר חיבוקים וכאפות ולחיצות ידיים אמיצות. "היום יום הולדת, היום יום הולדת, היום יום הולההדת למיקי! חג לו שמח, וזר לו פורח, היום יום הולדת למיקי!"

וכמובן – אי אפשר בלי להרים אותו שמונה עשרה פעמים, ועוד אחת לשנה הבאה. כיסא אין לנו, אז אנחנו פשוט מעיפים אותו באוויר עם הידיים, ומיקי נראה מבסוט ושמח, כמו כולנו.

ההתרגשות נרגעת. מיקי ממשיך לעבור ולהתחבק עם כולם, לתת ולחלק חבטות בכתף. בינתיים מוציאים את הכיבוד, קצת קולות ופלות. מעבירים מאחד לשני ומתחילים לפטפט, על טסטים וצווי גיוס, ימי סיירות ויחידות סודיות. אח של מיקי משרת בשייטת, אבל הוא רק משיט. אנחנו מייעדים למיקי את התפקיד האולטימטיבי – להיות פושט.

השיחה על הצבא מזכירה לי את הזימון למחר, ואני מחליט לחתוך מוקדם יחסית כדי לקום ערני לכל החפירות שמחכות לי בבקו"ם. "אחי, מזל טוב", אני אומר למיקי, "אני חותך. יש לי מחר יום מבדקים". מיקי נותן גם לי חיבוק אחד, ואז עוד אחד, ואני ממהר לטרמפ שמחכה לי, משאיר מאחוריי את יוסי השמח על הצלחת המזימה, ועוד הרבה חבר'ה שמדברים בקול אפילו שכבר שתים עשרה בלילה.

כיוונתי את השעון כדי להתעורר בזמן. יום גדול מחר. אני גדלתי על סיפורי הצנחנים של אבא שלי. אבא שלי נלחם בירושלים בששת הימים ובתעלת סואץ במלחמת יום כיפור. בחדר שלי, על המדף, נמצאת המדליה שקיבל יחד עם חיילי החטיבה, חטיבה חמישים וחמש. היה לי ברור שאני הולך לצנחנים. לא פחות.

קמתי מוקדם בבוקר, מונע מההתרגשות. בתוך תוכי פנימה חשבתי שמצד האמת כדאי לצלם את הרגע, כי לא בכל יום מתגייס רמטכ"ל לעתיד. הייתי בקי גמור בכל תולדות מלחמות ישראל, ובמיוחד בקרבות הצנחנים. ליד המדליה היו מונחים בשורה הספרים המתאימים: "מלחמות הצנחנים" של אורי

מילשטיין, "פלוגה ד'" של מוטה גור ו"פעולות התגמול" של אורי אבנרי. ביני לבין עצמי כבר די חיכיתי לתאריך הגיוס. אפשר לומר שעניתי על כל ההגדרות המרכיבות את המושג 'מורעל'.

אך כל דרך ארוכה מתחילה בצעד אחד קטן. וזה הצעד הראשון – יום מיון לסיירות.

כל סביבתי המשפחתית – אח, בני דודים ועוד – הגיעו לשדות הקרב המפוארים של השלישות או הרבנות, מה שהגדיל אצלי את המוטיבציה עוד יותר.

תשע בבוקר. אני כבר בלשכת הגיוס בתל השומר. מגיש את הצו לחייל משועמם באיזה דלפק, ונכנס עם עוד קבוצה למבחנים שיקבעו כמה מהר אהיה רמטכ"ל ואיזה חיל יזכה בי.

המבחנים עוברים בסדר גמור. השלמת צורות, בדיקה שאיני לוקה בעיוורון צבעים (למקרה שארצה להיות טייס. אין חשש – אני צנחן!).

ואחרי המבחנים – ריאיון.

אני נכנס לחדר קטן. מאחורי שולחן יושבת חיילת. החבר'ה בישיבה כבר הזהירו אותי לא לזלזל בריאיון הזה. הוא השלב הכי חשוב, ומי שעושה שם בושות חוטף דפ"ר נמוך שאי אפשר לשנות, ולעולם לא יוכל להיות רמטכ"ל. אני נכנס מוכן, מלא מוטיבציה לספר לה על אבא שלי ועל שושלת ההמשך.

"שלום אייל, מה שלומך?"

"בסדר גמור, ברוך ה'", אני עונה.

"יופי. אני רואה לפי השאלון שמילאת שיש לך מוטיבציה גבוהה לשירות. זה ממש מצוין, וגם הנתונים בכלל לא רעים. הייתי רוצה לשאול אותך כמה שאלות".

"בבקשה", אני עונה.

"אייל, כמה חברים יש לך?"

אני מופתע. ציפיתי לשאלות בהיסטוריה צבאית, אולי בתולדות צה״ל. ופתאום שאלה כזאת שלא התכוננתי אליה.

אני מופתע אך מתעשת מהר ועונה חזרה בביטחון: ״כמה חברים יש לי? בערך מאתיים״.

״מאתיים? אתה בטוח?״, המראיינת מחייכת אליי.

״כן, כן. תראי, אולי אני אסביר לך קצת. אנחנו ארבע כיתות במחזור, ויש לי קשר טוב עם כולם. אני גם עברתי כיתה באמצע, ככה שיש לי חברים ממש טובים בשתי הכיתות. יש גם את צוות ההדרכה בסניף, אני מדריך בבני עקיבא, ויש גם את צוות מחנה הקיץ שהיינו יחד בשנה שעברה, ויש את הסניף המאמץ שלנו מנווה שאנן, שיש לי שם לא מעט חברים. אז נראה לי ככה מאתיים״.

אני מביט בה. נראה שהתשובה שלי לא מספקת אותה.

״אה, הבנתי. אבל אייל, אני מתכוונת לחברים ממש, לחברים חברים, כאלה שאתה מרגיש ממש קרוב אליהם. כמה כאלה יש לך?״

מה זאת אומרת חברים ממש, אני שואל בתוכי. אנחנו כולנו חברים טובים. אבל בשביל לצאת נחמד אני משתף פעולה.

״את באמת צודקת. חברים כאלה יש פחות. אני התכוונתי לחבר׳ה. אבל חברים ממש כמו שאמרת, יש לי... בערך חמישים״.

״אתה בטוח? כי גם חמישים זה לא מעט. אני מתכוונת חברים כאלה שאתה יכול לספר להם נניח כשקשה לך, או כשאתה בצרה״.

אני מחליט שנסיגה הפעם תשדר חוסר אמינות וגם חוסר עקביות, מה שיכול לסכן את עתידי הצבאי, ומחליט להתעקש על חמישים.

״כן, הבנתי אותך. ארבעים־חמישים, פחות או יותר. את צריכה להבין שאצלנו בציבור הדתי־לאומי יש קשר חברתי מאוד קרוב, אנחנו בפנימייה יחד וגם בסניף, בתנועת נוער, אז נוצרים קשרים כאלה״.

״טוב, יפה, אייל. אני אפילו מקנאה בך״. אני שמח שהיא מתרצה סוף סוף. אין סיכוי שהייתי יורד לפחות מארבעים. יש גבול לבושה.

"כעת תעבור כאן לחדר ליד. יש לך שם עוד מבדק, ובזה סיימת להיום. שיהיה לך בהצלחה!"

"תודה", אני עונה ויוצא.

עוד שעה של מבדק, ואני בחוץ. מחכה בתחנה לאוטובוס. הראש שלי כבר כואב מכל המספרים והצורות והשאלות שחוזרות על עצמן.

משהו מטריד אותי. בפנים אני יודע מה.

חברים. השאלה הזאת שלה, כמה חברים יש לך באמת. אני מעולם לא חשבתי עליה. תמיד היינו ביחד, חבר'ה, אבל כמה מתוכם חברים באמת? מה בכלל נקרא חבר של אמת? איך יודעים?

התחלתי להעביר את החברים אחד־אחד. כולם ממש בסדר, כולם חברים טובים, אבל מי מתוכם הוא חבר אמת? מי יישאר חבר שלי גם בעוד עשר שנים או יותר?

הפתיעה אותי הבוחנת הזאת, ואני מרגיש שאין לי בכלל תשובות. ופתאום, דבר שהייתי כל כך בטוח בו, מתערער לי בין הידיים. תחושה מוזרה וחשופה. האוטובוס מגיע, ואני מניח למחשבות וחוזר הביתה.

בערב אני כבר בישיבה.

אף על פי שהיה מתאים לי מאוד להמשיך בבית, הבטחתי לחזור, והבטחות צריך לקיים. במיוחד עכשיו, בשנה הזאת שאני מנסה להתחיל כמו שצריך.

האוטובוס של תשע בערב עוצר לי בתחנה על יד השער. על יד הטלפון הציבורי משתרך תור קטן, ואני נזכר שצריך מחר לקנות אסימונים.

אני פונה לעבר הפנימייה, רוצה להגיע כבר למיטה ולהניח את הראש אחרי היום הארוך הזה. הקומה שקטה. הערב זה התור של הכיתה שלנו באולם הספורט, וכנראה כולם כבר שם. לרגע קצר אני מתלבט – אולי בכל זאת ללכת לשחק איתם? אך בתוכי אני יודע שהפעם העייפות תנצח ואני אבחר במיטה.

בחדר דולק האור ואני נכנס.

מיקי יושב על המיטה וקורא ספר. מאורע די נדיר. בדרך כלל הוא רץ, או עושה מתח, או משחק כדורסל.

"מיקי, מה נשמע? איזו הפתעה! מה זה, מה אתה קורא?"

"סתם, איזה ספר שמצאתי כאן. משהו על מלחמת יום הכיפורים. שמע, הם היו ממש גיבורים, החבר'ה האלה. ואיזו רעות!"

טוב, לפחות הוא קורא על איזו מלחמה. כבר פחדתי שהוא לומד לאיזה מבחן בטעות. מיקי אף פעם לא לומד למבחנים. הוא נגד זה באופן עקרוני. טוען שזה הורס את שנות הנעורים.

"נו, התאוששת מהמסיבה? חתיכת הפתעה ארגנו לך. האמת שמי שאחראי על הכול זה יוסי, הוא תפר את הכול. השיג את כל המספרים של החברים שלך בבית, טלפן, הזמין, היה מדהים".

"כן, היה משהו מדהים! פגשתי שם אנשים שלא ראיתי שנים. אחי, היה שם מישהו שהיה איתי יחד בשבט נבטים עוד כשגרנו ברמת גן, והיינו חברים טובים וכל זה. אימא שלי כנראה נידבה את המידע הזה, אחרת אין לי מושג איך הוא הגיע".

כל השיחה מיקי מדבר איתי, אבל הראש שלו שקוע בספר. משהו נראה לי מוזר. הוא אומר שהיה מדהים, אבל אצל מיקי – אם משהו מדהים, רואים את זה על העיניים ושומעים את זה בקול.

"תגיד, הכול בסדר? קרה משהו?"

הוא מרים את הראש סוף סוף.

"כן בטח, הכול בסדר גמור. למה אתה שואל?"

"לא יודע. אתה נראה לי עצוב כזה".

"למה שאני אהיה עצוב? ועוד אחרי הפתעה כזאת מדהימה..."

"אני לא יודע למה. אני פשוט אומר שאתה נשמע ככה"

"אז אתה טועה!", מיקי אומר לי וקצת מרים את הקול.

עכשיו אני לגמרי בטוח שמשהו קרה.

"אחי, מה העניין? ספר, בשביל מה אנחנו חברים?"

מיקי שותק רגע, מתלבט. העיניים שלו שקועות בתוך הספר אבל אני יודע שהוא לא קורא.

"טוב, אז אני אומר לך. אתה הלכת מוקדם, נכון? אבל המסיבה הזו המשיכה עוד, מלא חבר'ה, כאלה שבאמת לא ראיתי מזמן, וכולם מדברים עם כולם. אבל אז התחיל להתאחר, והחבר'ה התחילו להתפזר. אני בדיוק דיברתי עם חבר מסניף חיפה שעשה איתי את הגיבושון. השיחה הסתיימה כי הטרמפ שלו עמד לצאת. ליוויתי אותו לרכב, וכשחזרתי לפארק – גיליתי שנשארתי שם לבד".

"אתה מבין? כולם נסעו, ואני נשארתי שם. אחי, חזרתי בטרמפים מהמסיבה הזו שהייתה לכבודי! כל אחד נכנס לרכב שהביא אותו מתישהו, ורק את חתן השמחה שכחו לשאול איך הוא חוזר".

"ואז בעצם הבנתי שאף אחד שם לא בא בשבילי. כולם באו בשביל עצמם. אני רק הייתי התירוץ!"

"רגע, זה לא יכול להיות! איך יוסי לא..."

"עזוב, זה לא משנה. יוסי שכח כי היה לחוץ להחזיר את האוטו להורים שלו לפני שתים עשרה בלילה. זה בכלל לא משנה. דווקא עליו אני הכי פחות כועס. היו שם עוד מלא חבר'ה עם רכב. אף אחד לא שם לב. מצאתי את עצמי תופס טרמפים באחת בלילה כמו איזה הומלס, לבד".

מיקי קם מהמיטה ויצא מהחדר, משאיר אותי בהלם. על המיטה היה מונח הספר שקרא. "הרעות נשאנוך בלי מילים – סיפורי קרב וגבורה ממלחמת יום הכיפורים".

[מתוך: עד שמצאה – סיפורים מהחיים]

# לַעֲנָוִים יִתֶּן חֵן

## על מציאת חן

מציאת חן. מין קסם שכזה. מי מאיתנו לא רוצה למצוא חן? יש אנשים שדומה שאבקת הקסם הזו פוזרה עליהם ודבריהם נושאים חן, ואנשים אחרים שכאשר יאמרו אותם דברים יעוררו התנגדות.

אז מה סוד הקסם הזה? איך נעשים אישיות מוצאת חן?

מציאת החן מופיעה פעמים רבות בתורה, ובעיקר אצל יוסף. הוא מוצא חן בעיני שר הטבחים, אחר כך בעיני שר בית הסוהר, ואחר כך בעיני כל רואיו.

גם בברכות שמברך יעקב את בניו הוא מברך את יוסף בחן. "בֵּן פֹּרָת יוֹסֵף",[1] ורש"י מפרש – בן חן. אם כך, סוד החן נמצא אצל יוסף, ואולי גם אצל זרע בני רחל בכלל, כי גם אסתר היא "נֹשֵׂאת חֵן בְּעֵינֵי כָּל רֹאֶיהָ".[2] בני רחל יודעים לשמור סוד, אלא שאנחנו ננסה לפצח את הסוד הזה, תוך שאנו נעזרים בדברי השפת אמת.

למצוא חן. באופן פשוט זו תכונה ללא כל הסבר. מישהו מוצא חן בעיני מישהו, ואין לזה סיבה מיוחדת. למה? ככה.

אך את הביטוי הזה עצמו "מציאת חן", או "מצאת חן בעיני" – אפשר לפרש גם באופן הפוך. "למצוא חן" פירושו שאני מוצא את נקודת החן אצל הזולת. זו עבודה פנימית: לסרוק עם העיניים, לחפש ולמצוא את נקודת החן

1 בראשית מט, כב.

2 אסתר ב, טו.

העצמית שנמצאת אצל האחר. למצוא את החן בעיניי. בעיניים שלי. וכשהזולת יביט בעיניי, הוא יראה שם את נקודת החן שלו.

צורת השקפה כזו על המציאות היא בחינתם של צדיקים. על צדיק נאמר שיציאתו מן העיר עושה רושם. כשהצדיק בעיר – הוא הודה הוא זיווה הוא הדרה. כיון שיצא מן העיר – פנה הודה פנה זיווה פנה הדרה.[3] מדוע? מה יש בנוכחות הצדיק, או בעזיבתו, שכל כך משפיע על הסובבים?

התשובה היא שהצדיק מיוחד במבטו האוהב על הסביבה. בזה שהוא מחפש וגם מוצא נקודות זכות, חן ויופי אצל כל אחד. שכולם מוצאים חן בעיניו. הצדיק מוצא את החן אצל כולם, וממילא הוא עצמו מוצא חן בעיני אחרים.

כאשר אנשים מרגישים שמביטים עליהם בעין טובה, שבאה מראש כשהיא חמושה בעמדה של חיפוש נקודות חיוביות באופן פעיל (להבדיל ממצב 'אובייקטיבי', שבו איני מחפש דבר, אלא מה שאראה בהשקפה ראשונה הוא שיקבע את השקפת עולמי), הם מרגישים ביטחון ושמחה. תכונה נפשית כזו, המבקשת ומחפשת למצוא את החן, גורמת למי שנוהג בה להיות נושא חן בעצמו.

אפשר לומר שעל נקודת החן הזו עצמה יוסף עושה תשובה כל חייו. כאשר יוסף מגלה את החלומות שלו לאחיו, הוא אולי עושה דבר נכון, אך חסר חן. הוא לא מוצא את נקודת החן אצל אחיו, את החלק שלהם בעניין. הוא מתאר רק את עצמו ואת תפקידו, אך לא מספר להם מה חלקם, מה העניין שלהם, מהי נקודת החן אצלם. האחים אכן שואלים – "הֲמָלֹךְ תִּמְלֹךְ עָלֵינוּ, אִם מָשׁוֹל תִּמְשֹׁל בָּנוּ?". אם רוצה אתה למלוך, ומלך הרי גם נמלך ומתייעץ בסובבים אותו – יש על מה לדבר, שהרי גם לנו יש חלק בזה; אך אם אתה רוצה למשול, בתקיפות וללא התחשבות – לזה נתנגד.

יוסף צדק. אך לא היה בזה חן. ומאז, הוא מתאמץ למצוא חן בכל מקום שבו הוא נמצא – וזה עצמו גורם לו להיות נושא חן בעיני כל רואיו.

3 רות רבה ב, יב, ומובא ברש"י על בראשית כח, י.

הדוגמה הכי קיצונית לעמדת הנפש הזו היא העובדה שיוסף שם לב לאחרים גם בבור העמוק שהיה נתון בו. בבית האסורים המצרי, מקום חשוך וקודר שבו כל אחד עסוק בעצמו ובהישרדותו, יוסף שם לב שפניהם של שר המשקים ושר האופים שונים מיום האתמול. הם פחות מחייכים. לכן הוא שואל אותם "מַדּוּעַ פְּנֵיכֶם רָעִים הַיּוֹם?".[4] מי שעוסק כל העת בחיפוש נקודות החן אצל הזולת, ישים לב גם לשינוי במראה פניו, גם כשהוא עצמו נמצא בבית האסורים. בסופו של דבר אנחנו יודעים שתשומת הלב הזו הביאה לשחרורו של יוסף כעבור שנתיים ימים.

למצוא חן זו עבודה. עמדה נפשית שאומרת: "אני עובד בחיפוש הדברים הטובים, ולא מחכה שהם יגיעו אליי". מין סורק כזה שמתאמץ למצוא, וגם מוצא, את נקודות החן שקיימות אצל כל אחד, ומדגיש אותן. וזה סוד הקסם. אם אתה רוצה למצוא חן – תמצא חן.

על ערש דווי מברך יעקב את יוסף בחן הזה. "בן פֹּרת" – בן חן. גם בניו של יוסף ילכו בדרך הזו של חיפוש החן אצל הזולת. זו כנראה תכונתה של אסתר שהיא "נֹשֵׂאת חֵן בְּעֵינֵי כָּל רֹאֶיהָ". ככה היא, וכך גדלה בבית אביה. היא מרוממת את כל סביבתה, ולכן מייד נלכדת בעיני כל המחפשים איזו נערה יפה למלך. כביכול, אסתר הביאה זאת על עצמה.

כותב **השפת אמת**:

בפסוק בן פורת פרש"י לשון חן. והוא כמ"ש כשהצדיק בעיר הוא הודה זיוה הדרה. והוא הזיו והיופי שנמצא בכלל ישראל על ידי ש"עמך כולם צדיקים מעשה ידי להתפאר". והוא המציאות חן שיש לכנסת ישראל דכתיב "הראיני את מראיך השמיעיני את קולך".[5]

4 בראשית מ, ז.

5 **שפת אמת** פרשת ויחי תרמ"ט.

יוסף הוא בן חן. הוא הצדיק שנמצא בעיר ומשרה עליה הוד והדר. הסיבה לכך היא שנקודת המבט של הצדיק מחפשת את ההוד וההדר הנמצאים בכל אחד מאיתנו. לכן יציאת צדיק מן העיר עושה רושם – כי אחרי שהתרגלנו למציאות שבה מישהו מביט עלינו בעין טובה, קשה עלינו הפרדה ממנה.

לפי השפת אמת הצדיק מבקש מאיתנו: "הַרְאִינִי אֶת מַרְאַיִךְ, הַשְׁמִיעִינִי אֶת קוֹלֵךְ, כִּי קוֹלֵךְ עָרֵב וּמַרְאֵיךְ נָאוֶה".[6] אני מעוניין לשמוע אותך, את דעתך, את מה שיש לך לומר, כי בוודאי יש שם איזה חן שניתן ללמוד ממנו. אני מעוניין לראות את פניך, לחפש בהם את הטוב. יש בך יופי, ולו רק מפני שאתה חלק מכלל ישראל.

האפשרות הזו למציאת חן היא חירות של ממש. בדרך הקודמת, כל ניסיון למציאת חן עלול להתדרדר מהר מאוד אל הקליפות, אל חנופה, שהיא הקליפה של מציאת חן. חנופה היא לומר למישהו מה שהוא רוצה לשמוע כדי למצוא חן בעיניו. כמה עבדות ושעבוד ותלות יש באפשרות כזו. ואילו כאן, באפשרות שהשפת אמת פותח לפנינו, אנחנו בני חורין לגמרי. זה תלוי רק בנו, במבט שנחליט לאמץ על המציאות.

האם נגיע פעילים, מחפשים, חוקרים אחרי נקודות טוב וחן אצל הזולת ומשקפים לו אותן? זה תלוי רק בנו. האמירה "מצאת חן בעיניי" פירושה שאם בן שיחי יסתכל לי בעיניים – הוא יראה שם את נקודות החן שלו, כי זו נקודת המבט שלי עליו.

אם כך, במקום חנופה – חן. או נחמה. גם בנחמה אמיתית יש חן. יוסף הצדיק הוא גם מנחם גדול. אחרי שיעקב נפטר האחים חוששים מנקמת יוסף, אך הוא מנחם אותם ומדבר על ליבם, מוצא את נקודת החן בעצם הקיום שלהם. יוסף לא מסתפק רק בלומר להם "אַתֶּם חֲשַׁבְתֶּם עָלַי רָעָה, אֱלֹהִים חֲשָׁבָהּ לְטֹבָה".[7] זה אומנם נכון, אך ללא חן. הוא ממשיך ואומר להם דברי ניחומים:

6 שיר השירים ב, יד.

7 בראשית נ, כ.

"וַיְנַחֵם אוֹתָם וַיְדַבֵּר עַל לִבָּם".[8] מה אמר להם? רש"י, בעקבות המדרש, משלים את התמונה:

> דברים המתקבלים על הלב: עד שלא ירדתם לכאן היו מרננים עלי שאני עבד, ועל ידיכם נודע שאני בן חורין, ואני הורג אתכם – מה הבריות אומרות? "כת של בחורים ראה ונשתבח בהן, ואמר אחי הם, ולבסוף הרג אותם – יש לך אח שהורג את אחיו?"

אחי יוסף מקבלים ממנו נקודת ערך וחן: "דרככם נודע לכול שאני ממשפחה חשובה ויקרה!". או אז הדברים מתקבלים על ליבם. זה פירוש הביטוי "למצוא חן".

יוסף מחדד עוד את עמדת הנפש הזאת, המחפשת חן, כשהוא אומר "הֲתַחַת אֱלֹהִים אָנִי?". אם מי שנמצא לידי חי וקיים, משמעות הדבר שהקדוש ברוך הוא נתן לו חיים ומצא בו מספיק חן כדי להמשיך את חייו. ואם כך – טוב לנו לאמץ את מבטו של הקדוש ברוך הוא ולחפש את החן בברייה שלידי. חן שברור שקיים, שהרי הקב"ה האמין בו ונתן לו חיים.

לעיתים מציאת החן מצליחה לגלות לזולת מה שהוא כלל לא ידע שקיים בו. כך עשה רבן יוחנן בן זכאי לתלמידו רבי אליעזר בן הורקנוס:

> נתן עיניו בר' אליעזר, אמר לו: אמור לנו דבר אחד מן התורה!
>
> אמר לו: אמשול לך משל, למה הדבר דומה? לבור הזה שאינו יכול להוציא מים יותר ממה שהוא מכניס. כך איני יכול לומר דברי תורה יותר ממה שקבלתי ממך.
>
> אמר לו: אמשול לך משל, למה את דומה? למעיין שהוא נובע ומוציא מים, ויש בכחו להוציא יתר ממה שאינו נכנס לתוכו, כך אתה יכול לומר

8 שם פסוק כא.

דברי תורה יתר ממה שקבל משה מסיני. אמר לו: *שמא ממני אתה מתביש?* הרי אני עומד והולך לי.

עמד לו רבן יוחנן בן זכאי והלך לו לחוץ, והיה ר׳ אליעזר יושב ודורש ופניו מאירות כאור החמה וקרנותיו יוצאות כקרנות משה רבינו, ואין אדם יודע אם יום ואם לילה. בא מאחריו ונשק לו על ראשו.[9]

רבי אליעזר משוכנע שאין בו כוח לחדש דברים מעבר למה ששמע מרבו. הוא בסך הכול בור סוד, יכול לקלוט רק מה שאחרים שמים בו, ואם כך – עדיף לשמוע את המקור עצמו. אך רבן יוחנן מגלה לו את נקודת החן שבו, ואומר לו שאין הוא בור אלא מעיין, עם כוח נביעה עצמי. הדבר היחיד שמפריע הוא עצם נוכחותו של רבן יוחנן, הגורמת בושה לרבי אליעזר. אם כך, אומר רבן יוחנן, אפנה את המקום עבורך כדי שתוכל לגלות את הנקודה שאני רואה בך. זוהי המתנה הגדולה ביותר שאפשר לתת למישהו. לגלות לו דברים שהוא כלל לא יודע על עצמו. בעבור הדבר הזה, רבן יוחנן היה מוכן לצאת מבית המדרש. הכול כדי שרבי אליעזר יוכל לגלות את נקודת החן העצמית שבו, גם אם הוא עצמו כלל לא מכיר אותה.

הקסם הזה, קסם מציאת החן, ניתן בחינם. והניסיון שלנו להיות נושאי חן לא תלוי בשום דבר חיצוני, אלא בבחירת עמדה המבקשת את החן אצל הזולת באופן פעיל ואקטיבי. מבקשת – וגם מוצאת.

וכשאנו מוצאים חן בזולת – אנחנו מוצאים חן בעיניו.

9 פרקי דרבי אליעזר, פרק ב.

# עֲבוֹדַת פֶּרֶךְ וַעֲבוֹדַת בֶּרֶךְ

## על מרחב חוסם ומרחב מוליד ברכה

דע, שעל ידי שהעולם הם מקטני אמנה, על כן הם צריכים לתענית, דהיינו עבודות קשות. כי בוודאי ידוע שאפשר לעבוד השם יתברך בכל דבר, כי "אין הקדוש ברוך הוא בא בטרוניא עם בריותיו". אך מה שצריכין לפעמים לעבודות קשות הוא בבחינת... למסור נפשו אפילו על דבר קל. והעבודה זרה והכפירות הם בבחינת: "אף אין יש רוח בהם", שאין בהם שום רוח כלל. והקטני אמונה הם בבחינת "מקוצר רוח".[1]

האפשרות שפותח לפנינו רבי נחמן נראית כמעט דמיונית. לעבוד עם הרוח. בלי קושי, בלי צער, באופן זורם.

אנחנו קוראים בתורה על עבודת פרך, על קוצר רוח ועל עבודה קשה. מביטים על מה שקורה סביבנו, על המרוץ והלחץ. ושואלים: האם עבודת הפרך שייכת לעבר? ומהי בכלל, "עבודת פרך"?

אכן, אין בימינו נוגשים מצליפים ברחובות. אך אם רק נבין מהי "עבודת פרך", ניווכח שהיא עדיין נוכחת ומתקיימת בכל פינה.

הכתב והקבלה מגדיר עבודת פרך באופן מדויק:

שם 'פרך' הונח על עשיית הפסק והשבתה לדבר אחד כדי להתחיל דבר שני, וטעמו כאן להפסיקו מאותה מלאכה שהוא עוסק בה כדי להתחיל

1 **ליקוטי מוהר"ן** (תניינא) תורה פו.

מלאכה אחרת, שהוא מעבודות הקשות, שאין אדם יכול לסבול שיהיה מופסק תמיד ממלאכה שעוסק בה ולא השלימה עדיין כדי לעסוק שוב במלאכה אחרת, והוא לעבד יותר ענוי נפש ממה שיעבוד עבודה כבדה, כי עבודה כבדה מחליש רק את הגוף, והפסקה ממלאכה למלאכה מחליש גם את הנפש.[2]

עבודת פרך היא עבודה שיש בה פירכא. קושיה פנימית. עבודה נטולת משמעות המופסקת בכל רגע ולא מאפשרת להגיע לתכלית, לסיום המעניק את תחושת המשמעות והסיפוק שלה זקוק כל בן אדם.

חוסר הרצף. התנועה ממקום למקום בלי להתעמק ולהגיע לסיום הדבר, בונה נפש חלולה. נפש של עבד. למצרים הייתה בעיה: כיצד ימנעו מאלפי העבדים ששעבדו לקום ולברוח יום אחד? והתשובה היא – להפוך אותם לבעלי אישיות חלולה. להעביד אותם בעניינים חסרי משמעות, עד אשר יפסיקו לחפש אותה. עולמם יצטמצם לרוחבה של לבנת הטיט שאותה הם אמורים להכין.

עולם של הבזקים, של הפסקים, של תחומים קצרי מועד שאין בהם עומק ותהליך ועמל והגעה אל היעד, הוא עולם של עבודת פרך. עושה האדם הרבה בכל יום, אך אין מנוחה לנפשו. אותה תחושת משמעות, שלא ייתכן בן אנוש שיחיה בלעדיה, חומקת לו מבין אצבעותיו שוב ושוב. הוא לא מבין מדוע הוא כל כך עסוק – אך לא מסופק. מדוע היומן שלו מלא – אך הנפש חסרה.

והתשובה מהדהדת: כי הוא פועל במרחב של עבודת פרך. עבודה עם פירכא פנימית, עם קושיה בלתי פתירה על משמעות הדברים שהוא עושה.

מתברר שהדרך לאושר ושמחה לא עוברת בהכרח דרך כסף, וגם לא דרך בריאות. שני הדברים הגורמים אושר לאדם הם תחושת משמעות ותחושת שייכות. אני שייך למשהו שיש לו משמעות וערך, ואם כך גם אני בעל ערך.

אך משמעות דורשת הקשבה וריכוז. להתחיל דבר ולסיימו.

2 **הכתב והקבלה** על שמות א, יג.

דומה שלא הייתה תקופה כתקופתנו שבה כמות הסחות הדעת היא רבה כל כך, אינטנסיבית כל כך ופועלת עלינו בכל רגע נתון. קשה להתחיל ולסיים שיחה. קשה להתחיל ולסיים ספר, או סוגיה, או מאמר. בכל רגע משהו קופץ ומסיח את דעתנו. וכך אנחנו חיים במרחב של פרך: פרוּך ומופסק על ידי פרוֹכות שמפרידות בין חלק לחלק, שלא מאפשרות יצירת רצף.

איך נראים חיים הפוכים לחיי עבודת פרך? איך קוראים לעבודה הממלאת אותם?

לדעתי, קוראים לה "עבודת ברך" – מלשון בריכה, נביעה. כאשר יש ריכוז, ויש העמקה, מתחילה גם נביעה. התחדשות. וממילא תחושת משמעות רבה.

האדם הוא פלא מהלך. לעולם לא יהיה לו די רק ברובד הקיום. אנו זקוקים למשמעות כמו לחם, ולעיתים אף יותר ממנו. לעיתים קשיים גדולים עומדים בדרכנו. אך המרחב של עבודת פרך מתאר קשיים יומיומיים, קטנים, שמפסיקים אותנו בכל עת ולא נותנים לנו להגיע לרובד המשמעות הפנימית.

וכאמור – אדם שאין משמעות למה שהוא עושה, הוא אדם מתוסכל. אי אפשר לעקוף את הצורך הזה, שהוא הביטוי העמוק ביותר לקיומו של צלם אלוקים בתוכנו.

לצורת חיים כזו קורא רבי נחמן צורת חיים של "אף אין יש רוח בהם".[3] חיים ללא רוח. חיים ללא תנועה ומשמעות. חיים של קטנות אמונה.

הסוד בעבודת פרך הוא דווקא הקטנות שלה. כל אחד מאיתנו היה מתנגד לחיות חיים שהם בהגדרתם חסרי משמעות. אף אדם רציני לא מוכן לעבוד יום שלם בעבודה חסרת תוחלת.

בעבודת פרך – ההפסקות הן קטנות. הסחות הדעת הן זעירות. כל כמה דקות – הסחה. וכך מתפורר לו עולם המשמעות, ואנחנו חיים בצורה רדודה ולא עמוקה. חיים ללא משמעות.

3 על פי תהילים קלה, יז.

מצרים כבר מזמן לא קיימת כאימפריה משעבדת, אך השיטה חיה וקיימת ובועטת. רבים יושבים עליה וחושבים כל העת איך למשוך את הקשב שלנו. את מחשבותינו ואת לבבנו. והמרחב הזה יוצר מקום של עבודת פרך. מקום חסום.

אנחנו צריכים אוויר. זמן של נצח. זמן שיגדיר לנו את משמעות חיינו. השבת היא כזו. המועדים הם כאלה. זמני התפילה לאורך היום הם כאלה. עצירה מן ההווה, והתרכזות בנצח. עצימת עיניים, והתבוננות בברכות. היכולת להתנתק מהכאן והעכשיו, ובוודאי מהסחות הדעת הנמרצות – ולייצר תחנות עגינה של עומקים בחיים.

עבודת פרך. קוצר רוח, קטנות אמונה, חוסר רוח – כל אלה חיים וקיימים. ומולם, צריך להציב משוואה אחרת: עבודת ברך. מבורכת ונובעת מעצמה. אורך רוח וסבלנות לתהליכי עומק. אמונה פנימית ורוח נושבת בתוכנו.

רוח שמשיבה בנו את מיתרי הנשמה, המנגנים בתוכנו את מנגינת הערך והמשמעות.

עבורי זו הייתה עבודת פרך. קושי פנימי מובהק וברור ששם אותי במקום לא טוב. זה עתה סיימתי שש שנים שבהן הייתי ר"מ בישיבה גבוהה. מקבל בחורים שזה עתה סיימו שמינית ועובר איתם את התהליך המופלא של חיבור לבית המדרש ולעולם התורה, בפרק זמן של קרוב לשנתיים, עד הגיוס. יש זמן, יש תחנות, ובעיקר יש קביעות ורצף.

מגלגל הסיבות גלגל אותי מהמקום הזה למכון מאיר. וכאן... כאן הכול שונה. תלמידים מגיעים ועוזבים כמעט בכל יום. אין תחילת שנה, אין אמצע וגם אין סוף. כל יום יכול להיות התחלה של מישהו אחד וסיום של מישהו אחר. וגם בתוך המכון עצמו, מתקיימת תנועה בלתי פוסקת בין החבורות. הכלל פשוט: מי שסיים 'גמרא מתחילים' עובר ל'גמרא מתקדמים'. אלא שאת ה'סיים' הזה קובע פעמים רבות התלמיד בעצמו...

וכך אני רואה את החבורה שאני בונה בעמל רב – מתפרקת בכל פעם מחדש. פלוני עבר לחבורה אחרת. אלמוני יוצא לעשות את שביל ישראל. ושלישי – הגיע זה עתה אחרי שכבר התחלנו מהלך.

תחושת עבודת פרך אפפה אותי. מין פירכא פנימית כזו.

בהתחלה ניסיתי להילחם בזה. ניסיתי לייצר קביעות. דרשתי מהתלמידים להיות נוכחים יותר. לא למהר לעבור. ליצור עוגן. אבל זה לא התאים, וממילא לא הועיל.

ואז האירה לי התובנה ששינתה את הכול: המקום הזה הוא מקום שונה. הקצב כאן אחר. לעצמי הגדרתי – זה מקום 'מבולגן' במהותו, לא בטעות. ואם כך – תתחיל ליהנות מזה.

לפתע מצאה חן בעיניי האפשרות הזו, לגעת בכל כך הרבה אנשים, גם אם לתקופות קצרות. הבנתי שכל מי שמצטרף לחבורה פותח לי חלון הזדמנות לגעת בו. כעת תלוי הדבר רק בי, מה אעשה עם החלון הזה.

גם תקופה קצרה יכולה להיות משמעותית, אמרתי לעצמי. את היציבות שאתה מבקש כל כך – אל תחפש אצל התלמידים, אלא צור אותה בקרבך פנימה. אתה הקביעות, אתה הציר המרכזי, וכל פעם מצטרפים אל התנועה אחרים.

חשתי כיצד רוח חדשה מנשבת במִפְרָשַׂיי לנוכח העובדה שלעולם איני יודע כיצד ייראה היום שלי. מהאפשרות להיות מופתע בכל יום מחדש מתלמיד שיופיע – תלמיד מן העבר, או אחד שנחת אצלי לראשונה. הגמישות נהייתה בת לווייתי הצמודה. הרוח הזו שהחלה נושבת הפכה אותי לקל תנועה. הבלגן הפסיק להפריע, והפך להנאה מהאפשרויות הרבות שהוא טומן בחובו. הרוח נשבה ועבודת הפרך הסתלקה, ובמקומה הגיעה שמחה. ותנועה. ואור.

# קֹצֶר נֶפֶשׁ

## על סבלנות לתהליכים

אני אוהב עברית. מאוד. את זו הישנה, של המקרא והמשנה והרמב"ם. ומשם – גם את החדשה, בת זמננו, הנדרשת להמציא מילים חדשות למושגים חדשים.

מסוק במקום הליקופטר... כמה יפה. פצחן במקום האקר. יחדה ונגדה הן קואליציה ואופוזיציה. ויש גם קיצורים. ראשי תיבות. את רובם אני מכיר היטב. לק"י, למשל, זו הדרך של התימנים לומר בס"ד. ופירושו: "לִישׁוּעָתְךָ קִוִּיתִי ה'".[1]

ולכן מה רבה הייתה הפתעתי כאשר שלחתי לחבר מאמר שכתבתי, והוא ענה לי בראשי תיבות חדשים, לא מוכרים לי כלל: 'אמל"ק'.

מהו אמל"ק זה? תהיתי לעצמי. אחרי בירור קצר עליתי על התשובה: "ארוך מדי, לא קראתי".

הביטוי הזה, בעל ארבע המילים, הוא ארוך כל כך, שגם אותו צמצם החבר לראשי תיבות דוקרים.

אך ראשי התיבות הללו חושפים בעיה אמיתית המונחת לפתחנו. ארוך לנו מדי. אין לנו כוח לקרוא ספר עד תומו, ללמוד דף עד עומקו, לשמוע שיחה עד סופה. לטייל במסלול עד קצהו. הכול נעשה ארוך ומייגע כי רוצים כבר להגיע, כי רוצים כבר לממש. רוצים לקצר.

קצב החיים נהיה קצר. הכול קורה כאן ועכשיו. התגובות מיידיות. הסיפוק מיידי. התמונות עולות מייד ואז משותפות, וממד ההמתנה של החיים, שיוצר איזה עומק מסוים – הולך ונעלם.

1 בראשית מט, יח.

קצר. קצר מדי.

מייד עם תחילת התנועה של עם ישראל לארץ ישראל מתחילה תלונה כללית. התלונה איננה על חום או קור, על צמא או על רעב – אלא על הדרך. רוצים להגיע.

וַיִּסְעוּ מֵהֹר הָהָר דֶּרֶךְ יַם סוּף לִסְבֹב אֶת אֶרֶץ אֱדוֹם, וַתִּקְצַר נֶפֶשׁ הָעָם בַּדָּרֶךְ.[2]

רש״י, בשונה מדרכו הכללית לקצר — מאריך כאן בפירושו. כאומר לנו: שווה להתעכב כאן. אל תדלגו על הפירוש הארוך הזה בקוצר רוח.

> ותקצר נפש העם בדרך – בטורח הדרך שהוקשה להם. אמרו: עכשיו היינו קרובים להכנס לארץ ואנו חוזרים לאחורינו? כך חזרו אבותינו ונשתהו שלשים ושמונה שנה עד היום. לפיכך קצרה נפשם בעינוי הדרך (ובלשון לע״ז אנקרודלו״ר). ולא יתכן לומר ותקצר נפש העם בדרך בהיותם בדרך, ולא פירש בו במה קצרה, שכל מקום שתמצא קצור נפש במקרא מפורש שם במה קצרה כגון ״ותקצר נפשי בהם״, וכגון ״ותקצר נפשו בעמל ישראל״. וכל דבר הקשה על אדם נופל בו לשון קצור נפש, כאדם שהטורח בא עליו ואין דעתו רחבה לקבל אותו הדבר ואין לו מקום בתוך לבו לגור שם אותו הצער. ובדבר המטריח נופל לשון גודל, שגדול הוא וכבד על האדם, כגון ״וגם נפשם בחלה בי״, גדלה עלי; ״ויגאה כשחל תצודני״. כללו של פירוש כל לשון קצור נפש בדבר לשון שאין יכול לסובלו הוא שאין הדעת סובלתו.

נפש העם קצרה **בדרך** – לא במשהו שקרה בדרך, אלא בעצם הדרך. בעובדה שצריך לעשות דרך כדי להגיע לאן שהוא. אחרי הבירור הזה עובר רש״י להגדיר לנו את קוצר הנפש באיזמל מנתחים:

2 במדבר כא, ד.

> כל דבר הקשה על האדם... ואין דעתו רחבה לקבל אותו הדבה, ואין לו מקום בליבו לגור שם אותו הצער.

קוצר הנפש מסרב לקבל תהליכים. אין רוחב דעת המאפשר לתהליך להתקבל, ואין מקום בלב לגור שם אותו הצער. ולכן יש קוצר רוח, וקוצר דעת, ורצון לתוצאה. אלא שתוצאה זו היא רעועה ורופפת מאוד, מכיוון שאיננה בנויה על שום יסוד איתן. אין מאחוריה תהליך. ולכן היא קורסת, ושוב יש אכזבה וציפייה וחוזר חלילה.

ובכן, ככה זה לא הולך. הדרך היא חלק משמעותי מכל תהליך. יש דרכים רבות שאי אפשר לדלג עליהן. הרצון לתוצאה מהירה ומיידית הוא שקר, שטומן בתוכו גם תקלות רבות.

כשאני רוצה להגיע מתל־אביב לירושלים – יש באמצע משהו שנקרא דרך. אפשר להתייחס אליה כסוג של מפריע. של הכרח שיש לעבור אותו כמה שיותר מהר, ואם רק היה אפשר – גם לבטלו. בין כך ובין כך הדרך עצמה תעבור בקוצר רוח ובציפייה לסיומה המהיר ככל שניתן.

אך אפשר להתייחס לדרך כסוג של הכנה. המעבר מתל־אביב לירושלים יש בו גם איזה שינוי נפשי שדורש הכנה מסוימת. התבוננות. הדרך נותנת לנו את המרחב הזה. את המרווח הזה. הנה הנוף המשתנה. הנה שער הגיא והעליות. האוויר נעשה קר יותר ואולי זה הזמן לפתוח חלון. הנחיריים מתרחבים – ופתאום שמים לב לפרטים קטנים. דגל המונח על המשוריינים לצד הדרך מזכיר שאנחנו מצויים בחודש אייר. מזכיר שאלה המשוריינים שפרצו את הדרך אל העיר הנצורה, אי אז לפני שנים רבות.

הדרך עצמה נהפכת למשהו בעל משמעות. מאפשרת תהליכים, מאפשרת לנו להגיע ליעדנו מוכנים ופתוחים יותר.

אך נפש העם קצרה בדרך. לא הייתה להם סבלנות לתהליכים. מעולם מסודר ומאורגן שבו הכול ברור והכול מיידי, כפי שהיה במדבר – לעולם של

תהליכים ארוכים. של כיבוש הארץ וירושתה, ואחר כך התנחלות איטית שיש בה כדי להרחיק את האדם ממרכז הקודש. כל אלה מרתיעים.

הדרך היא האופן שבו אנחנו כבני אדם מצליחים לעבור ממצב למצב. אנו זקוקים לתהליך. למרחב של מעבר. להתרחבות הלב. יש צער בכל מעבר, ולכן צריך מקום בלב שיגור בו אותו הצער. את המקום הזה מאפשרת הדרך. והיא גם גורמת לנו להעריך את המקום שאליו הגענו.

לכבד את הדרך זו היכולת לשאול את השאלה הטובה ולא לרוץ ישר אל התשובה. לתת מקום לשאלה, זמן להדהד, לא לרוץ ישר אל התירוץ. כמה פעמים אני מזכיר את זה לעצמי כאשר תלמיד שואל שאלה, והתשובה כבר מוכנה אצלי... ארוזה היטב, עם דוגמאות והכול... רגע! שנייה! המתן רגע, תן מקום לשאלה. לדרך. לתהליך. שאל אותו עוד שאלה כדי לברר. שאל אותו מה הוא חושב. הדרך כאן חשובה לא פחות מן התוצאה. אולי יותר.

ולכן יש תפילת הדרך. וליווי לקראת הדרך. והתורה עצמה נקראת דרך – "כִּי נֵר מִצְוָה וְתוֹרָה אוֹר, וְדֶרֶךְ חַיִּים תּוֹכְחוֹת מוּסָר".[3] ויש את "דֶּרֶךְ עֵץ הַחַיִּים",[4] אלא שלפניה מסתובבת "לַהַט הַחֶרֶב הַמִּתְהַפֶּכֶת". זוהי החרב הלוהטת של הכאן והעכשיו, של הרצון להגיע כבר. לממש. היא חוסמת את הדרך.

בזוהר הקדוש, חלק גדול מן התורות נאמרות דווקא כשהחכמים נמצאים בדרך, לא בבית המדרש. הדרך שמה את האדם במצב פתוח. במצב של תהליך. זה מין דפוס החוזר על עצמו בספר הזוהר: הולכים שניים מן החבורה הקדושה בדרך ורואים עץ, והעץ מעורר בהם דיבור של קודש על עץ חיים זו התורה. פתאום מגיע מישהו מולם, וברור להם שבוודאי יש לו מה להגיד להם. ואכן, האיש מחדש להם חידוש בדיוק במה שהיו עסוקים בו. אחר כך ממשיכים שלושתם יחד לאיזה כפר, כדי לפגוש את רבי שמעון ולספר לו על הקורות

3 משלי ו, כג.

4 בראשית ג, כד.

אותם בדרך. הזוהר הקדוש קורה בדרך, או בגורן. בחוץ. במציאות פתוחה, משתנה, דינמית. הקב"ה מתגלה בדרך.

בעקבות תלונות העם משלח בהם הקדוש ברוך הוא את הנחשים השרפים. כדי להתרפא מהם, מצווה הקב"ה על משה לעשות נחש נחושת. המשנה בראש השנה מקשה את השאלה הידועה:

> "עשה לך שרף ושים אותו על נס, והיה כל הנשוך וראה אותו וחי" – וכי נחש ממית או נחש מחיה? אלא בזמן שישראל מסתכלין כלפי מעלה ומשעבדין את לבם לאביהן שבשמים היו מתרפאים, ואם לאו היו נימוקים.

נחש הנחושת לא ממית ולא מחיה. מה שמחיה זו הדרישה שהוא דורש: לנתק את המבט מהנחש הממשי והמאיים שנמצא מולך, המבטא את ההווה הדחוף, המיידי, הזועק – ולהצליח להרים את המבט כלפי מעלה. כלפי סיבת הדברים. הניתוק הזה, מהאיום המיידי אל עבר התהליך ומי שמחולל אותו – הוא בעצם קבלה של הצורך בדרך. מי שמצליח להתנתק מהרצון לשלוט באירועים כאן ועכשיו, מי שמצליח להרים עיניו כלפי מעלה ולראות מנקודת התצפית הזו את הצורך שיש בדרך – הוא המתרפא מלחישת הנחש ומנשיפתו הבהולה, הרוצה את הכול כאן ועכשיו. הוא זה שקוצר הדרך נהפך לו לאורך רוח ולנחת, והתהליך מוצא מקום לגור בתוך ליבו.

## בעל שאלה...

הם באמת לא ידעו. משהו מוזר עטף את כל המרחב שסביבות המחנה. זרעים זרעים לבנים, כמו גושי ברד עגלגלים, התפזרו סביבם לפנות בוקר.

"מן הוא?",[5] שאלו איש את רעהו. מהו הדבר הזה?

5 ציטוטי הפסוקים כאן ולהלן – משמות פרק טז.

מבוהלים באו אל משה, נכנסים איש לשפת רעהו ומספרים לו שיש משהו מוזר, משונה, לא ברור, סביבות המחנה.

ומשה רבנו עונה להם בסבלנות. בנחת.

"וַיֹּאמֶר מֹשֶׁה אֲלֵהֶם: הוּא **הַלֶּחֶם** אֲשֶׁר נָתַן ה' לָכֶם לְאָכְלָה".

נפלא. יש לחם, ומעתה לא יחסר לנו מזון.

אך מה יהיה שמו?

לכאורה השם ברור: לחם. לחם מן השמיים. כך אכן קורא לו משה.

"וַיֹּאמֶר מֹשֶׁה: זֶה הַדָּבָר אֲשֶׁר צִוָּה ה' – מְלֹא הָעֹמֶר מִמֶּנּוּ לְמִשְׁמֶרֶת לְדֹרֹתֵיכֶם, לְמַעַן יִרְאוּ אֶת **הַלֶּחֶם** אֲשֶׁר הֶאֱכַלְתִּי אֶתְכֶם בַּמִּדְבָּר בְּהוֹצִיאִי אֶתְכֶם מֵאֶרֶץ מִצְרָיִם".

מובן וברור.

אך בני ישראל עושים מרד קטן, וקוראים ללחם הזה בשם אחר ומפתיע:

"וַיִּקְרְאוּ בֵית יִשְׂרָאֵל אֶת שְׁמוֹ **מָן**. וְהוּא כְּזֶרַע גַּד לָבָן, וְטַעְמוֹ כְּצַפִּיחִת בִּדְבָשׁ".

זהו שם מוזר מאוד. הרי המילה "מן" פירושה שאלה. למה לקרוא למשהו על שם השאלה שקדמה לו?

יש כאן תובנה מיוחדת מאוד.

**את הרגע המיוחד הזה,** הפעם הראשונה שבה הם שאלו שאלה, מבקשים בני ישראל להנציח.

כי עבד לא שואל שאלות. הן לא מעניינות אותו. עבד סגור בתוך עצמו ומקבל כל מה שאומרים לו בהכנעה.

והנה – הפעם הראשונה שבה הם שואלים שאלות.

זהו רגע ראשון של חירות. יש צורך לנצור אותו.

**בן חורין הוא מי ששואל שאלות.**

לא לכל השאלות יש תשובות. אך בן חורין הוא מי ששואל שאלות. לא מפחד.

הוא בעל שאלה.

לכן ליל הסדר מתחיל מארבע קושיות. זוהי ראשית החירות. שאלת השאלות.

רק כשהתחילו בני אדם לשאול שאלות על מה שראו, החל העולם להתקדם. מי אמר שכדור הארץ הוא שטוח, אולי הוא עגול? ומי אמר שאנחנו עומדים והשמש נעה, אולי אנחנו נעים והשמש עומדת?

בן חורין שואל שאלות. בענווה. בצניעות. אבל שואל שאלות.

לכן נוצרים בני ישראל את הרגע שבו שאלו את שאלתם הראשונה. זה האוכל שמעתה נאכל: אוכל השאלות.

ובכן, עדיין צריך להכריע: מה שמו של דבר זה? "לחם" כדברי משה, או "מן" כדברי העם?

הקדוש ברוך הוא מכריע כדברי העם:

"וַיֹּאמֶר מֹשֶׁה אֶל אַהֲרֹן: קַח צִנְצֶנֶת אַחַת וְתֶן שָׁמָּה מְלֹא הָעֹמֶר **מָן**, וְהַנַּח אֹתוֹ לִפְנֵי ה׳ לְמִשְׁמֶרֶת לְדֹרֹתֵיכֶם: **כַּאֲשֶׁר צִוָּה ה׳ אֶל מֹשֶׁה**, וַיַּנִּיחֵהוּ אַהֲרֹן לִפְנֵי הָעֵדֻת לְמִשְׁמָרֶת".

צנצנת מן – למשמרת לדורות לפני ה׳.

עוד לפני שניתנה התורה, שניתנו הלוחות וניתנו ההלכות – ניתנה השאלה, השער לחירות.

היא המבוא להכול. היא המעבר מעבדות לחירות. היא הופכת את הדברים לפנימיים. היא מניחה שיש סיבה, ויש ממי לבקש סיבה. היא רוצה עולם עם משמעות. לכן היא באה לעולם – השאלה.

"מן הוא!" – כביכול כלפי שמיא. הוא בעל השאלה...

ואף אנחנו הולכים בדרכיו. להיות לא רק בעלי תשובה, אלא בעיקר בעלי שאלה.

# לְהַכּוֹת אֶת סִיחֹן וְאֶת עוֹג

## בין זרימה לתכנון מוגזם

אחד המאפיינים של האדם המודרני, המתקדם, הוא יכולת התכנון. היכולת לצפות קדימה, לתכנן את העתיד, להציב יעדים ואז למדוד אותם ואת השגתם – כל אלה הם מאפיינים של קדמה ושל צלם אלוקים שבאדם, שיש בו צד של רואה את הנולד.

ובכל אופן, התכנון – או שמא נאמר תכנון היתר – יש בו משהו חוסם. כי התכנון הוא ממלכת בני האדם, ממלכת האנושי; ואילו החסד, ההשראה וההפתעה – מגיעים מן האלוקי. אם מתכננים את כל הפרטים, אם כל דקה מחושבת, כביכול לא מותירים מקום לרוח האלוקית לנשוב במעשינו ולהפתיע אותנו מעט בכיוון חדש.

במקומות שלא תכננו, ובמיוחד במקומות שבהם טעינו – שם ודאי יד ה' פועלת, שהרי אנחנו לא היינו שם. התפיסה הזו היא מין הרחבה, או ביאור, של המימרה הידועה בשם הרבי מקוצק: "להיכן נכנס הקב"ה? למקום שנותנים לו להיכנס".

יש מקומות מובהקים שדוחים שכינה, כמו טומאה או גאווה, שם אומר הקב"ה במפורש ש"אין אני והוא יכולין לדור בעולם".[1] אך יש מקומות עדינים יותר. מקומות שנראים במבט ראשון טובים ומועילים, והם אכן כאלה – אך במינון מסוים ומוגבר מתברר שגם הם דוחים את הרוח האלוקית מלנכוח במעשינו. ואחד מאלה הוא תכנון היתר.

1 סוטה ה ע"א.

תכנון יתר לוקח אחריות מלאה. מתכנן כל דבר עד השנייה האחרונה. יורד לפרטים הקטנים. מדקדק ומכין גיבויים וגיבויים לגיבויים. והקול הסמוי, העולה מעבר לכל התכנונים הללו, הוא קול של "אם אין אני לי מי לי" – שללא המשכה של המימרה, "וכשאני לעצמי מה אני" – הוא קולה העדין והכמעט בלתי נשמע של הגאווה. קול עדין אך נוכח מספיק כדי לא לאפשר לקב"ה להפתיע אותנו ולהיות נוכח במעשינו.

לקולות הללו של תכנון יתר קוראת החסידות "סיחון ועוג".

סיחון הוא מלך חשבון. מלך החשבונות. עוד חשבון ועוד חשבון ועוד אפשרות ועוד דיוק. וככה, בדרך הזו, הוא מסלק את השכינה, ובעיקר מסלק את הלב. הלב הוא אומן הרגע, לאו דווקא התכנון.

הלב מנסה להרגיש את ההווה. את הרגע המיוחד הזה. את הרוח שנושבת כעת במקום, לא את זו שתכננתי לפני כן.

"לְךָ אָמַר לִבִּי", אומר דוד המלך.[2] הלב שלי אומר לי את רצונך. אותך. אני מקשיב לו.

משה רבנו רוצה לדבר עִם ישראל דיבורים היוצאים מן הלב. הוא רוצה להעביר להם את תמצית העניין. את לב העניין. ובאמת, המילה לב על הטיותיה השונות – לב, לבבך, לבבם, לבך וכו' – היא המילה המופיעה הכי הרבה פעמים בספר דברים. אך כדי לדבר אל הלב, צריך להפסיק לתכנן. צריך להפסיק לתת לתכנון מן העבר לשלוט בהווה ובעתיד. משה יכול לדבר רק "אַחֲרֵי הַכֹּתוֹ אֵת סִיחֹן מֶלֶךְ הָאֱמֹרִי אֲשֶׁר יוֹשֵׁב בְּחֶשְׁבּוֹן, וְאֵת עוֹג מֶלֶךְ הַבָּשָׁן אֲשֶׁר יוֹשֵׁב בְּעַשְׁתָּרֹת בְּאֶדְרֶעִי".[3]

כך מבאר זאת **השפת אמת** בשם סבו, בעל חידושי הרי"ם:

2 תהילים כז, ח.

3 דברים א, ד.

בשם מורי זקני על פסוק ״אחרי הכותו את סיחון מלך חשבון ואת עוג מלך הבשן״ – שקודם זה לא היה יכול להכניס הדברים בלבם של ישראל, שהמה היו קליפות גדולות: ״סיחון מלך חשבון״ שורש המחשבות רעות, ונגד זה תפילין של ראש. ״עוג בעשתרות באדרעי״ המעשה, ונגד זה תפילין של יד, וכן כתיב בתפילין ״למען תהיה תורת ה׳ בפיך״. לכן אחר הנחת תפילין והתקשרות מחשבה ומעשה יכולין לקרות קריאת שמע, וכן היה בכללות ישראל כמו שנוהג בפרטות.[4]

כל ספר דברים, כל הנאום הארוך של משה, לא יכול להיאמר כשברקע מרחפת הרוח החשבונית של סיחון.

סיחון הוא שורש המחשבות הרעות. מחשבות רעות הן מחשבות תכנון יתר. כי כשעוסקים בתכנון – נעלמות מן העין האמונה. הרוח הגדולה. האפשרויות הרבות, שהן מעבר למספרים ולסטטיסטיקות.

שורש המחשבה הרעה הוא הקביעה שהמציאות נגזרת ממה שאתה רואה ויכול לתכנן. זוהי גישה שמתאימה לאומות העולם, אך לא לישראל ולא לאדם מישראל.

אדם מישראל צריך להיות פתוח ללב. פתוח לכאן ולעכשיו, לאפשרות שיקרו שינויים. השינויים הם הנגיעות האלוקיות במציאות של כל אחד מאיתנו. במקום לכעוס עליהם או להתאכזב מהם – צריך להתבונן בהם בסקרנות, בעניין. לראות מה מנסה הקב״ה לגלות לנו בהפתעה הזו.

ועוג ה״יושב בעשתרֹת באדרעי״ – הוא הזרוע המבצעת (״דרועא״ היא זרוע, בארמית), אך מבצעת רק לפי התכנון המוקדם, ולא פתוחה לרוח חדשה ועדכנית שיכולה להגיע אם רק נאפשר לה, אם רק ניתן לה מקום.

השפת אמת אומר בשם סבו שהתיקון של שני אלה, של סיחון ושל עוג, הן תפילין של ראש ותפילין של יד.

4 **שפת אמת** פרשת דברים תר״ם.

תפילין של ראש מונחות על המוח הקדמי, האחראי על התכנון קדימה, ומנסות להחדיר לו את ממדי האמונה. האהבה. והלב הטוב והפתוח. כל אלה נמצאים בפרשיות התפילין.

אך התפילין לא מסתפקות בזה. הן יורדות מן המחשבה אל עולם המעשה. אל היד. שם אנו מניחים וקושרים את הפרשיות היקרות הללו מול הלב, כדי לפתוח אותו. ומשם, יתחילו הרצועות להתפתל ולהשתלשל עד למעשה עצמו.

כלומר – כל עניין התפילין הוא לקשור למחשבה ולמעשה את הרוח הגדולה של קריאת שמע. של נוכחות אלוקית מתמדת בכל רגע. את זה צריך לזכור כשמגיעים לעולם המעשה.

והתכנון – מה יהא עליו? האם אסור לתכנן דבר?

תכנון הוא דבר ראוי ונכון. אך במקום להתייחס אליו כאל נקודה שאין לזוז ממנה, יש להתייחס אליו כסוג של מרחב מסוים, שמראה כיוון ודרך אך מאפשר תנועה בתוכו.

למעשה, בכל בוקר אנו מברכים ברכה כזו, שנעה בדיוק על הציר שבין תכנון וזרימה: "המכין מצעדי גבר". מצד אחד כל אחד מאיתנו יודע, פחות או יותר, להיכן הוא אמור ללכת היום ומה עליו לעשות. ומצד שני כל אחד מאיתנו יודע שיכולים להיות כל מיני שינויים, ביטולים, טעויות. קפיצות דרך, פגישות לא מתוכננות ועוד. על כל אלה אנו מברכים "המכין מצעדי גבר". שנדע לקבל את כל הצעדים שהקב"ה תכנן לנו יחד עם הצעדים שאנחנו מתכננים לעצמנו. כמה ברכה יש בזה. כמה שמחה.

לעיתים אני נכנס לשיעור שהכנתי ואני יודע היטב את מהלכו ואת כיוונו. עשיתי עליו תכנון מדויק.

אבל אז, לפני תחילת השיעור, אומר אחד התלמידים: "אפשר לשאול משהו?"

וכבר כאן מתחיל המבחן. לאפשר לו לשאול, או לומר: "אולי בסוף השיעור...?"

וגם אם מאפשרים לשאול – מה עושים עם השאלה הזו?

התכנון מראש דואג להזכיר לי כל העת שזה לא נושא השיעור. אבל פעמים שאני מצליח לשמוע קול אחר. קול פנימי שאומר: השאלה הזו לא נשאלה סתם. אולי היא תהיה השיעור הכי חשוב שנעשה כאן היום, אם רק ניתן לה מעט מקום ונראה אם היא נובטת.

וכשנותנים מקום, ומסכימים להיפרד לרגע מהתכנון הקודם – מתגלים אוצרות. לעיתים זה השיעור הכי מוצלח שיכול היה להיות. שיעור שאי אפשר היה לתכננו כלל.

סיחון ועוג עומדים על מפתח הלב. מתכננים אותנו עד לפרטי הפרטים וחלקי הרגעים. מבקשים מאיתנו עמודות ומספרים וחישובים.

אך החישובים הללו חוסמים את חסדו של הרגע. את נגיעת הכאן והעכשיו שקורה כעת. ולרגע הזה, שנמצא בהתהוות – אין תחליף כלל.

האם נצליח בעולם מתוכנן כל כך – להיפרד לרגע מן התכנון? האם נצליח להסביר פנים להווה, למה שקורה כעת, גם אם לא רשמנו אותו מראש ביומן? האם סיחון ועוג ינהלו את חיינו, או משה רבנו שמבקש מאיתנו את הלב – והיום?[5]

אין הדבר תלוי אלא בנו.

זהו רגע מיוחד עבורי. שמחה. בר מצווה או בת מצווה, ובוודאי חתונה. אירוע מיוחד שמכנס לתוכו כמה וכמה רצונות. את הרצון שלנו ההורים, ואת הרצון של בעלי השמחה, החתן או הכלה או שניהם יחד.

כל אירוע של שמחה כולל בתוכו תכנון מרובה. מה יהיה התוכן ומה יהיה סדר הזמנים, מי ידבר מתי וגם ענייני אוכל, קייטרינג וסידור שולחנות.

רגע לפני שהאורחים מגיעים וכל העניין מתחיל, אני פורש לאיזו פינה ומתחיל התבודדות: "ריבונו של עולם. עשינו, תכננו, חשבנו, רצינו. הכול זה

5 "היום" גם היא מילה המופיעה בספר דברים עשרות פעמים.

לכבודך וכדי לקיים את רצונך. אבל עכשיו, ברגע הזה, אני מוסר הכול אליך. מי שיגיע ומי שלא יגיע. מה שיקרה ומה שלא יקרה. הכול שלך והכול ממך, ואני מוסר את הכול אליך ומבטיח להיות כאן ועכשיו איתך".

ככה אני מתפלל. ואין אירוע שהתפילה הזו לא מצילה אותי ממש.

הנה סיפור אחד, לדוגמה:

בבת המצווה של בתנו החמישית, קמה, ביקשנו מקרובת משפחה אהובה שתגיע בתחילת האירוע ותפעיל את בנות הכיתה בקישוט של מפת ארץ ישראל. הכנו מפות, חרוזים ודבק. אך הדודה שהייתה אמורה להפעיל את כל העניין – לא מגיעה...

אני מקווה שהבנות קצת יאחרו עד שהמפעילה תגיע, אך כדרכן של בנות מצווה – החברות כולן הגיעו לפני הזמן, עומדות ומחכות שיעשו איתן משהו. אני מטלפן ומנסה לברר בעדינות היכן היא... כן, היא נורא מצטערת, היא דווקא יצאה בזמן... אבל היה פקק, ועוד איזה עיכוב, והיא תגיע בדיוק עוד ארבעים דקות.

עוד ארבעים דקות! זה כבר מאוחר מדי. הנה השיבוש הראשון. מה אני אמור לעשות עם זה?

אבל אז נזכרתי בתפילה הקדושה. בכך שכל שיבוש וכל עניין מתהווה בזה הרגע מהבורא יתברך. "זה בשבילך, השיבוש הזה. תחפש בתוכו את הקדוש ברוך הוא. הוא נמצא שם, מסתתר", אני אומר לעצמי.

וברגע שחשבתי את המחשבה הזו – באה לי ההארה. קראתי אליי לכל הבנות ואמרתי להן: "רצינו לתת לכן לקשט את מפת ארץ ישראל, אבל יש לנו איזה עיכוב. אז נקשט אותה באופן אחר. בחידות".

חילקתי להן את המפות והתחלתי לשאול שאלות: איפה יש מקום עם השם של כלת השמחה? איזו עיר נמצאת באמת במרכז הארץ – חברון או קריית גת? איפה נמצא עמק החולה? היכן רמת יששכר? מתל אביב לירושלים נוסעים ממערב למזרח או ממזרח למערב? מצאו את שמם של שלושת ההרים הכי גבוהים בארץ...

עוד שאלות ועוד שאלות, והנה התחילה תחרות בריאה. הבנות התלהבו. הן באמת לא הכירו כל כך את מפת ארץ ישראל, והחידות שימחו אותן. תוך כדי החידות, כשכבר לא שמנו לב איך הזמן עובר, הגיעה הקרובה יחד עם הקישוטים, ולקחה פיקוד על האירוע. אבל כעת הבנות קישטו מפה שהן הכירו, כשהן יודעות איפה צפון ואיפה דרום ומי נגד מי. לא היה יכול להיות יותר טוב. הלכתי הצידה ואמרתי לקב"ה: "תודה רבה! תודה שעיכבת. תודה שפתחת לי את הלב לראות שאתה מסתתר בתוך העיכוב. תודה שנתת לי מקום בבת המצווה של בתי, שהייתה מיועדת מראש בעיקר לבנות. תודה!".

# "מַרְבִּים הָעָם"

## על ריבוי, הגזמה ודיוק

בדרך כלל כשאנו מוסיפים, בקודש או בחול, זה נתפס כדבר חיובי. כל המוסיף מוסיפים לו, ולכן נוצר ציר של הוספה מתמדת. עוד שיעורים, עוד ספרים, עוד ניגונים. עוד אפשרויות בלתי נגמרות של תכנים, כיוונים, וגם מאכלים או לבושים. על הכול מרחפת האווירה הזו של הוספה ושל ריבוי. אך יש וההוספה עצמה היא דרך מתוחכמת של הנוכחות המוגזמת של ה'אני' לחדור לתוכנו. הרצון הזה, להוסיף עוד ועוד, לא בא תמיד לשם שמיים. לא תמיד הרבה זה טוב, גם אם הריבוי הזה מורכב מדברים שהם עצמם טובים.

ההמולה במחנה ישראל התערבבה בהקלה ובשמחה. הנה מתברר כי ה' יתברך מחל לישראל מחילה גמורה על חטא העגל, והוא מצווה אותם כעת לבנות לו משכן. משכן של אהבה.

והמשכן הזה – ימומן מתרומות בני ישראל. מנדבת הלב של כל יחיד. של כל משפחה. אפשר לנסות לדמיין את ההמולה הנרגשת שאחזה במחנה ישראל.

והנה – נשמע קול במחנה:

וַיֹּאמְרוּ אֶל מֹשֶׁה לֵּאמֹר: מַרְבִּים הָעָם לְהָבִיא מִדֵּי הָעֲבֹדָה לַמְּלָאכָה אֲשֶׁר צִוָּה ה' לַעֲשֹׂת אֹתָהּ. וַיְצַו מֹשֶׁה וַיַּעֲבִירוּ קוֹל בַּמַּחֲנֶה לֵאמֹר: אִישׁ וְאִשָּׁה אַל יַעֲשׂוּ עוֹד מְלָאכָה לִתְרוּמַת הַקֹּדֶשׁ, וַיִּכָּלֵא הָעָם מֵהָבִיא. וְהַמְּלָאכָה הָיְתָה דַיָּם לְכָל הַמְּלָאכָה לַעֲשׂוֹת אֹתָהּ וְהוֹתֵר.[1]

1 שמות לו, ה-ז.

מביאים יותר מדי... ויש צורך לעצור.

מה בדיוק הבעיה בזה שמביאים יותר מדי? ומה פשר הביטוי המיוחד הזה – "וַיִּכָּלֵא הָעָם מֵהָבִיא"?

וגם, מהו "דַּיָּם... וְהוֹתֵר"? – הרי אם זה "די" אין זה "הותר", ולהפך.

משהו מסתתר כאן. ואת הנקודה הפנימית הזו חושף **השפת אמת** – ופותח לנו בזה פתח גדול לעבודה של דיוק פנימי הקשורה דווקא לריבוי:

> בפסוק "מרבים העם להביא כו' ויצו משה ויכלא העם מהביא". יש להבין, מה זה האריכות בתורה בענין זה? ונראה כי ראו הצדיקים והחכמים כי **נתפשט ההתנדבות יותר מהראוי**. וחששו שלא יהיה עוד ברצון אמת לשם שמים. כי הכל הולך אחר הרצון לשם שמים... ומשה רבינו והחכמים שמרו מעשי בני ישראל שלא להתערב בו פניות כנ"ל.[2]

התפשטה הנדיבות יותר מדי... הרצון לתת התפשט לרצון שאני אתן. שישימו לב לנתינה שלי. למה שאני הבאתי. והמשכן – במקום שיורכב מנדבות שבהן כל אחד מוסר את חלקו "יפה יפה" לציבור[3] – ייבנה מנדבות אישיות שמטרתן תשומת לב לכמה אני הבאתי, כמה אני תרמתי, וכן על זה הדרך.

בעלי המלאכה, היודעים "לַחְשֹׁב מַחֲשָׁבֹת", מרימים דגל אדום: אנחנו מרגישים שלתוך הנדבות חדר הרצון האישי, האגו. אנחנו מזהים כאן סכנת התנפחות, סכנת נוכחות מוגזמת. ככה לא נוכל לבנות משכן לשכינה. שהרי במקום שיש גאווה – אין שכינה.

וכאן מגיעה המילה הבאה בפסוק. סיפור חדש: "וַיִּכָּלֵא".

לאחר שבעלי המלאכה מרימים דגל אדום – באה תנועה חדשה. תנועה של 'שוב'. למרות הרצון לתת, למרות הרצון להמשיך – העם כולא את הרצון

2 **שפת אמת** פרשת ויקהל תרל"ה.

3 ראו יומא לה ע"ב, בבא מציעא קיח ע"א ועוד.

הזה. והכליאה הזו – לא רק על עצמה באה ללמד, אלא גם על כל מה שקרה עד אליה. כעת, רק כעת, מתברר שגם הנתינה מקודם הייתה, לפחות ברובה, לשם שמיים.

לעיתים הרצון להביא יותר מדי אינו לשם שמיים אלא לשם האדם עצמו. הריבוי מעיד שאנחנו טובים ב'רצוא', אך לא מספיק טובים במלאכת ה'שוב'. לעצור. לשים לב: האם מה שאנו עושים מכוון נכון?

לא רק בכסף מדובר. גם בזמן.

לעיתים מעבירים שיעור, או אומרים דבר תורה בבית הכנסת. מסגרת הזמן ידועה בדרך כלל, ואיש לא עומד עם סטופר, אך בכל אופן יש מסגרת זמן מקובלת. אך המלמד – בדיוק דקה לפני סיום הזמן הקצוב הגיע ל'נקודה', ואז לעיתים מוסיף, בבקשת מחילה מכבוד הציבור הקדוש, שהוא צריך, ממש חייב, להאריך רק עוד קצת...

אך ה"עוד קצת" הזה, מעבר לעובדה שהוא בדרך כלל לא זוכה להקשבה, מעיד גם על האומר – שהוא מרבה יותר מדי. שהמרכז עבר מהשומעים, מהתלמידים ומהיכן שהם נמצאים, אל הדובר. "יש לי משהו להגיד, ואני צריך לסיים...".

אם כשמסתיים הזמן אני עוצר ויורד, מתברר רטרואקטיבית שלכל אורך הדרך – לא בעצמי הייתי עסוק, אלא בשומעים וביכולתם לקלוט.

זוהי סוגיה נפשית מרתקת. להיות בעת ובעונה אחת גם ב'רצוא', כלומר ברצון לתת, להעניק ולהתנדב ולהיות נוכח – אך כל העת גם ב'שוב', כלומר בבדיקה מתמדת: את מי אני עובד? את הקדוש ברוך הוא או את עצמי? האם מטרתי היא לעשות לו נחת רוח או שאני דואג לעשות לעצמי נחת רוח? האם קיימת אצלי האפשרות לפרישה, ולא רק לדרישה?

כאשר שמעון העמסוני הקים את בית המדרש שלו, היה זה בית מדרש מיוחד מאוד. "בית מדרש אֶת".[4]

4 פסחים כב ע"ב, קידושין נז ע"א ועוד.

שמעון העמסוני החליט לדרוש את כל ה"אתין" שבתורה – כל מקום שכתוב בו "אֶת". כל "את" באה לרבות משהו. כגון "כבד את אביך ואת אמך" – לרבות אחיך הבכור.

והנה הגיע לפסוק "אֶת ה' אֱ־לֹהֶיךָ תִּירָא".[5] את מי ירבה כעת? ממי יש לירא חוץ מהבורא יתברך?

זהו רגע מבחן. בית מדרש שלם של תורה ודרישה עומד על הפרק. אולי אפשר לדלג... להשאיר את הפסוק הבעייתי הזה לסוף, ובינתיים להמשיך ולעסוק בדרשות החשובות כל כך?

אך שמעון העמסוני הכיר את הסוד שעליו דיברנו. עבור מי אתה דורש? עבור מה? וכמו שעד כה הוא דרש, באופן פעיל ואקטיבי, כך הוא מחליט לפרוש ולוותר על כל מה שנעשה עד עכשיו. "כשם שקיבלתי שכר על הדרישה – כך אקבל שכר על הפרישה". אמר – ופרש. כלא את עצמו, אך בכך גילה שכל הדרשות שהיו עד עתה, כולן היו לשם שמיים, ולא לצורך אישי חלילה.

כמו בסיפור מתח טוב, מגיע תלמידו של שמעון העמסוני, רבי עקיבא. כשהוא רואה את רבו פורש מכל מפעל חייו בלי הינד עפעף – הוא מתמלא יראה עצומה ממנו. איזו גדולה. איזו עוצמה. איזו כוונה לשם שמיים. איזו יכולת לוותר על מפעל חיים שלם – למען האמת. על רבי עקיבא נופלת יראה עצומה מן המדרגה הזו, ואז גם מנצנץ לו שאולי כן אפשר לרבות את המילה "את" בפסוק הזה: "אֶת ה' אֱ־לֹהֶיךָ תִּירָא" – לרבות תלמידי חכמים. תלמידי חכמים מסוגו של שמעון העמסוני, שיש להם את ה'רצוא' – אך גם יש להם את ה'שוב'. את היראה להיות מדויקים כל העת, לזכור למה באו ולמה נשלחו.

בעולם שבו יש הרבה מהכול, ונראה שככל שיש יותר כך עדיף – מלמדת אותנו התורה שלעיתים ריבוי הוא אגו מחופש היטב. יש צורך לבדוק אחריו, ולראות: אם אני מסוגל לפרוש, לעצור, ולברר ברגע הזה גם לאחור, שכל מעשיי היו לשם שמיים.

5 דברים ו, יג.

רבי יצחק מערבי היה זקן בא בימים כשעבר לבית הכנסת שלנו, "אוהל יצחק", שבו התפללנו יחד עם אבא. הוא עבר מרמלה לפתח תקווה, מביא איתו ספר תורה שבדיוק היה נצרך מאוד בבית הכנסת.

לנו כילדים היה נדמה רבי יצחק כקפדן. זהיר בתפילתו, ומבטו נוקב.

כמה וכמה בנים היו לו, אך אחד מהם עלה ונתעלה עד שהתעטר בכתר "דוקטור ליהדות" באוניברסיטה חשובה. "הדוקטור מערבי", קראו לו.

וכשהיה הבן הזה מגיע אצל אביו לשבתות – היו מכבדים אותו לומר דבר תורה בבית הכנסת, לפני הקהל הקדוש ולפני אביו.

באותה שעה היו משתנים פניו של רבי יצחק. קפדנות שהייתה עליהם דרך קבע נעלמה, ובמקומה נפרשה קורת רוח שיש לאב הרואה את בנו חכם בתורה.

ובאמת – הדברים שהיה מדבר בנו, הד"ר מערבי, היו ערבים לשומעים. גם אני בתור ילד זוכר אותם לטובה. גם את התוכן וגם את חיתוך הדיבור הנעים. כשהיה מגיע – הייתי נדרך ובא להקשיב. יודע שהדברים שנשמע יהיו דברי טעם.

אך הזקנה היא אויב שקט ומפתיע. ויש שהיא מכה באחת. שבת אחת עברה השמועה בבית הכנסת שרבי יצחק לקה באירוע מוחי, ופינוהו לבית החולים. יש להתפלל עליו בתוך שאר חולי עמו ישראל.

הרב עשה לו "מי שברך" בעלייה לתורה. הזכיר אותו ואת שם אימו, וכן את זכויותיו ואת זכות ספר התורה שתרם.

זמן רב עבר עד שראינוהו שוב בבית הכנסת. גופו צמוק, יושב על כיסא גלגלים. קפדנות שהייתה על פניו – נצטרף אליה כעת גם מראה של סבל. אך יותר מכול – דיבורו ניטל ממנו, והוא השמיע רק קול הברה לא ברור.

יושב רבי יצחק בכיסאו, מכווץ בכאביו, מתפלל מתוך הסידור ומדי פעם משמיע הברה כזו או אחרת. אנחנו הילדים התיירָאנו לעבור לידו, והיינו עושים כמין עיקוף.

בניו היו באים מדי שבת לתורנות אצל אביהם החולה. לסעדו ולתומכו ולקחת אותו לבית הכנסת על כיסא גלגלים.

באותה שבת שעליה אספר כעת, הגיע תורו של בנו הדוקטור. מכיוון שהגיע לבית הכנסת, ביקש ממנו הגבאי שיואיל לכבד את הציבור למחרת היום בדברי תורה כמנהגנו, ודוקטור מערבי נענה והסכים.

תפילת שחרית הגיעה. לפני קריאת התורה עזב דוקטור מערבי את מקומו על יד אביו החולה, ועלה לבימת העץ הפשוטה.

"מוריי ורבותיי! נאמר בפרשה...", החל אומר. גם הפעם נאמרו דבריו בטוב טעם והטעמה, ואני ישבתי מולו והאזנתי לדבריו. דרכו הייתה לפתוח בשאלות, ואז לתרץ את כולן באחת דרך מה שאהב לכנות "יסוד".

אלא שאחרי שלושה משפטים, לפתע נעור רבי יצחק ממקומו על כיסא הגלגלים, הביט בפנים זועמות על הבמה וצעק "מספיק!"

הס הושלך בבית הכנסת. עוד לא עברו שתי דקות מאז שהחל הדוקטור לדבר.

הבטתי על דוקטור מערבי. פניו נשתנו והפתעה ניכרה על פניהם. אלא שאז, השפיל את מבטו וירד מייד מהבמה, מותיר את השאלות ששאל מרחפות באוויר בלי תשובה.

נתיישב הדוקטור ליד אביו, הניח ידו על כתפו, פתח לו את הסידור – ואז הרים מעט את קולו הנעים ואמר "בכבוד, החזן! 'יהי ה' אלוקינו עימנו', הוצאת ספר תורה!"...

את כל זה ראיתי. את הדוקטור הנכבד שהחל לדבר, ואז נשתתק באחת וירד מהבמה, כדי לעשות נחת רוח לאביו בשתיקתו, כשם שעשה לו לפנים בדיבורו.

# דְּיוֹקָנוֹ שֶׁל אָבִיו

## להתחבר לנצח

הבדידות היא קושי עצום. כשמתווספת אליה תחושת נטישה ונבגדות – הרעה גדולה שבעתיים. כל אלה עטפו את יוסף הצדיק בשעה שנמכר לעבד בבית פוטיפר. בודד, נבגד על ידי אחיו, זרוק ותלוש ללא תקווה.

וברגע הזה מגיע אליו גם ניסיון גדול. הניסיון עם אשת פוטיפר.

מה נתן ליוסף את הכוח לעמוד בניסיון הזה ? מניין שאב את הכוח? זו לא שאלה פרשנית, אלא שאלה קיומית שאפשר לנסחה גם באופן אחר: מניין נוכל אנחנו לקחת כוח, כל אחד ואחת מאיתנו, במצבי ניסיון וקושי התוקפים אותנו כאשר אנו בודדים והמערכת החיסונית שלנו מדוכאת לגמרי. זוהי סוגיה קריטית.

האדם ניצב כאן מול עצמו. נצרך לכל כוח אפשרי כדי לעמוד בניסיון. אם נצליח לפצח את מקור הכוח הזה, נוכל להיעזר בו בשעת הצורך. לעיתים זה יכול להיות עניין קריטי של חיים ומוות ממש.

כדי להבין מה פעל על יוסף – יש צורך להעמיק במבנה החטא. כל חטא, ובמיוחד חטא מן הסוג הזה, של עריות.

ובכן: המנגנון שפועל על האדם בעת ניסיון של חטא הוא מין צמצום של שקיעה בכאן ובעכשיו. רגע מזוקק של הווה ללא כל הקשר של אחורה או קדימה. אולי לזה כיוונו חז״ל כאשר אמרו שאין אדם חוטא אלא אם נכנסת בו רוח שטות. רוח שמשטה ומסיטה אותו ממסילת הזמנים, ותוקעת אותו רק בהווה. אין אתמול ואין מחר – יש רק את הרגע הזה, את ההנאה המיידית המובטחת כאן ועכשיו.

דומה הדבר למי שעסוק במלאכה מסוימת. מבריג בורג, או תוקע מסמר. כרגע כל עולמו מרוכז בבורג הזה. העיניים מרוכזות בו, הידיים אוחזות. כל הישות הגדולה שנקראת אדם – מרוכזת בבורג, שערכו הוא אפסי, אך כרגע הוא השתלט על כל המרחב. אפשר שבעשיית מלאכה טוב להתרכז בבורג או במסמר, כדי לבצע את המשימה כראוי ובלי לפצוע את היד. אך בחיים, אובדן קשר שכזה הוא מסוכן ביותר. את הרגעים האלה, שבהם היה יוסף נתון במאבק, מגדירה התורה כרגעים הדומים לעשיית מלאכה:

"ויהי כהיום הזה ויבוא הביתה לעשות מלאכתו" – אמר רבי יוחנן: מלמד ששניהם לדבר עבירה נתכוונו.

כמו עשיית מלאכה, גם יוסף מתנתק מכל הקשר ומולו נמצא רק ההווה, הרגע. הכאן והעכשיו. הליטוף והנחמה שמציעה אשת פוטיפר לנער עזוב ובודד. המצב נראה חסר סיכוי.

אלא שבאותו רגע משהו קורה. ניצוץ קטן מהנצח חודר את מעטה ההווה ומאיר בתוכו. ויש בו, במעט מן האור והנצח, לגרש הרבה מן החושך וההווה.

הניצוץ הזה חייב להיות מדויק ועוצמתי. אין כאן זמן או מקום למילים רבות או לנאומים ארוכים. היצר המתגבר והבוער באדם לא מאפשר קשב ארוך טווח.

כאן נדרשת תמונה. ברק מהיר. דמות דיוקנו של אביו.

מה עושה התמונה הזו? היא יוצרת מעבר מהיר וחד מההווה אל הנצח. דמות האבא מזכירה את הסבא, שמזכיר את אביו, וכך מעלה מעלה בשרשרת הדורות. יוסף מצליח לרגע אחד להתנתק מן ההווה ולהתחבר לנצח – וכך הוא מנצח.

**כותב השפת אמת:**

> לעשות מלאכתו. במדרש, לעשות צרכיו נכנס, רק שנראית לו דמות דיוקנו של אביו כו'. עוד, "ואין איש" – ולא מצא עצמו איש כו'. יש לומר הפירוש שנתיישב בשורש החיות שלו וראה שאין לו חיים אם עושה זה שהוא נגד רצון המקום ב"ה. וזהו ולא מצא עצמו איש. **וזה דמות דיוקנו של אביו, שיש לכל דבר דמות וציור למעלה.** והאדם נברא שכל מעשיו ותנועותיו יעוררו בעולמות עליונים. ועל ידי זה כבש יצרו כנ"ל. והכל אחד.[1]

יוסף מצליח לרגע אחד, לשנייה אחת, להתבונן למעלה. אל אביו. אל הנצח. "להתיישב בשורש החיות שלו", ולראות את מעשיו לאור הרצף הזה. והשנייה הזו – היא עולם ומלואו. היא נותנת כוח להתמודד עם רגע ההווה המפתה והמושך.

זה נצח מול הווה. רגע מול רצף. צריך להרים את הראש מעל המים לשנייה אחת – והיא מספיקה. השנייה הזו היא הביטוי של "דמות דיוקנו של אביו".

ברמה הכי פשוטה ובסיסית יש כאן עצה מעשית להתמודדות עם יצר הרע, ובפרט יצר העריות. לשים מול העיניים תמונה של ההורים, או של הסבא. כך כותב הדגל מחנה אפרים בשם סבו, הבעל שם טוב:

> ולכן יש סגולה ועצה להנצל מהרהורים רעים ח"ו או תאות זנות ח"ו לצייר לפניו דיוקן של אביו, וזה מוליד בו כח קדושה וינצל בזה מהיצר הרע ומכל התאוות רעות, עד כאן שמעתי או ראיתי כתוב באיזה ספר. ואפשר לקרב זה אל השכל שיועיל זה להנצל מהיצר הרע על פי ששמעתי מאדוני אבי זקני נשמתו עדן, רבי ישראל בעל שם טוב, שאמר שכתוב בספר ברית מנוחה שחכמה נקרא קברות התאוה, כי כשאדם דבוק בחכמה ממילא כל

1 **שפת אמת** פרשת וישב תרל"ג.

> התאוות בטלין ממנו, ולכך נקרא קברות התאוה, היינו שעל ידי החכמה הוא מקבר ומבטל כח התאוה מעליו.[2]

ברמה עמוקה יותר יש כאן מנגנון שלם שיכול ללוות אותנו לכל אורך חיינו. מנגנון ההיזכרות בנצח. למנגנון הזה יש גם יישום ברור ומוחשי – דמות דיוקן הדור הקודם. ההורים או הסבים. בשנייה אחת המבט שלהם שם אותנו בציר הנצח, וברגע הזה הבלון הנפוח של רמאות ההווה והרגע המנותק מכל הקשר – מתרוקן מכל האוויר שלו.

יש שרמזו זאת בפסוק שאמר דוד המלך בספר תהילים. דוד מתאר הליכה מפחידה ומאיימת בגיא צלמוות, ושם הוא לא ירא "כִּי אַתָּה עִמָּדִי".[3] באיזו צורה חווה דוד את ההשגחה האלוקית, ועוד ברמה כזו שהיא נותנת לו כוח להתמודד עם מקומות כמו גיא צלמוות? התשובה מצויה בפסוקים שלפני כן: 'בִּנְאוֹת דֶּשֶׁא יַרְבִּיצֵנִי' – ראשי תיבות "דיוקנו של אביו". כלומר, היכולת של דוד לצעוד במקומות רעים ולהישאר נקי תלויה בקישורו המתמיד לדמות דיוקנו של אביו, ששמה אותו כל העת על ציר הנצח. לכן דוד נקרא במקומות רבים "דוד בן ישי", ולעיתים אף "בן ישי" בלבד.

בעולמנו, הרץ מהר מאוד ומתקדם כל העת, נראה שהדורות הקודמים נותרים הרחק מאחור. לא מעודכנים בפלאי הטכנולוגיה, מתקדמים לאיטם בקצב ששמור למי שנולד לפני שנים רבות. נראה לרגע שאנחנו מסתדרים היטב לבד.

אך לא הם שצריכים אותנו, אלא אנו צריכים אותם. להרים מדי פעם מבט מן ההווה הצעקני ולהיזכר בנצח. את מה שקורה לכולנו ביום השואה או ביום הזיכרון לחללי מערכות ישראל, שם על כורחנו אנו עומדים מול הנצח עצמו ומרגישים את הגודל – מבקשת החסידות להפוך לתנועה יומיומית, שבה

2 **דגל מחנה אפרים** פרשת בראשית, ד"ה ויאמר א־להים תדשא.

3 תהילים כג, ד.

ניזכר כל יום, לרגע אחד, בנצח. הרגע הזה יבוא לנו דרך דיוקן, תמונה שיש בה כוח ליצור שינוי ולהעביר אותנו באחת מהכאן והעכשיו – אל עבר הנצח. וכשאדם חושב נצח – כל חייו נראים אחרת.

עומד מול שני קברים עם שיש אפור. בית העלמין בפרדס חנה. צנוע ומוסתר מאחורי שדרת ברושים. זה ערב ראש חודש אדר, ואני משתדל להיות שם בכל שנה. אזכרה לסבא וסבתא שלי. סבא מימון, סבתא חנה.

שמא תאמרו: פשיטא, מה חידוש יש בדבר? יש ויש. כי עולמות שלמים הבדילו בינם לבינני. אני והם לא דיברנו אותה שפה. הם דיברו ביניהם בערבית מרוקאית פשוטה, וידעו מעט מאוד עברית. מאז ומתמיד היו נראים לי מבוגרים וזקנים. חרושי קמטים. כמו שייכים לעולם אחר. שונה.

כשסבא היה פונה אליי – הוא היה פונה אליי בשמי השני, "שלמה", שהיה שמו של אביו. אפילו את שמי לא שמעתי ממנו! "שלמה", היה סבי קורא לי – ואז מושיט לי את ידו שאנשק אותה... עוד דבר שהיה לי מוזר.

ובכל זאת, אני שם. כל שנה. עומד מול המצבות ומתחבר אל הדמות. אל הפנים. אל החיוך. אל העיניים. ובעיקר אל הגבורה הגדולה. גבורה פשוטה. לא של לוחמים, אלא של סבא וסבתא שלקחו את משפחתם הגדולה, שלוש־עשרה נפשות, ועזבו את ארצם ומולדתם במֶקְנֶס שבמרוקו אל עבר הארץ המובטחת. אל דירת חדר וחצי של עמידר בקומה רביעית בבניין שיכון למרחב, במעברת פרדס חנה.

אני כאן בזכותם. דרכם אני מתחבר לאבותיי ולאבות אבותיי שלא הכרתי, אך הם שהעבירו את מסורת הדורות ואת הכמיהה לירושלים, את הציפייה והגעגוע. הרי היו אנשים כאלה, ואני צאצא ישיר שלהם. אומנם איני מכיר אותם, אבל דרך דמות דיוקנם של סבא וסבתא שלי – דרך המטפחת וההילוך הכבד של סבתא חנה, דרך הפנים השוחקות והתמימות של סבא מימון – אני

מתחבר לכל דורות הנצח, אלה שנתקיים בהם "תֻּמַּת יְשָׁרִים תַּנְחֵם",[4] ובזכותם אנחנו כאן.

בעיני רוחי אני מדמיין אותם, את כל הדורות האלה, מביטים בי. כמו אומרים: אנחנו את חלקנו עשינו, וכעת אנו במקום שממנו צופים על הדברים אך לא יכולים לפעול אותם. אתה שליחנו כעת, ידנו הארוכה, ואנחנו נתפלל עליך כאן שתצליח. אך דע מאין באת – וזכור את הדורות שהיו לפניך.

4 משלי יא, ג.

# אִילַן הַחַיִּים

## על העץ כמשל לחיינו

בשונה מבעלי החיים, שגופם מאוזן, גם האדם וגם העץ הם זקופי קומה, כמו מלמדים על השוואה מובנית המתבקשת בין שניהם. דווקא הצומח, העץ, יש בו צד נעלה מאשר החי, המאפשר השוואה למין האדם.

הצורה המאוזנת של בעלי חיים מלמדת שגם החלק הקדמי, הראש, וגם החלק האחורי, עוסקים למעשה באותו עניין: לפרות ולשרוד.

לעומתם, האילן והאדם בצורתם הזקופה מלמדים שיש בהם מדרג של יסודות המובילים כלפי מעלה. ופירוש הדבר – שיש תכלית. התבוננות באילן תוכל לספר לנו סיפור חדש על חיינו ועל מטרתם.

הכול מתחיל **בשורשים**.

והשורשים הם נסתרים. יונקים מן הסביבה שבה אנו חיים. כמה חשובה הסביבה! השורשים מחפשים בה כל טיפת מינרל, כל לחלוח של מים. באדם, השורשים הם הסביבה המשפחתית החמה והעוטפת. זו הגלויה – הורים, סבים וסבתות – וגם זו הסמויה, אלה שאיננו מכירים. אבותינו ואימותינו למעלה בשרשרת הדורות גם הם סביבת השורשים שלנו. גם מהם אנחנו יונקים, אפילו בלי לדעת. גם שנות הילדות הראשונות, אלה שלפני גיל שלוש, הן חלק מהשורשים שלנו. חלק מתשתית האישיות שלנו. חלק מהשורשים הוא גלוי, אך רובו סמוי. עבודת שורשים יש בה כדי לחשוף מעט מן השורש, אך לא את כולו ואולי גם לא את רובו. השורש הוא כנגד האות יו״ד שבשם ה׳. הנקודה התמציתית הנעלמת.

בשם רבי חנוך העניך מאלכסנדר נמסר:

אדם, כשגדל לרוחב, הריהו מתנתק משורשו ודוחק את חברו. אך כשצומח לגובה, הריהו מעמיק את שורשיו ומגביה את חברו עימו.

הגדילה לרוחב, תפיסת הנוכחות, הרצון לשליטה, לכוח, לעוצמה, מנתקים פעמים רבות את האדם משורשו, השורש הישר והטוב, וגורמים לו לדחוק את חברו. דחיקת החבר מתאפשרת רק כשמתנתקים מהשורש, כי הרי בשורש כולנו אחד. לעומת זאת כשמנסים לצמוח לגובה, להגביה את השאיפות, את הרצונות – הדבר משפיע על הסביבה. ראשית, זה גורם לאדם להעמיק את שורשיו הטבעיים, כדי שיהוו מדרגה נאותה לקומות שאליהן הוא רוצה לטפס. ושנית, הרצון לשאוף מעלה מעלה איתו עוד מעגלים. הגזע הצומח מרומם גם את הענפים, הצומחים ומגביהים את העלים, ואת הפרחים, וכן על זו הדרך. סיכומו של דבר – לא רק אתה עלית, אלא בזכותך עלו עוד כמה וכמה אנשים.

אם כך, לכל אחד צריכה להיות שאיפה: לצמוח לגובה ולהצמיח אחרים איתו. להוסיף, לפתח עוד. הרצון המוכר לכולנו מענייני החומר, להוסיף ולהתקדם כל הזמן – לדירה רחבה יותר, לתפקיד משמעותי יותר בעבודה, וכיוצא באלה – הוא הדהוד חיצוני יחסית של הרצון האמיתי להתקדם בעבודת ה׳, בקודש, בשאיפות הפנימיות. וצמיחה לגובה, כבר למדנו, מעלה גם אחרים.

**אך אילן־האדם** צומח בעוד ממד. **הוא צומח לעומק.** כמה אנחנו צריכים סוג כזה של צמיחה בתקופתנו. כי לאילן יש שני סוגי שורשים. יש לו שורשי רוחב, מהם הוא שותה כאשר המים מצויים וזמינים, בימות החורף. אך יש לו גם שורשי עומק, שמהם ישתֶה בימי הקיץ החמים. האילן צומח גם לעומק, ומשם הוא מקבל חיים בזמנים קשים. **גם אנחנו צריכים שיהיה ממד עומק כזה בחיינו.** שורשי עומק, מעבר לשורשי הרוחב הקיימים. שורשי הרוחב מקבילים אולי למשפחה שלנו, לסביבה, לחברים. מכל אלה אנחנו יונקים חיים בזמני שגרה. אך זמנים מיוחדים מצריכים שורשים מיוחדים, שורשי עומק. האבות, האימהות, הצדיקים לאורך הדורות. קשרי נשמות. צירי העומק של חיינו שהם סודיים, פנימיים, לא חשופים. עולם פנימי המשול לקודש הקודשים. שם אין

כניסה לזר, שם אין שיתופים, אין לייקים, אין "תעבירו הלאה בכל הכוח". שם זה סוד. רז. עומק. מקורות מים חיים שמהם שואבים עוצמות להווה לא פשוט, שהולך ונעשה רדוד ושטחי. משורשי העומק יונק העץ את לשד החיים שלו, את תמצית הברכה הטמונה באדמה. וכך אנו, משורשי העומק יונקים את תמצית לשד חיינו, את ממדי המשמעות המאפשרים לנו להתמודד עם קשיים כאלה ואחרים בהווה. את תמצית הכוחות שנטעו בנו הדורות הקודמים. הם צורבים בנו טבעות של חוסן ושייכות, כמו בעץ. אלה השורשים.

**ויש לנו גזע.**

הגזע מציין את ההתפתחות האישית של כל אחד מאיתנו. הוא צפוף, מאוד מרוכז בעצמו. מוסיף לעצמו טבעת בכל שנה, וגדל רק לעובי ולגובה, אך אינו מתפשט אל מעבר לעצמו. מזכיר לכם משהו? אלה הן שנות הילדות, שבהן הילד עסוק בעצמו, בעולמו. גדל מבפנים. הסביבה נועדה להיות עבורו לגירוי, ואין הוא בשל עדיין לתת, להעניק. כל כולו עסוק בעצמו, בטבעותיו. זהו שלב התפתחות משמעותי וחשוב. יש בו גם מן הנוחות להורים, כי אחרי הכול הגזע עומד ביחס ישר לשורשים, לא מנסה לאתגר אותם יותר מדי, לא מנסה למתוח את החבל. שנות הילדות הן הגזע, שהוא כנגד האות ה"א בשם ה', המתרחבת ומעבה את עצמה.

הגזע הוא צפוף, פנימי. גדל מתוך עצמו. וכאלה הן שנות הילדות: הן צריכות להיות פנימיות. מלאות חום ואהבה. גדלות ומגדילות אט אט את הביטחון שאני אהוב בעולם, רצוי. יש לי מקום, והוא יציב ואיתן.

החיבור של שורשים וגזע מאפשר את **הופעת הענפים.**

הענפים הם כנגד שלב הנערות. ענפים מתפשטים, תופסים כיוונים מוזרים, משונים. כמו מורדים בגזע, ביציבות שלו, בקביעות שלו, בקיבעון שלו. הענפים מורדים, שוברים כיוון, מותחים את העץ עד לקצה גבול יכולתו. לעיתים הם מטים את המשקל יותר מדי לכיוון אחד. שואפים רק לאור ולחופש ולאוויר. והגזע מתייסר. לאן אתם הולכים? מה התפתלתם ככה? איך מגזע ישר ויציב נהיו לי כל הענפים המופרעים האלו? ומתי תיעצר כבר הגדילה הפרועה הזו, שלא

יודעת מנוח ורק צומחת כל הזמן? הענפים הם ימי הנעורים, על כל המשתמע מהם, והם כנגד האות ו"ו המשתלשלת והולכת. ו"ו החיבור, שמחברת בין הגזע היציב לבין התכלית האחרונה: הפרי.

מה קורה בענפים? מה מתחולל שם? זהו תהליך ידוע הנקרא פוטוסינתזה: הפיכת אור לחיים. הצמח יודע לקחת פוטונים של אור ולהפוך אותם לכלורופיל, שהוא חומר החיים שלו, בדומה לדם בגוף האדם.

אלה הם ימי הנעורים, המבקשים לקחת ולעבד את כל האור שהילד הוקף בו בשנות ילדותו. היה זה 'אור מקיף', כזה שעטף את הילדות מכל עבר, אך עדיין לא נהפך לחלק מהאישיות מתוך בחירה. וכעת, הענפים חותרים אל האור ומבקשים להפוך אותו לזרימת חיים בתוכם. מתוך בחירה. מתוך חיבור. מתוך שוני מהגזע הישר, אך עדיין מתוך חיבור. כאמור, זוהי האות ו"ו, המחברת והקושרת.

אך לבסוף – הכול חותר לנקודה אחת. **הפרי.**

זוהי מסקנת העץ, וגם מסקנת האדם. התכלית של כל השורשים, והגזע, והענף – היא הפרי. הוא תמצית העץ ומסקנתו. בו מרוכז כל מה שיש לעץ לומר באמת. בו מרוכזת האישיות של העץ בתמצית, ובו גם נמצא גרעין הנצח של העץ הזה עצמו. הפרי הוא כנגד האות ה"א האחרונה בשם ה'. האות בעלת המרחב הפנימי, המאפשרת לרוח להיכנס לתוכה וגם לצאת, לקבל ולתת.

התכלית היא לגרום לעץ לתת פירותיו. התכלית היא לגדל נשמות שיהיו עושות פרי מעצמן. שידעו לקחת את השורשים, ואת הגזע, יחד עם מרידת הענפים, ומכל אלה לייצר את הפרי שלהם. את מה שיש להם לתת לעולם. הפרי הופך את העץ לנצחי. באמצעותו העץ מעביר את טעמו הלאה, וגם את זרעו.

כדי לזכות לפרי – כל השלבים הקודמים הכרחיים. יש צורך בשורשי חיים. בגזע. אך גם בענפים, ובגזע שיאפשר להם להתפרס ולא יחנוק או יעצור אותם. אז צומח פרי שלם. פרי של אדם.

העץ "צועק" את הפרי. אם צבעו של העץ הוא, באופן כללי, חום וירוק – הרי הפירות צבועים בצבע עז של אדום, צהוב או כתום. העץ מבקש מאיתנו: קחו את הפירות שלי! אל תתנו להם להירקב עליי, או ליפול לארץ. התכלית

של האדם עצמו היא להיות "עֹשֶׂה פְּרִי".[1] או בלשון הרב דסלר "בהיותו נותן ולא רק מקבל" (מתוך מכתב מאליהו).

לכל אדם יש פרי מיוחד שהוא יכול וצריך להוציא לאור, ואחרים יטעמו ממנו. זו התכלית העולה מכל המבנה הקודם. הפרי הוא הדעת של האדם. החסד שהוא עושה. הילדים שהוא מגדל. התלמידים הלומדים ממנו. האנשים שאותם אנו פוגשים במהלך חיינו ומשאירים עליהם רושם כלשהו.

כמה יפים הם דברי ה**שם משמואל** בעניין:

> ונראה עוד לומר דהנה ענין נטיעות שנוטעין יחור בארץ ובאמצעות היחור הזה מוציאה הארץ הפרי שהוא טמון בארץ בכח ולא בפועל, וזולת היחור היה כח הפרי עלה בתוהו ולא ראה אור, כן דוגמא זו האדם, כי האדם עץ השדה וטמון באדם כחות נפלאים, אך הם בכח ולא בפועל, כדמיון כח הפרי בארץ, שאין בארץ לא טעם ולא ריח, כן הם כחות האדם שטמונים בקרבו, אך באמצעות התורה, שהיא כמו נטיעה באדם, כמו שאנו אומרים "וחיי עולם נטע בתוכנו", מוציא כחותיו לפועל, וזולת התורה אפילו יתיגע כל היום לקבוע בעצמו מדות טובות ויתעורר עצמו באהבה ויראה אינו כלום. וזהו שרמזו שיתעסקו במטע תחילה, היינו עסק התורה, ואחר כך יוציא פירות הם מדות טובות ואהבה ויראה.[2]

יש כוחות הטמונים באדם, כמו באדמה. אך נטיעת ייחור של אילן גורמת לכל הכוחות הללו להתעורר ולצאת אל הפועל. מפגש הנפש שלנו עם התורה יוצר את ההתעוררות המיוחדת הזו, ואת יציאת הכוחות הרוחניים שבנו מן הכוח אל הפועל. זהו פריו המופלא ביותר של האדם.

1 בראשית א, יא.

2 **שם משמואל** פרשת קדושים שנת תרע"ו (בסופה).

הנה צעדנו בעקבות האילן וראינו כיצד השוואה מפורטת בין חלקיו לחלקי האדם יוצרת קומה שלמה של התבוננות בדרך חסידות. כעת, נעשה הפסוק עצמו שלם ומובן יותר: "כִּי הָאָדָם עֵץ הַשָּׂדֶה".[3]

זה היה יום רגיל של חודש שבט. צעדתי ברחובות קריית משה בירושלים בשעת בוקר, בדרך למכון מאיר. והנה אני שומע קול מסור עז. חשמלי כזה... אני כבר מכיר את תחביבן של חלק מהעיריות, לכרות עצים לכבוד חודש שבט, ולכן סרתי למקור הרעש, ברחוב אליעזר הלוי. ואכן... ארבעה פועלי עירייה היו עסוקים שם בכריתת עץ. עץ אורן שבע ימים שעמד על המדרכה, ואם הבנתי נכון – סיכן את חוטי החשמל שעברו מעליו. אם היינו שואלים את העץ – אולי היה טוען שהוא קדם לחוטי החשמל, והם באו בגבולו. אך לא שאלו. המסור עבד, והעץ נכרת.

כשהגעתי לשם, כבר היו הפועלים אחרי רוב העבודה. נותר רק גדם הגזע, בגובה חצי מטר, ועליו עבדו הפועלים. היה לי מעט זמן, ואמרתי לעצמי – אעמוד כאן ואעשה משמר כבוד לעץ הזה. שלא יסיים את ימיו ככה לבד, כשארבעה פועלים מטלטלים אותו. עמדתי דום והתבוננתי.

ואז ראיתי מהו עץ: הוא לא ויתר. נאחז בכל כוחו באדמה שהזינה אותו עשרות שנים. עוד לפני שהיו כאן כביש ומדרכה וחוטי חשמל שהוא מסכן. העובדים מנסרים מכאן ומנסרים משם, מנענעים בכל כוחם. והעץ מתנדנד אך לא מתנתק. נאחז. עדיין כאן. עד שבסוף לא עמד לו כוחו, והוא נפל שדוד על המדרכה.

ניגשתי אליו. ליטפתי את הגזע וניסיתי לספור את הטבעות. כמה זמן הוא כאן? מה הוא ראה? מי נטע אותו? אולי איזה ילד בט"ו בשבט לפני מאה שנה? עץ. אולי ראה את מונטיפיורי, או את הרב קוק... עץ האורן מרחוב אליעזר הלוי

3 דברים כ, יט.

בקריית משה. הפועלים סיימו לחתוך את הגזע לחתיכות קטנות יותר. על הארץ נותרה רק נסורת חומה אדמדמה. ואני כבר הייתי צריך להמשיך בדרכי. "שלשה קולן הולך מסוף העולם ועד סופו", ואחד מהם הוא קול הנשמה ביציאתה.[4] וגם לעץ, עם כוח הצומח שבו, יש איזו בחינת נשמה.

נזכרתי במדרש בפרקי רבי אליעזר: "ששה קולן יוצא מסוף העולם ועד סופו, ואין הקול נשמע, ואלו הן: בשעה שכורתין את האילן שהוא עושה פרי, הקול יוצא מסוף העולם ועד סופו ואין הקול נשמע".[5] וכעת אתם ואני, ביחד, ניסינו לשמוע את הקול של העץ הזה ביציאתו, ולעשות לו שם ושארית. לעץ האורן מרחוב אליעזר הלוי, בירושלים עיר הקודש.

4 ראו בראשית רבה פרשה ו, ז.

5 פרקי דרבי אליעזר פרק לד.

# אַיִן אוֹ אָן

## על גאווה וישות מול ביטול וענווה

בתוככי תורת החסידות מסתתרת מחלוקת עמוקה שנושאה הוא – מהו שורש המידות הרעות? מהי הנקודה היסודית שממנה נובעים קלקולים רבים, ואם נצליח לתקנה יתוקנו גם הם?

רבי נחמן עונה – העצבות. היא השורש. עצבות מחלישה את המערכת החיסונית הרוחנית של האדם עד שהוא נהיה עלול לכל נפילה וריסוק. לכן רבי נחמן מכריז מלחמה על העצבות והמרה השחורה. בכל דרך אפשרית, כולל מילי דשטותא: "וכן צריך האדם למצוא גם בעצמו, כי זה ידוע שצריך האדם ליזהר מאד להיות בשמחה תמיד, ולהרחיק העצבות מאד מאד", אומר לנו רבי נחמן.[1] ועוד ידועה אמרתו – "מצוה גדולה להיות בשמחה תמיד".[2]

עד אליו היו נוהגים לומר שעצבות אינה עבירה אך היא יכולה להביא לכל העבירות, ושמחה אינה מצווה אך היא יכולה להביא את האדם לקיים את כל המצוות. אך רבי נחמן לוקח את זה עוד צעד אחד קדימה, ומדבר על כך שעצבות היא איסור וצריך להתרחק ממנה מאוד מאוד. ושמחה היא מצווה, ולא סתם מצווה אלא מצווה תמידית.

תשובה אחרת לשאלה שבה פתחנו ניתנה בחסידות בעיקר בכתבי חב"ד. שם מדברים על הגאווה.

1 **ליקוטי מוהר"ן** (קמא) תורה רפב.

2 **ליקוטי מוהר"ן** (תניינא) תורה כד.

הגאווה, או בלשון אחרת – תחושת הישות של האדם. התחושה שאני כאן ומגיע לי הכול. עצבות היא תוצאה של גאווה. ניתן לומר שעצבות היא גאווה מתוסכלת. מכיוון שחושב האדם שהכול מגיע לו, אך העולם לא רוקד לפי חלילו, הוא מוצא את עצמו בעצבות.

וגם הכעס נע על הציר הזה. כעס הוא גאווה לא ממומשת שנלחמת על מקומה ומנסה ליישר את המציאות לפי מידותיה הנפוחות. בעצמה. אז כך זה הולך: בתחילה יש גאווה. וכשהיא לא מקבלת את המקום שהיא חושבת שראוי לה, מגיע הכעס. וכשגם זה לא עוזר, נופלת על האדם עצבות.

אך שורש המידות הרעות, היא הגאווה. אם נטפל בה – גם השאר יטופל.

הטיפול בגאווה הוא בתחושת הביטול. לא מגיע לי כלום, אלא הכול חסד מאת הבורא יתברך. תחושת הישות הזו, שממלאת חלל כל אחד מאיתנו, היא העומדת למבחן ואותה יש לתקן. והתיקון עובר דרך תחושה אמיתית שכל מה שיש לנו, כל הטוב והשפע, אינו שלנו אלא הוא ניתן לנו מחסד א־ל עלינו. מעשינו הטובים אינם אלא אור אלוקי שהתגלה דרכנו, לאחר שהיינו מספיק צנועים כדי להיות צינור ראוי לאור הזה. את ההצלחות שלנו יש לשייך לאור האלוקי שקיבל מקום ראוי להתגלות בו. ואת הכישלונות – לתלות בעצמנו, כי לא היינו מספיק מדויקים או נקיים, והאור האלוקי נאלץ להתכנס פנימה, או אפילו להסתלק. מותיר אותנו עם עצמנו בלבד, גוש חומר שללא רוח מייד מוצא את עצמו נפול. ברגע הזה מחלחלת התובנה שככה זה כשאני לבד. עם עצמי. ככה אני נראה ללא האור האלוקי שבתוכי. ושוב רוח ענווה וצניעות באה על האדם, והוא מבקש את עזרת יוצרו.

נספר בדיחה ידועה בקצרה, ואז ננתחה בארוכה:

מעשה באיש שיצא לפגישה חשובה ברכבו, אלא שלא מצא חניה. סובב סובב ולא מוצא, והשעה כבר דוחקת. נשא האיש ראשו והתפלל לקדוש ברוך הוא: "ריבונו של עולם, עזור לי למצוא חניה!". והנה, מייד, רכב יוצא. שב האיש ואמר לקב"ה: "אין צורך, הסתדרתי לבד...".

הבדיחה ידועה, ובכל אופן ננתח אותה מעט.

יוצא אדם לפגישה. לבוש במיטב מחלצותיו. נכנס לרכב ומכוון את המזגן כפי רצונו. יש לו פגישה עסקית והוא הולך להצליח בה. הבגדים יושבים עליו היטב והוא נמצא במצב הנקרא באנגלית full of himself — "מלא מעצמו".

מרחם הבורא יתברך על האדם המלא הזה, ומחליט לנענע לו קצת את החיים, כדי שיהיה לאור האלוקי מקום לחדור בו אל מעטפת הגאווה המנופחת הזו. וכך הוא מכניס לו טלטול קטן... פתאום אין חניה.

איש העסקים שלנו לא ממהר לאבד שליטה. אין חניה, אך הוא ימצא. עוד סיבוב ועוד סיבוב. אך אין... השעון זז, הזמן נוקף. הטיפוס שלנו מתחיל קצת להזיע מתחת לחליפה המחויטת. הוא יאחר לפגישה החשובה, ומה יאמר? "לא מצאתי חניה"? זה תירוץ של ילד, לא של איש עסקים...

ברגע הזה משהו נסדק בתדמית הבטוחה והמלאה מעצמה, והאיש עושה את התנועה הפשוטה של הרמת הראש למעלה, הודאה בחוסר אונים, ובקשת עזרה בתפילה. התנועה הזו, שמניעה את הצוואר מעלה, היא נקודת הפנייה לבורא. זו הנקודה שבה יכול האור האלוקי לחדור אל נפשו של האדם ולהאיר אותה. הרגע שבו אנו מודים שאנו זקוקים. שהגאווה שאחזנו בה כאשר חשבנו שאנחנו מנהלים את העולם, והכול בשליטה, בשליטתנו – כל זה היה טעות חמורה. מלאה בגאווה. כשהאדם נכנע מול אלוקיו ומבקש את עזרתו, זה הרגע המזוקק של החיבור בין בורא לנברא. מכאן יכולה להתחיל הישועה של האדם, ותיקון גאוותו.[3]

והנה – מכונית יוצאת! חניה מתפנה! כביכול אומר הקדוש ברוך הוא לאיש שלנו: זה כל מה שרציתי ממך. קצת קשר. קצת לב נשבר. בלי גאווה.

אלא שכאן יש גם צומת. שתי אפשרויות עומדות לפני האיש. הראשונה, אחרי התפילה – הודאה. להודאה יש משמעות כפולה: לשון תודה, להודות לקב"ה שחילץ אותי מן המצר. לא רק מצר החניה שאיננה, אלא מצר האישיות

3 זו הייתה התנועה שחסרה כל כך אצל **פרעה**, **שהעֹרף** שלו היה תפוס בעקשנות וסירב לנוע.

הנפוחה שניהלה אותי עד עתה; וגם לשון הודאה על האמת. כי באמת, מה הייתי שווה כשהכול היה תלוי בי. רק הקב״ה יכול להושיע אותי.

אך יש גם אפשרות אחרת, שאליה לוקחת הבדיחה: מייד כשמגיעה הישועה – חוזרת גם הגאווה. ״אין צורך, הסתדרתי לבד״, פירושו – אני שוב בשליטה. ממהר להכחיש את הרגע שבו לא הייתי בשליטה, שהייתי נזקק. הרגע הזה מייד נמחק. מודחק. העניבה שוב מיושרת. הרגל שוב רומסת את דוושת הגז. האיש שלנו ׳חוזר לעצמו׳. בלי להבין שבזה הרגע הוא התנתק מהאור האלוקי שהאיר עליו לרגע, וחזר למחוזות הגאווה והישות. ושם... שם ממתין כבר הכישלון הבא.

אמר הבעל שם טוב:

> העושה מצוה גדולה או למד תורה הרבה והתפלל בכוונה, לא יכניס בלבו שום התפארות שהוא עשה זאת, כי אם מלכות שנקראת ׳אני׳ מן א־דני היא עשתה זאת. מה שאין כן אם התפאר לומר שהוא בעצמו עשה זה, אז גורם חס וחלילה שמסתלק י׳ מן אני ונשאר אן. וזה שכתוב ״מאין באת״, כשאתה חושב את עצמך לאין – באת בהתקרבות להשם יתברך. מה שאין כן במתפאר שהוא העושה, זה נקרא הולך ומרוחק מהשם יתברך ואז מסתלק י׳ ונשאר אן, וזהו ״ולאן אתה הולך״, והבן.[4]

הבעל שם טוב קורא את המשנה במסכת אבות במין קריאה חתרנית שכזו. המשנה אומרת לנו ״דע מאין באת, ולאן אתה הולך״. אך הבעל שם טוב מחלק את המשנה חלוקה אחרת, ואומר: ״דע מאין״ – אם נדע שכל מעשינו הטובים הם ממנו יתברך, הנקרא ״אין״ – אז ״באת״. אז באמת באנו והתקרבנו אל המלך ואל חיי אמת.

4 **כתר שם טוב** אות נה.

אך אם אדם חושב שהוא עצמו עשה את הדבר הזה, ותולה את הגדולה בעצמו, בכוחו וביכולותיו – הוא מסלק את אותה יו"ד קטנה המבטאת את האור האלוקי. במקום המילה "אין", נשארנו עם "אן": "ולאן – אתה הולך". הולך האדם ומתרחק מבוראו, שוקע לתוך עולם של ישות, גסות, גאווה ושליטה, שנפילה קרובה צפויה בו.

אם כן מוצע לנו כאן מהפך. דרך כלל, אדם תולה את כישלונותיו באחרים, ואת הצלחותיו זוקף לעצמו. אך מדברי הבעל שם טוב למדנו שההפך הוא הנכון. ההצלחות, ככל שישנן, הן תולדה של אור אלוקי שהאיר בנו בלי שיצרנו מולו מסך בדמות גאווה. יצרו של אדם מתגבר עליו בכל יום, ואלמלי הקדוש ברוך הוא עוזרו לא יכול לו. לכן, אם התגברנו והצלחנו – זה כי היינו כלי ראוי לעזרה וסיוע אלוקי. החלק שלנו במעשה הוא להיות כלי ראוי לשכינה הזו. ואל יהי הדבר קל בעינינו כלל וכלל. זוהי עבודה עצומה, לנקות את הלב ולהתפלל לנוכחות אלוקית.

את הכישלונות, לעומת זאת – יש לזקוף לחובתנו. במקומות שבהם נכשלנו, שם נתנו לישות ולגאווה מקום רב. שם נשארנו עם עצמנו – ללא כל אור אלוקי שמאיר את חדרי נפשנו. וזו התוצאה העגומה.

וזהו ההבדל בין "אין" לבין "אן". כשאדם מודע לאור האלוקי שבקרבו ונותן לו מרחב ומקום להתגלות – הוא בבחינת אין. הוא בא. "מאין – באת". אך כשהיו"ד הקטנה הזו מגורשת ממקומה, נותר האדם עם "אן", והוא נהפך לדמות שלילית ביותר, המתוארת בחסידות כ"פּוֹטִי פֶּרַע כֹּהֵן אֹן".[5] איש המפוטם בעצמו, לעיתים עד מופרעות, והוא "כהן אן". כהן לגאווה העצמית שלו. ליכולת השליטה והניהול המתמדת.

הדמות החסידית היא דמות של "אין", או של "מה", כמו משה ואהרן המעידים על עצמם "וְנַחְנוּ מָה".[6] כמו אברהם שבאמת חש את עצמו עפר ואפר,

5 בראשית מא, מה.

6 שמות טז, ז–ח.

ולכן, למרות הבדלי הגיל והמעמד הגדולים, אין לו שום מניעה לרוץ ולעמוד ולשרת שלושה עוברי אורח הנדמים בעיניו כעובדי עבודה זרה. כי אברהם הוא אין בעיני עצמו.

במתח הזה אנו נעים. ביכולת לפנות מקום, את המקום שלנו, כדי לתת לאור האלוקי לחדור ולהאיר את נפשנו. בשביל זה צריך לדעת לוותר על שליטה, ובעיקר להתפלל. להזמין את האור האלוקי הזה לשרות במעשינו על ידי תפילה.

כמה יפות מילות התפילה הנאמרת מייד אחרי אמירת שיר השירים. על סיפה של כניסת השבת, לאחר שבוע ימי המעשה, אנו עומדים ומבקשים מהקדוש ברוך הוא:

> וְתִהְיֶה עִם לְבָבֵנוּ וְאִמְרֵי פִינוּ בְּעֵת מַחְשְׁבוֹתֵינוּ. וְעִם יָדֵינוּ בְּעֵת מַעֲבָדֵינוּ.
> וְתִשְׁלַח בְּרָכָה, הַצְלָחָה וְהַרְוָחָה, בְּכָל מַעֲשֵׂי יָדֵינוּ.

אמן.

## פסל החירות

כמו שני צירים ההפוכים זה לזה בתנועתם, כך מצויות בנו בעת ובעונה אחת העבדות והחירות.

מצד אחד – חירות.

אין מה לדבר. מעולם לא היינו חירותיים יותר. החופש שולט בכול. חופש המידע, חופש העיסוק, חופש הבחירה, ואפילו חופש הזהות הלאומית והמגדרית. כסוג של ראקציה לכל שנות השעבוד הרבות בהיסטוריה קם המין האנושי והכריז: אני חופשי. בן חורין. והפסל ההוא, שניצב שם על החוף המזרחי בארצות הברית, מספר את הסיפור כולו.

פסל החירות, מתנת ממשלת צרפת לעם החופשי באמריקה. רבים מכירים את הפסל, אך לא רבים מכירים את הכתובת החקוקה עליו. ציטוט מאת המשוררת היהודית־אמריקנית אמה לזרוס:

הבו לי את בניכם היגעים והעניים,
ערב רב של המונים כמהים לנשום כבני חורין,
את הפליטה האומללה של חופיכם המשופעים,
שילחו אותם אליי, חסרי הבית וסחופי הסער,
בפנס אאיר בואם בשער זה!

זהו עידן החופש והחירות, ואיש לא יכול לקבוע לאיש מה יחשוב או מה יעשה, כל עוד אינו מזיק לאחרים. זהו הכלל היחיד שתקף, תרבותית.

אך מצד שני, בזרמי העומק, מרחפת סכנת העבדות. והעבדות היא משהו חדש שלא ידענו עד כה. עבדות פנימית, בה האדם משעבד את עצמו מרצונו, בבחירתו. מין מחלה אוטואימונית, בה הגוף מזהה את עצמו כסכנה ולכן תוקף ומכלה את עצמו מבפנים.

עבדות.

קודם כול עבדים לשליטה. רוצים לדעת בכל רגע נתון מה יהיה ומה יקרה. עושים סקר בכל יום כדי לא לאבד שליטה לרגע. פריקים של שליטה.

עבדות להווה. למה שקורה כאן ועכשיו. מבלי לפנות מקום לנצח. לעתיד. לממדי העומק במציאות.

הטלפונים הניידים הולכים ונעשים שטוחים יותר ויותר, ואף מתקפלים. כעין שיקוף של מצב החיים בכללותו. שטחי. ללא עמוד שדרה. חותר כל העת להווה, אך מנותק מן העבר ולא צופה אל העתיד.

עבדות לתשומת הלב. שוב אין האדם מוצא את עצמו בעצמו, במלאות פנימית בטוחה ורוגעת השואבת את ערכה מן העולם הפנימי, המתחולל קודם כול בין האדם לבין עצמו. כעת מידת הערך העצמית תלויה באחרים. בתשומת ליבם. בהעברות. בשיתופים. עבדות.

עבודות למהירות. מי שלא מהיר לא רלוונטי. צריך להיות חד. מפתיע. שונה. לעיתים משונה. אם זה בקצב אִיטי, זה מאבד עניין.

וכך מתהלכים להם מיליונים ברחבי העולם. חופשיים בגוף אך חשודים על עבודות פנימית חמורה. כמעט מתוכנתים על ידי אשפי תקשורת ההמונים. נבלעים בתוך החור השחור הגדול בהיסטוריה. לעיתים נדמה שהבריאה שהתחילה את דרכה ממפץ גדול וחור שחור, עלולה גם לסיים את דרכה כך...

ואז באים היהודים, ומספרים סיפור:

סיפור החירות האמיתית. סיפור על עם שבחר לחיות את חייו לפי ערכי הנצח. על עם שיודע לעצור כל שבוע ולספר לעצמו מחדש את סיפורו לאור פרשות הנצח. שעוצר פעם בשנה ונזכר היכן הכול התחיל, היכן היא ראשית הצירים ולאן הם מובילים.

והתורה שלנו, שהיא תורת אמת ותורת חיים, יש בה די עוצמה כדי להתמודד גם עם העבדות המודרנית החדשה. יש כאן הצעה אמיתית לחיות חיים אמיתיים. מעץ החיים. ולדעת שחירות פנימית מורכבת מאינסוף חירויות קטנות. החירות לא לדבר לשון הרע. החירות לתת צדקה לעני. החירות לכבד את הזולת. החירות לשאת בעול. החירות לשבות בשבת. ובעיקר החירות להיות איש של נצח, ולא רק של הווה.

זו תקופה חדשה ומיוחדת. וגם קצת מבלבלת. מפתח החירות מונח אצלנו, כדי שניצור ממנו משהו הרבה יותר עמוק ומשמעותי מפסל החירות הסטטי, האילם, עם היד המורמת והתקועה. לנו יש תפקיד אחד. ליצור חיים של חרות. בתוך כל תנועה. בתוך כל פעולה. זו נקודת התצפית שממנה אנחנו מסתכלים על המציאות. משם אנחנו שואבים חירות מיוחדת לנו ולעולם כולו.

# גַּבְהוּת וְשִׁפְלוּת וּפָרָה אֲדֻמָּה

## יש מקום לגאווה?

אחד מעקרונות היסוד בתורת החסידות ובדברי הבעל שם טוב הוא שאין כוח שיורד מן השמיים לבטלה. כל כוח יש לו צורך ויש לו תפקיד, בין הכוחות הטובים ובין הכוחות הרעים. הרע אינו אלא טוב בתחפושת. סוכן סמוי שבא לעורר כאן פרובוקציות, שיעוררו את הטוב לפעול ביתר שאת.

עיקרון נוסף הוא שלכל מצווה יש גוף ויש נשמה. גוף המצווה הוא הדרך שבה מקיימים אותה. אך נשמת המצווה היא הרעיון העומד ביסודה, הלב שלה. וגם אם הגוף בטל, כי אין לנו אפשרות לקיים את המצווה כעת בפועל ממש – הרי נשמת המצווה חיה וקיימת, ואפשר לקיימה בדרך זו.

כל ההקדמות הללו הביאו את תלמידי הבעל שם טוב לשאול אותו שאלה נוקבת:

> נודע מה שאמר הבעש"ט זללה"ה ששאלוהו על ענין פרה אדומה היכן היא רמוזה לבוא מזה לעבודת השם יתברך תמיד... שכל המצות הם נצחיות בשכל, אף שבפועל הם בזמן ובמעשה, בשכל הם תמיד נצחיים, כי התורה היא אלקותו ואלקותו נצחיות.[1]

פרה אדומה. עולמות שלמים שאין לנו היום מושג בהם. כיצד נראו חיים עם טהרה מטומאת מת? והנה באה השאלה – היכן יש פרה אדומה כאן, במציאות

1 **כתר שם טוב** חלק שני אות שצג.

חיינו, כאן ועכשיו? השאלה היא בעיקר על הפלא הזה של פרה אדומה, שמטהרת ומטמאת בעת ובעונה אחת. איזה מין דבר זה, שיש בו גם צדדי טומאה וגם צדדי טהרה?

והבעל שם טוב עונה. והתשובה מרתקת, וכוללת בתוכה את היסוד שבו פתחנו: אין דבר שנברא בעולם לבטלה. אפילו הגאווה.

כי בתחילת דרכו של האדם בעבודת השם, עלול הוא לחשוב שאין הוא ראוי. "מי אני בכלל, ומה אני ספון שאתקרב אל מלך מלכי המלכים", וכיוצא בזה מחשבות שפלות וענווה. הענווה הזו, הפסולה, עלולה להוות מחסום של ממש בפני התקרבות אל הבורא יתברך. ולכן, בתחילת הדרך, נדרשת מעט גאווה. חשיבות עצמית. תחושה של סיפוק והישג. וגם מין אמירה כזו שאני משמעותי, חשוב ויקר, והמלך מחכה רק לי. בשם הרב אשלג מובא שיש לעשות נהפוך הוא לכל מה שאמר המן, ובכלל זה גם את המשפט המלא חשיבות עצמית וגאווה: "וַיֹּאמֶר הָמָן בְּלִבּוֹ: לְמִי יַחְפֹּץ הַמֶּלֶךְ לַעֲשׂוֹת יְקָר יוֹתֵר מִמֶּנִּי?".[2] גם משפט זה צריך לעבור "וְנַהֲפוֹךְ הוּא", שהרי כתוב עליו "וַעֲשֵׂה כֵן לְמָרְדֳּכַי הַיְּהוּדִי".[3]

אם כך – מרדכי, רוצה לומר כל יהודי ההולך בדרכו של מרדכי, צריך לומר מדי פעם לעצמו: "למי יחפוץ המלך לעשות יקר יותר ממני?". וכי יש לקדוש ברוך הוא בן חשוב ממני? את ההעזה לומר זאת אנחנו לוקחים מהמן, אך התוכן הוא אחר לחלוטין. אנחנו משתמשים בגאווה כדי להתקרב לקדוש ברוך הוא. בדרך כלל גאווה מרחיקה. אין אני והוא יכולים לדור בעולם, אומר הקדוש ברוך הוא על בעלי הגאווה. אך כסוג של מאיץ, יש אפשרות להשתמש בגאווה. וכלשון הרב אשלג:

> אורות דהמן בכלים של מרדכי, שהפירוש הוא לקבל כל התענוגים רק מתוך הכוונה לשם שמים.[4]

2 אסתר ו, ו.

3 ראו גם לעיל בפרק "וכל זה איננו שווה לי".

4 **ברכה ושלום**, כרך ג, סוף מאמר לד (ועוד).

וכמו בריקוד עדין, הדבר עצמו שהביא אותנו לעבר העשייה והיה טוב ומועיל בתחילה – אם משתהים איתו יותר מדי, הוא עלול להחמיץ ולהתהפך לטומאה. אותה גאווה שהביאה אותנו לתחושת חשיבות עצמית ויקרה, והניעה אותנו לעבר תחילת המעשה – אם נשארים בה היא מתנפחת ומתחילה להכביד ולטמא אותנו.

נמצא שהגאווה מטהרת ומטמאת כאחד. היא טובה לראשית. כקורבן ראשית – מותר להביא שאור ודבש.

> כִּי כָל שְׂאֹר וְכָל דְּבַשׁ לֹא תַקְטִירוּ מִמֶּנּוּ אִשֶּׁה לַה׳. קָרְבַּן רֵאשִׁית תַּקְרִיבוּ אֹתָם לַה׳ וְאֶל הַמִּזְבֵּחַ לֹא יַעֲלוּ לְרֵיחַ נִיחֹחַ.[5]

מתיקות והרגש עצמי הן בעצם תוצאה של אכילת דבש ושאור. הדבש הוא המתיקות והשאור הוא ההרגש העצמי, איתם ראוי להתקרב רק כקורבן ראשית. בתחילת הדרך. אך מייד לאחר המעשה יש להרפות ולשוב להרגיש את הקטנות שלנו. לשוב לחוש את השפלות, את העובדה שאם זכינו למשהו – זה רק כי הקדוש ברוך הוא ריחם עלינו ונתן לנו מעט מאורו.

לפי הבעל שם טוב, המתח הזה נמצא בעצם הביטוי "פרה אדומה".

**פרה** – לשון פרייה ופריון. התפתחות. יציאה ממצב שאין בו תנועה למצב של התרחבות ברוכה.

צירוף של שתי אותיות הוא יסודי יותר משורש (שהוא בן שלוש או ארבע אותיות), ונקרא על ידי חכמי הלשון בשם 'שער'. שער **פר** רומז תמיד לפריצה והתפשטות: פרץ, פרם, פרק, פרר, פירש, פרד, פרט, פרח, פרז, פרס, פרע, פרף – כולן מילים המתארות התפשטות והרחבה. פרייה.

אך יש סכנה בפרייה הזו, והיא **אדומה**. אדומה היא בולטות יתר שלא בזמנה. בולטות המביאה לידי גאווה. שם יש לעצור.

5 ויקרא ב, יא-יב.

בהמשך התורה המובאת בכתר שם טוב מודגש המקום המדויק שבו ה"פרה" החיובית נהפכת ל"אדומה" שלילית:

> ואחר כך בעת העובדא שעושה, או אחר כך, צריך להשמר מכל צד גבהות, וישפיל את עצמו לפני ה' יתברך ולפני כל, וזהו קטנות שבקדושה, **שלא ידומה לו שהוא גדול מחבירו כשיראה שהם אינם עושים עובדא זו.**

הגאווה, תחושת המיוחדות והנוכחות, טובות כהתנעה לתהליך. אך ברגע שנכנסים לעומקו – יש לשמוט אותה מייד. אחת האינדיקציות הטובות ביותר לכך היא מה אתה חושב על הזולת שלא נוהג כך. איך הוא נראה בעיניך. אם אתה חושב עליו מחשבות לא טובות – "מדוע הוא לא מחמיר כמוני?", "מדוע הוא לא לומד כמוני?" – זוהי עדות שכעת שוכנת בתוכנו גאווה מוגזמת שהתנפחה הרבה מעבר למידתה הרצויה.

זהו ריקוד עדין מאוד. איך להרגיש נוכח ומשמעותי – בלי להתנפח. איך להיות פרה אדומה – אך בה בעת גם תולעת שני עדינה. הכי קל ללכת לאחד הצדדים: או לגאווה בלתי מתחשבת, או לענווה יתרה. אך תורת החסידות מבקשת לפרוט על הנימים היותר־עדינים שבנפש. כי ה'צמצום' הרי אינו כפשוטו. אין דבר בעולם שהוא מחוץ להנהגה האלוקית, וכל פועל ה' למענהו. ואם כך, חייב להיות גם מקום לגאווה. מקום שהוא מדויק ועדין, כמעט חמקמק – ובכל אופן, קיים.

זה היה ביום חמישי בבוקר. הרדיו בבית היה פתוח, הילדים כבר יצאו לגן, והיו לי כמה דקות עד ליציאה. קולו העמוק של רפי רשף בקע מהמכשיר: ״וכעת נאמר שלום לאהוד מנור״.

סיבת הריאיון, כך התברר לי במהרה, הייתה העובדה שהוא קיבל פרס נוסף. פרס הוקרה על מפעל חיים מאוניברסיטת בר אילן. אהוד מנור, אחרי עשרות שנות יצירה, וכמה וכמה פרסים חשובים באמתחתו, בהם גם פרס ישראל, קיבל כעת פרס מאוניברסיטת בר אילן...

היה זה פרס מסוג הפרסים שאין אתה יודע אם נועדו לכבד את המקבל או את הנותן. מכל מקום, המראיין רפי רשף לא חיכה הרבה, ואחרי כמה מילות נימוסים וברכות שאל בישירות את המשורר: ״אז מה, אהוד? קטן עליך, לא? אחרי פרס ישראל...״

אוזניי נזקפו. מה יענה הפזמונאי?

מנור לא היה צריך לחשוב הרבה, אלא ענה מייד. משפט שנחקק בזיכרוני היטב עד היום:

״אני אגיד לך... אני חושב שמי שחושב שהוא ראוי, אז באותו רגע הוא נעשה לא ראוי. כל פרס משמח אותי, ואני מלא הכרת הטוב עליו. ולא, זה לא קטן עליי״.

מי שחושב שהוא ראוי – נעשה לא ראוי. איזה משפט יפה. וכמה משמעות יש לו כשהוא נאמר ממי ששמע כל כך הרבה פעמים שהוא ראוי, וזכה בפרסים יוקרתיים כאלה ואחרים, אך הוא עדיין חושב שהוא לא ראוי.

שבועיים אחר כך נפטר אהוד מנור בחטף. כששמעתי על הסתלקותו, הרגשתי שזכיתי להאזין לצוואתו.

# אַל תִּירָא עַבְדִּי יַעֲקֹב

## על התמודדות עם פחד

### פחד

פחד הוא מרכיב משמעותי בחיים שלנו. הוא ודאי תנועת נפש מורגשת. יש סוגים רבים של פחדים. פחד מדיבור לפני קהל, פחד מטיפול שיניים, פחד מהלא־נודע... ומעל כולם מרחף הפחד מהמוות. את הפחד אפשר לעקוף, להדחיק, או לסגת מפניו. אך התורה נותנת לנו מבנה שלם ומגובש, כיצד יש להתמודד עם פחד.

על סף הכניסה לארץ ישראל נתקל יעקב בפחד. פחד על החיים עצמם. המפגש המאיים עם אחיו עשו מטיל על יעקב צל גדול, מאיים ומשתק, של פחד. לאורך הפסוקים פורסת התורה בפנינו את דרך ההתמודדות של יעקב עם הפחד שאחז בו, ופותחת עבורנו ציר משמעותי להתמודדות עם פחדים בחיים.

ראשית, הפחד הוא שיתוק. "וַיִּירָא יַעֲקֹב מְאֹד וַיֵּצֶר לוֹ".[1] היראה מולידה צמצום. שדה הראייה נעשה צר ולא ניתן לראות דבר מעבר לסכנה האורבת ובאה. נוכחותה של הסכנה מורגשת בכל מקום. פסוקים המבטאים אותה תחושה נמצאים בספר שמואל, כאשר גלית הפלישתי יוצא לקלל את ישראל. הכתוב מאריך מאוד בתיאורו:

> וַיֵּצֵא אִישׁ הַבֵּנַיִם מִמַּחֲנוֹת פְּלִשְׁתִּים גָּלְיָת שְׁמוֹ מִגַּת, גָּבְהוֹ שֵׁשׁ אַמּוֹת וָזָרֶת.
> וְכוֹבַע נְחֹשֶׁת עַל רֹאשׁוֹ וְשִׁרְיוֹן קַשְׂקַשִּׂים הוּא לָבוּשׁ וּמִשְׁקַל הַשִּׁרְיוֹן חֲמֵשֶׁת

1 בראשית לב, ח.

אֲלָפִים שְׁקָלִים נְחֹשֶׁת. וּמִצְחַת נְחֹשֶׁת עַל רַגְלָיו וְכִידוֹן נְחֹשֶׁת בֵּין כְּתֵפָיו. וְעֵץ חֲנִיתוֹ כִּמְנוֹר אֹרְגִים וְלַהֶבֶת חֲנִיתוֹ שֵׁשׁ מֵאוֹת שְׁקָלִים בַּרְזֶל, וְנֹשֵׂא הַצִּנָּה הֹלֵךְ לְפָנָיו.[2]

ארבעה פסוקים עסוקים בתיאור מראהו המפחיד של גלית. איך נראה, מה לבש ומה בדיוק היה גובהו, כולל תיאור מפורט של גובהו עד רמת הזרת. וכי אין לו לגלית נקודות חולשה? יש ויש, אך הפחד ממראהו משתק את המוח מלחשוב, ושדה הראייה נעשה צר יותר ויותר. המראה המפחיד הוא כל מה שרואים.

זהו המצב שאיתו צריך יעקב להתמודד, וזהו המצב שאיתו כל אחד מאיתנו מתמודד בעת פחד. הפסוקים שלפנינו משרטטים מבנה שלם ומדויק של יציאה מהמצב הזה, של מצר, למצב אחר של שקט נפשי מתוך ביטחון.

**השלב הראשון הוא פעולה:** "וַיַּחַץ אֶת הָעָם אֲשֶׁר אִתּוֹ וְאֶת הַצֹּאן וְאֶת הַבָּקָר וְהַגְּמַלִּים לִשְׁנֵי מַחֲנוֹת".[3]

יעקב פועל. יוזם. עושה. אומנם המשמעות של הפעולה הזו היא נוראה, ויעקב בעצם נערך כאן לסכנת השמדה של חצי ממשפחתו. אך עדיין, יש בפעולה כדי להוציא את יעקב מההלם הראשוני, מתחושת המצר. לעיתים השכל משותק, ויש צורך להוציאו מההלם על ידי פעולה כל שהיא. גם אם תהיה חסרת משמעות, או בעלת משמעות נוראה. עשיית הפעולה פותחת תהליך. יעקב פועל. חוצה את המחנה. ומכאן מתחילה הישועה.

**אחרי הפעולה – באה הבהירות העצמית:** "וַיֹּאמֶר, אִם יָבוֹא עֵשָׂו אֶל הַמַּחֲנֶה הָאַחַת וְהִכָּהוּ, וְהָיָה הַמַּחֲנֶה הַנִּשְׁאָר לִפְלֵיטָה".

למי אומר יעקב משפט זה? הוא אומר זאת לעצמו! הדיבור הפנימי הזה עוזר ליעקב לעשות סדר. יש היגיון במה שאני עושה. יש משמעות. יש תקווה. הדיבור העצמי הוא כלי מרכזי ביכולת של האדם להנהיר ולהבהיר לעצמו

2 שמואל א׳ יז, ד-ז.

3 בראשית שם. המובאות הבאות הן הפסוקים העוקבים.

דברים. דיבור עצמי, שבו האדם משמיע לעצמו בקול את קול ההיגיון, עוזר להשתלט על הפחד המהדהד בראש. יעקב מספר לעצמו מה הוא עושה, מה ההיגיון בדברים האלה, וכך מרגיע את המערכת הסוערת בתוכו.

**מייד אחר כך, באה התפילה:** "וַיֹּאמֶר יַעֲקֹב אֱלֹהֵי אָבִי אַבְרָהָם וֵאלֹהֵי אָבִי יִצְחָק ה' הָאֹמֵר אֵלַי שׁוּב לְאַרְצְךָ וּלְמוֹלַדְתְּךָ וְאֵיטִיבָה עִמָּךְ".

אין זה גוף התפילה, אלא מעין הקדמה שבה מזכיר יעקב לעצמו זכות אבות. אני לא לבד. יש לי את אבא יצחק, את סבא אברהם. אנחנו שואבים כוחות מהדורות הקודמים. ממה שעברו, התגברו וניצחו. גם אנחנו נתגבר וננצח. זווית המבט מתרחבת. המאבק שלפני כן איים על יעקב ויצר אצלו תחושת בדידות, נהפך למשהו רחב יותר. המאבק הצפוי אינו רק ביעקב, אלא גם באברהם ויצחק. ומי שהגן עליהם יגן גם עליי. גם היום, לנוכח אתגרים שונים במדינת ישראל, טוב להיזכר מדי פעם מיהו עם ישראל ומה הוא עבר. איזה קשיים איומים עמדו בדרכנו ויכולנו להם. ומהמקום הזה, לגשת אל אתגרי ההווה.

יעקב גם נזכר בהבטחה שהבטיח לו הקדוש ברוך הוא. גם זה סוג של פתיחת זווית. ההבטחה מזכירה לנו שאנו לא לבד. שיש מי שמלווה את צעדינו ורוצה בטובתנו.

**ואז מגיע הפסוק המפתיע מכולם:** "קָטֹנְתִּי מִכֹּל הַחֲסָדִים וּמִכָּל הָאֱמֶת אֲשֶׁר עָשִׂיתָ אֶת עַבְדֶּךָ, כִּי בְמַקְלִי עָבַרְתִּי אֶת הַיַּרְדֵּן הַזֶּה וְעַתָּה הָיִיתִי לִשְׁנֵי מַחֲנוֹת".

זוהי הפתעה של ממש. יעקב מרגיש קטן אל מול כל השפע האלוקי שזכה לו. שהרי במקלו עבר את הירדן – ועתה הוא שני מחנות. אך אנחנו זוכרים היטב, שחציית המחנות היא ביטוי למצוקה הנוראה שבה היה נתון בתחילת המהלך. היא הייתה הביטוי הברור ביותר לסכנת ההשמדה שיעקב עומד מולה. והנה, אותה חצייה בעצמה נהפכת עתה למקור של הודאה. כי במקלי עברתי – והנה אני עתה עם שני מחנות. יעקב זוכה לראות את החסדים בתוך הדינים, ולהפוך צרה לצהר. לראות את החסדים המרובים בתוך המציאות המורכבת בפני עצמה.

**כעת הזמן לבקשה עצמה:** ממוקדת ומדויקת. לא מבוהלת ולא חסרת היגיון.

"הַצִּילֵנִי נָא מִיַּד אָחִי מִיַּד עֵשָׂו, כִּי יָרֵא אָנֹכִי אֹתוֹ פֶּן יָבוֹא וְהִכַּנִי אֵם עַל בָּנִים".

יעקב ממקד את הפחד. פחד לא ממוקד תופס את המרחב כולו, אך פחד ממוקד ניתן להכלה. אפשר להתגבר עליו, אפשר לתחום אותו ולטפל בו. כעת, כאשר המבט מורחב יותר, יעקב גם נותן פתח לאפשרות שהדברים יסתיימו באופן של שלום. "מִיַּד אָחִי, מִיַּד עֵשָׂו". יש אפשרות שהעניין יסתיים באופן של "אחי", של אחווה.

**ובסוף, יעקב מסיים בטוב:** "וְאַתָּה אָמַרְתָּ הֵיטֵב אֵיטִיב עִמָּךְ, וְשַׂמְתִּי אֶת זַרְעֲךָ כְּחוֹל הַיָּם אֲשֶׁר לֹא יִסָּפֵר מֵרֹב".

הוא נזכר שוב בהבטחה לטוב. באופטימיות. בסיכוי להצליח. יעקב מעודד כעת, שדה הראייה נפתח מחדש. יש אופציות נוספות על השולחן.

**הפסוק המסכם** מתאר את התהליך ואת המהפך שעבר יעקב באופן הברור ביותר: "וַיָּלֶן שָׁם בַּלַּיְלָה הַהוּא".

יעקב מצליח לישון באותו לילה. הוא עשה כל מה שיכול היה לעשות. הוא פעל, התפלל, הזכיר זכות אבות, הזכיר את ההבטחה, ואף הצליח בסוף לראות את הטובה בתוך מצב המצוקה עצמו. וכעת – שקט נפשי אופף אותו והוא מצליח ללון בלילה ההוא, לקראת מאורעות המחר הסוערים הצפויים לו. כעת הוא ניגש אליהם בביטחון ובשקט נפשי, שכל כולו תוצאה של תהליך עומק שאותו עבר.

רבי נחמן מתאר את התהליך הזה, של היכנסות לתוך צרה, שטף הרגשות הבא בעקבותיה והיציאה לאור חדש:

כי כשנופלין לאיזהו צרה ח"ו, אזי עיקר הצרה בלב, כי הלב יודע ומרגיש הצרה ביותר, כמו שכתוב "לב יודע מרת נפשו", כי הלב מבין, ועל כן הוא מרגיש הצרה ביותר. ואזי בשעת הצרה, מתכנסים כל הדמים ועולים

> אל הלב. כמו כשיש צרה באיזהו מקום ח"ו, אזי מתכנסים כולם אל החכם שיש שם, לקבל ממנו עצה. כמו כן, נתקבצים כל הדמים ועולים אל הלב, לבקש עצה ותחבולה כנגד הצרה. ואזי הם שוטפים על הלב, ואז הלב בצרה ובדוחק גדול. כי לא די שהלב דואג בעצמו, כי הוא מרגיש הצרה יותר מכולם, אף גם הדמים שוטפין עליו, ומצירין לו מאוד. ועל כן כשיש ח"ו צרה לאדם, הלב דופק בדפיקות גדולות. כי הוא מבקש לנענע מעצמו ולהשליכם מעליו, ועל כן הוא דופק בדפיקות גדולות בשעת הצרה ח"ו. ואחר כך כשיוצאין מהצרה, אזי חוזרין תהלוכות הדמים לילך כסדר בתוך שבילי הגוף, ועל כן התודה, שהיא באה כשיוצאין מהצרה, היא מכונה בשם הלכה, על שם תהלוכות הדמים שהולכין כסדר, כשיוצאין מהצרה כנ"ל.

עיקר הצרה היא בלב ובדמים השוטפים עליו. בלשון ימינו היינו קוראים לזה הצפה, או מוצפות, שלא מאפשרת לתת מענה נכון לצרה המתרגשת. דופק הלב המואץ מתואר על ידי רבי נחמן כניסיון של הלב לנער מעצמו את השטף הזה, כדי לברר את הרצון המדויק שנדרש כדי לצאת מהצרה.

הדופק מנסה להחזיר אותנו לסדר. לנער אותנו משטף המחשבות ולהכניס סדר בסערה. רבי נחמן קורא לסדר הזה – "הלכה". ואכן, גדול מאוד כוחה של ההלכה ביצירת סדר פנימי במצבי משבר. במיוחד ניכרים הדברים בזמן אובדן. הסדר המהודק של הלכות אבלות, שנותנות מענה מדויק לכל שלב באבל. החל מלפני המוות, מה אומרים בזמני הגסיסה וכיצד נפרדים מהנשמה, בהכנה לרגע הקבורה ובקבורה עצמה; עבור בדיני אוננות, ביום הראשון לאבלות, בשלושת הימים הראשונים לשבעה ובשבעה; ועד לדיני השלושים והשנה. הרצף ההלכתי המהודק הזה כמו לוקח את האדם יד ביד ומביא אותו מסערה גדולה, שבאה בעקבות איבוד אחד מקרוביו, עד לחוף המבטחים של היכולת לשוב לחיים שמחים ושלמים.

וכמו אצל יעקב, גמר היציאה מהצרה הוא ההודאה. לא רק ההודאה על היציאה מן הצרה, אלא גם על כל מה שהתגלה כתוצאה מן הצרה עצמה. הודאה

על הצהר שנפתח. על הכוחות שהתגלו, על העוצמה שיצאה אל הפועל. על התפילה, על הלב שדפק וננער משנתו. דרך שלמה סוללת לנו התורה באתגר ההתמודדות עם הפחד.

## להפריד נותבים

שבת פרשת ואתחנן תשס״ו. את שלוות ליל השבת הפריע צלצול טלפון. בשיחה הקצרה נאמר לי שיצא צו שמונה לגדוד, וצריך להגיע כמה שיותר מהר למחנה יפתח. במעבר המטלטל הזה, שזורק אותך באחת מאזרחות לצבא, יש גם פחד. פחד פשוט.

הדרך הארוכה לצפון נתנה למחשבות עוד זמן לשוטט בתוך הנפש. המלחמה הזו הרי החלה מחטיפה של חיילים. רגב וגולדווסר. אחרי נסיעה ארוכה אני מגיע לשטח הכינוס. הטנקים יצאו כבר מהימ״ח, פזורים בשטח. הצוותים סביבם עובדים ומגבירים מוכנות. לפתע נשמעת צעקה: ״קטיושות! לתפוס מחסה!״. כולם רצים לתוך הטנקים. אני מרגיש שלא הצלחתי עדיין לעבור עולם. האזרחות עוד מעורבבת אצלי. בראש עוד עוברים לי מראות השבת. אני חייב להתנתק מהבית והמשפחה, ולהיות חייל. רק חייל. רצועת הנשק על הגוף וריח הסולר של הטנקים המרעימים במנועיהם עושים חלק מהעבודה. אבל עדיין משהו חסר.

״חבר׳ה, צריך כאן מישהו להפריד את הנותבים מהשרשור של המאג. רוצים להתאמן ופוחדים משרפות״.

פוחדים משרפות? כל הצפון בוער, והרס״ר נשק הזה מבקש מאיתנו להפריד נותבים? הגזמנו...

אבל אז אני אומר לו: ״אין בעיה אחי. אני אעשה את זה״. רץ לשרשור הארוך ומתחיל להפריד. מלאכה רוטינית, חוזרת על עצמה. הידיים מתמלאות בשמן שחור, ניקפות בחוליות השחורות ונפצעות. טיפות דם קטנות נוטפות על המכנס. עם כל נותב שמופרד, אני מרגיש יותר חייל. כל שרשיר שאני

מסיים מכניס אותי יותר פנימה. דווקא המעשה נטול המחשבה הזה העביר אותי מאזרחות לצבא, וכייל את המערכת למקום שבו היא צריכה להיות. עכשיו אתה חייל. אין בית. אין משפחה. יש רק מלחמה שצריך לנצח בה.

הרגע הזה, של הפרדת נותבים, היה גם המקום שבו הצלחתי להפריד את הפחד מהנפש, ולהצליח להתרכז במשימה. חייל. בצוות. במחלקה. בפלוגה. שיוצאת כעת למלחמה.

# לֵית עָלְמָא מִתְקַיְּמָא אֶלָּא בְּרָזָא – אֵין הָעוֹלָם מִתְקַיֵּם אֶלָּא בְּסוֹד

## על מקום הסוד בחיינו

סוד. מה מקומו בחיינו? באיזה מרחב הוא פועל? למה הוא נצרך בכלל? למה לא לגלות את כל הסודות?...

ראשית יש להבדיל בין סוד טכני לסוד אמיתי.

סוד טכני הוא למשל המתכון של קוקה קולה. הוא סודי. מעט אנשים בעולם יודעים אותו. אך זה עניין טכני לחלוטין. אין בפנים שום דבר אמיתי של סוד, מלבד העובדה שלא כולם יודעים את ההרכב המדויק. ואף על פי כן, אפילו הסוד הטכני הזה נהנה מההילה של הסוד האמיתי, זה שעליו מכוונים דברינו.

סוד אמיתי הוא ההבנה שיש דברים שהמרחב שבו הם יכולים להתגלות ולבוא לידי ביטוי הוא מרחב צנוע. פנימי ומוסתר. אלה דברים שהגילוי שלהם מאיין אותם בבת אחת. לא מדובר על עניין טכני, אלא על עניין מהותי. ברגע שהדבר נחשף – הוא מפסיק להתקיים.

לדוגמה, מכתב אהבה בין איש לאשתו. כל מהות הקשר בין איש לאישה הוא שמדובר במשהו אישי. פנימי. רק של שניהם. זה מה שמעניק למכתב ולמילים את המשמעות העמוקה שלהם. זה מיועד רק לך.

ברגע שמכתב כזה מפורסם בראש כל חוצות – באותו רגע, כמו בלון שהוציאו ממנו את האוויר, יצאה ממנו הנשמה. הוא מת. נותרו רק מילים

על דף. גוף ללא נשמה. כל התוכן הפנימי, הסודי, שקיים אותו והחזיק אותו – נעלם.

זהו סוד אמיתי.

והעולם עומד על סוד. על היכולת לשמור אותו ככזה. לא לרוץ ולחלל אותו בשיתוף, בגילוי או בהצצה. לכבד את הסוד שלי ולכבד את הסוד של האחר.

את המרחב הזה בין שמירת סוד לגילויו מבטאת התורה באחד הציוויים המיוחדים ללוויים בני קהת.

בני קהת היו אחראים על נשיאת הארון וכלי הקודש. אך בטרם יבואו לשאתם, היה על הכוהנים לכסות את כלי הקודש בבגדי ארגמן ותכלת. אלה הם כלים סודיים. הארון היה נושא את נושאיו, ולא היה תופס מקום. הלוחות היו כתובים מזה ומזה. יש כאן פלא וסוד, הדורש הצנעה. דווקא בשל כך, יש כאן גם יצר להציץ... להסתכל... לראות מה יש שם מאחורי המחיצה.

ועל זה מצווה התורה: "וְלֹא יָבֹאוּ לִרְאוֹת כְּבַלַּע אֶת הַקֹּדֶשׁ וָמֵתוּ".[1] יש יצר לבלוע את הסוד. להכניס אותו לתוכי ללא לעיסה מתאימה וראויה. ללא מידה. כאן ועכשיו. לחשוף אותו, לקרוע את המסך שמצניע אותו. וכאן התורה מזהירה שדבר כזה עלול להרוג. לא רק את הלוויים, אלא גם את הסוד עצמו.

באותו רגע שבו הכלים יוצאים מהמשכן המוצנע, יש סכנה שהלוויים יתפתו להביט עליהם לפני ששוב יוכנסו תחת הכיסוי שלהם. זהו הרגע של פריצת הסוד, וממנו מזהירה אותנו התורה. לא לבלוע. לא לחטוף. לא לשלוח עיניים סקרניות למקום שאיננו שלך. אם תעשה כן, הסוד יפרח וייעלם. משאיר אותנו עם עולם גלוי, חשוף וחד ממדי. ללא ממדי העומק הקיימים בתוכו, ללא שפה פנימית המובנת רק לשומרי הסוד עצמם ומחברת ביניהם בקשר של ברית חזקה, השמורה רק ליודעי סוד.

1 במדבר ד, כ.

**השם משמואל** מרחיב עוד על עניין הסוד:

במשנה, "הגונב את הקסוה [...קנאין פוגעין בו]". ובגמרא, שאזהרתיה משום "ולא יבואו לראות כבלע את הקודש ומתו". הנה כ"ק אבי אדומו"ר זצללה"ה פירש מה שכלי שרת נקרא קסוה, שפירש"י שקסוה הוא דבר **שיש לו תוך בלשון ערבי**, כי כלי שרת שיש לו תוך מקדש ושאין לו תוך אינו מקדש. והנה האדם הוא כלי שרת, כמו שכתב הר' יונה, על כן **עיקר הקדושה היא בפנימיותו ותוכו**. וכמו שכתוב במשכן "תוכו רצוף אהבה" כן הוא בפנימיות ישראל. והנה מי שתוכו מקולקל באהבות חיצוניות, ואין תוכו כברו, הרי הוא גונב את פנימיותו, היינו האהבה, ממה שראויה להיות, וממשיכה לחיצוניות, הריהו גונב את הקסוה...

האדם הוא כלי שרת. וכמו שכלי השרת במקדש היו קדושים רק אם היה להם תוך, כך גם האדם יוצר בתוכו משמעות וקדושה רק אם הוא מכבד את ממדי התוך של החיים. הממדים הפנימיים. וממדים כאלה, כדי שיצליחו להתקיים, חייבים מעטפת סביבם. מעטפת שמירה. מרחב סודי וצנוע. ברגע שנזרקת עליהם אלומת אור – הם נהפכים למשהו זול וחסר משמעות.

זהו ההבדל בין מה שאיש ואישה נשואים עושים בחדרי חדרים, לבין פורנוגרפיה. מעשה האהבה בין איש לאשתו הוא כל כך עדין ומרומם, שהוא חייב כיסוי כהגנה. הכיסוי הזה מאפשר לסוד האהבה לבוא לידי ביטוי בצורה נכונה ומדויקת. ברגע שחושפים אותו לרבים – זה נהפך לפריצות וזנות. כל כך פשוט. כל כך משמעותי.

יום השבת, לפי השם משמואל, הוא יום סודי מעצם היותו יום שלא עוסקים בו בייצור ובמלאכה אלא בהקשבה ובמשמעות. העובדה שגם לא ניתן לתעד שום דבר ממה שקורה בשבת הופכת את היום הזה למכוסה. מי שנמצא בתוכו – יכול להבין ולחוות את מכלול משמעויותיו. ומי שלא – לא.

העולם מתקיים על הסוד. כך אומר רבי שמעון בספר הזוהר: "לית עלמא מתקיימא אלא ברזא".[2] אין העולם מתקיים אלא בסוד. לידת ילד היא סוד. זוג שמתחתן זה סוד. פרנסה היא סוד. חזרת עם ישראל לארצו היא סוד. בכל אלה יש גורם מניע פנימי, עמוק, שלא ניתן לכמת אותו למילים או למעשים. הוא שם, והוא חזק מהכול ומניע את הכול. כל ניסיון לתארו נידון מראש לכישלון, ואחריו לנזק. הסוד יסתלק. ישאיר אותנו רק עם הצד הנגלה של המציאות.

העבודה שלנו היא להיות שומרי הסודות. לא לתת לסוד לנזול החוצה. לכבד אותו. ערב הסתלקותו מהעולם מתלבט רבי שמעון אם להעביר את הסודות שטמונים עימו לתלמידיו, בני החבורה הקדושה. הזוהר הקדוש שם מתאר דו־שיח מרתק:

רבי שמעון פתח ואמר: **"הולך רכיל מגלה סוד, ונאמן רוח מכסה דבר"** – הולך רכיל, האי קרא קשיא. כיון דאתמר רכיל, אמאי הולך? איש רכיל מבעי ליה למימר, מאן הולך?

אלא, מאן דלא אתיישב ברוחיה, ולא הוי מהימנא, ההיא מלה דשמע אזיל בגוויה כחיזרא במיא, עד דרמי ליה לבר. מאי טעמא? משום דלית רוחיה רוחא דקיומא. אבל מאן דרוחיה רוחא דקיומא, ביה כתיב "ונאמן רוח מכסה דבר". ונאמן רוח, קיומא דרוחא. ברזא תליא מלתא.

וכתיב "אל תתן את פיך לחטיא את בשרך", **ולית עלמא מתקיימא אלא ברזא**, וכי אי במלי עלמא אצטריך רזא, במלין רזין דרזייא דעתיק יומין, דלא אתמסרן אפילו למלאכין עלאין, על אחת כמה וכמה.

[תרגום: רבי שמעון אמר: "הולך רכיל מגלה סוד ונאמן רוח מכסה דבר". הולך רכיל – הפסוק הזה קשה. כיוון שכבר נאמר רכיל, מהו הולך רכיל? איש רכיל היה לו לומר. מהו הולך?

2 האדרא רבא, זוהר חלק ג קכח ע"א.

אלא, מי שלא מיושב ברוחו ואיננו איש נאמן, אותה מילה ששמע הולכת בתוכו כמו מקל על המים, עד שפולט אותה החוצה. מה הטעם? משום שרוחו אינה רוח של קיום. אבל מי שרוחו רוח של קיום, בו נאמר "ונאמן רוח מכסה דבר". נאמן רוח – קיום הרוח. בסוד תלוי הדבר.

ונאמר "אל תתן את פיך לחטיא את בשרך", ואין העולם מתקיים אלא על הסוד. ואם בדברי העולם הזה צריכים סוד, בענייני העולם הבא, עולם עתיק יומין שלא נמסר אפילו למלאכים עליונים, על אחת כמה וכמה]

רבי שמעון חושש שגילוי הסודות יגרום לחלק מתלמידיו ללכת ולספר אותם הלאה. ללא הכנה ראויה. ללא עטיפה מתאימה. הוא רואה בזה סכנה של הולך רכיל ומגלה סוד. כמו מקל שנזרק למים וסופו שינוע הלאה וייפלט אל החוף – כך הוא האדם הלא־נאמן. מהרגע שמגלים לו סוד, הדבר היחיד שמעסיק אותו הוא – מתי אוכל לגלות אותו לאחרים.

תלמידו של רבי שמעון, רבי אבא, ממהר לשכנעו שהחבורה כולה היא חבורה שומרת סוד. כולם נאמני רוח.

קם רבי אבא ואמר ליה: אי ניחא קמיה דמר לגלאה, הא כתיב "סוד ה׳ ליראיו", והא חברייא אלין דחלין דקודשא בריך הוא אינון.

[תרגום: קם רבי אבא ואמר: אם טוב לפני הרב לגלות לנו, שהרי כתוב "סוד ה׳ ליראיו", והרי החברים כולם יראי ה׳ הם]

סוד ה׳ יכול להימסר רק ליראיו. לאלה שיראים מחשיפת הסוד. והחברים הם כולם יראים, מרגישים אחריות להיות משומרי הסוד הזה. לתת לחיים ממדי עומק. כי העולם עומד על הסוד.

ובעולם שבו אנו חיים, אין מקום לסוד... יש דרישה מתמדת כל העת לחשוף, לגלות, לשתף, להדליף, להציץ, לנבור. אפילו דבר בנאלי כמו תוצאות בחירות. כאשר ברור שיש פער זמנים מסוים בין סגירת הקלפיות לבין תוצאות

האמת, גם את הזמן הזה ממלאים בסקרים, במדגמים, בנתונים שעולים כסף רב, ופעמים רבות מתגלים כלא מדויקים ואף מוטעים לחלוטין. והרי בעוד כמה שעות תתברר התוצאה האמיתית, אז למה כל המשחק הזה? אלא שאם לא נרוץ אל המדגם או הסקר, יידרש מאיתנו להיות כמה שעות באזור של סוד. של משהו לא ידוע. ואפילו מול סוד טכני כזה, שעתיד להתגלות בעוד שעות מעטות, אנחנו מתקשים לעמוד.

המחירים של עולם ללא סוד הם מחירים כבדים. אין עומק. אין אינטימיות בקשרים. הכול מועבר ומשותף. לעיתים גם האמון הבסיסי עצמו אובד, כאשר מישהו בא להתייעץ עם אדם שנתן בו את אמונו, ואז מגלה שהשיחה הוקלטה והודלפה. "אִישׁ מֵרֵעֵהוּ הִשָּׁמֵרוּ וְעַל כָּל אָח אַל תִּבְטָחוּ, כִּי כָל אָח עָקוֹב יַעְקֹב וְכָל רֵעַ רָכִיל יַהֲלֹךְ".[3]

העולם נחנק ללא סוד. האמת מסתלקת, והכול מקבל צורה של "איך זה יראה, ומה יאמרו על זה כאשר ישמעו". אין שאלה אם ישמעו. ודאי ישמעו. הכול מצולם ומתועד, בכל זמן ובכל מקום. כלום לא אמיתי, והכול הצגה אחת גדולה.

כך נראה עולם ללא סוד. הכול בלוע. נחטף. נאכל בבת אחת.

אך הנפש זקוקה לסוד כאוויר לנשימה. הוא מרחב חייה.

ואין הדבר תלוי אלא בנו, להיות 'נאמני רוח מכסי דבר'. מה שבפנים – לשמור בפנים. ולתת כבוד לסוד הפנימי שבנו – לנשמה.

3 ירמיה ט, ג.

בתנו הבכורה נולדה בשבת. היה בזה פלא גדול. בלידה יש נשיאת הפכים גמורה. מצד אחד זהו אירוע של פלא גמור. סודי סודות. יורדת נשמה לעולם, מגיחה מתוך עולמות תוהו של הריון אל אור ואוויר וחיים בעולם הזה. נס. עולה למיטה אישה אחת, ויורדות שתיים. מי פעל זאת? מי עשה כל אלה?

ומצד שני, מהר מאוד מקיפים את הזוג הצעיר בני המשפחה, כי כולם ממתינים ומצפים וצריך להודיע. הכול עטוף בדיבורים טכניים: באיזה משקל היא נולדה? איך הייתה הלידה? למי היא דומה, ולמי תהיה דומה?

אבל, בתנו נולדה בשבת.

ושבת זה יום פנימי.

היא נולדה בשבת בבוקר. ולנו הייתה שבת שלמה להיות איתה ועם עצמנו. לעכל את הסוד לאט לאט. לנשום אותו לתוכנו. להתבונן בו. לשתוק מולו. להביט בעיניים הקטנות. באף הנושם נשימות אוויר ראשונות. לחוש מהמקום הכי עמוק שאין לנו מושג מה היה כאן, וכיצד בא הפלא הזה לעולם, גם אחרי כל שיעורי הביולוגיה של הפריה ושל זרע וביצית. פלא.

ורק במוצאי שבת, אחרי שזימרנו כמה זמירות, התפנינו לענייני העולם הזה. להודיע לקרובים, לקבל אורחים, להראות כמה היא יפה ולמי היא דומה.

ילדה של שבת.

# תַּעֲבִירוּ בָאֵשׁ

## על תיקון בדבר עצמו

אַךְ אֶת הַזָּהָב וְאֶת הַכָּסֶף אֶת הַנְּחֹשֶׁת אֶת הַבַּרְזֶל אֶת הַבְּדִיל וְאֶת הָעֹפָרֶת. כָּל דָּבָר אֲשֶׁר יָבֹא בָאֵשׁ תַּעֲבִירוּ בָאֵשׁ וְטָהֵר, אַךְ בְּמֵי נִדָּה יִתְחַטָּא, וְכֹל אֲשֶׁר לֹא יָבֹא בָּאֵשׁ תַּעֲבִירוּ בַמָּיִם.[1]

הפסוקים הללו, טכניים למראה, עוסקים בטהרת הכלים שנלקחו בשבי במלחמת מדיין. אך בתוכם גנוז מבוא גדול לעבודת הנפש ותיקונה.

על הציר של קלקול ותיקון אנחנו נעים כל העת. זוהי מהותו של העולם שבו אנו חיים. מצליחים, ואז נכשלים, ושוב מצליחים. מנסים לתקן היכן שנכשלנו.

אך כאן מסתתר קושי. קשה לתקן בדבר עצמו. תמיד נעדיף לכפר במקום לתקן. לכפר – היינו לעשות משהו אחר, לא ממין העניין שאותו קלקלנו, על מנת לכפר על מה שקלקלנו במעשנו.

אדם פגע בחברו – ולכן הוא מתנדב צדקה בבית הכנסת. אדם ציער את אשתו – ולכן הוא מוסיף ומאריך יותר בתפילה או באמירת תהילים.

כל אלה כפרה במקום שבו אנו אמורים לתקן. ולתקן בדבר עצמו.

אכן, יש גם כפרה בעולם. אך היא לא יכולה להחליף את התיקון, העובר דרך הדבר עצמו שבו קלקלנו.

1 במדבר לא, כב–כג.

וכך הולך הפסוק ומונה:

"כָּל דָּבָר אֲשֶׁר יָבֹא בָאֵשׁ – תַּעֲבִירוּ בָאֵשׁ".

יש שהקלקול הוא מיסוד האש. הוצאת אנרגיה גדולה במקום לא נכון. אולי כעס, או תחושת ישות, גאווה או גסות.

אש צריך לתקן באש. אנרגיה באנרגיה. אם היה קלקול באש – גם התיקון יהיה באש.

בשם רבנו האר"י מובא שהתיקון של אש ההתלהבות בעשיית עבירה הכוללת בתוכה תאווה, אינו צום או תענית, אלא זיעה של מצווה בריקודי שמחת תורה או באפיית מצות.

זיעה בזיעה. אש באש.

"וְכֹל אֲשֶׁר לֹא יָבֹא בָּאֵשׁ תַּעֲבִירוּ בַּמָּיִם".

מים הם יסוד התענוגות. לאורך החיים מוצא האדם את עצמו מתענג על דברים לא טובים. לשון הרע יכולה לענג את האדם. וגם דברים גרועים ממנה.

הפתרון לעונג אסור, מיסוד המים, אינו מניעה מעונג, אלא יצירת עונג דקדושה. לדוגמה, עונג שבת הוא מצב שבו האדם לא רק מכבד את השבת כפי כוחו, אלא דואג גם ליהנות ממנה. להתענג עליה. יצירת תענוגים הקשורים אל הקודש – זהו תיקון מים במים, עונג בעונג.

מהבעל שם טוב מסופר על אחד מתלמידיו, שהיה בדרכו ביום שישי ונתעכב בדרך באופן שהגיע ליעדו ממש עם השקיעה. ליבו נשבר בקרבו על ספק חילול שבת שנזדמן לו. כשבא לרבו הבעל שם טוב הוא הורה לו להוסיף בהדלקת נרות בשבת בבית הכנסת. הקלקול היה במיעוט אורה של שבת – והתיקון יהיה בריבוי אור.

התיקון בדבר עצמו עובר ראשית לכול בלימוד התורה של הדבר שאותו פגמנו וקלקלנו. בשינוי פנימי שיוצר טהרה אמיתית. רוב הקלקולים מקורם בדעת משובשת, ואם כך יש ללמוד דעת מתוקנת.

כך אומר התנא דבי אליהו:

> דבר אחר, ״שפכי כמים לבך״ – מה מים הללו מקוה טהרה הן לישראל ולכל אשר נברא בעולם, שנאמר ״כל דבר אשר יבא באש וגו׳ וכל אשר לא יבא באש תעבירו במים״, כך דברי תורה מקוה טהרה היא לישראל בכל מקומות מושבותם. בא וראה כמה גדולה כחה של התורה, שמטהרת את פושעי ישראל בזמן שעושין תשובה אפילו מעבודה זרה שבידם, שנאמר ״וזרקתי עליכם מים טהורים וטהרתם מכל טמאותיכם ומכל גלוליכם וגו׳״, ואין מים אלא תורה שנאמר ״הוי כל צמא לכו למים וגו׳״ ואין טהרה אלא דברי תורה שנאמר ״אמרות ה׳ אמרות טהורות וגו׳ מזוקק שבעתים״.

התורה נמשלת לאש, ויצר הרע נמשל לאש. המשל כאן קובע שיש באדם כוחות של עוצמה אדירה, והם מופנים דווקא להרס וחורבן. כוחות של קנאה, של תאווה, של תחרות. כוחות אדירים שמניעים עולם. מהי הדרך להתמודד עם כוחות כאלה? האם ניתן להשתיק אותם? לסרס אותם? למחוק אותם?

לא ניתן. האש הזו ניתנה בנו לא לחינם. היא ניתנה בנו כדי שנעביר אותה באש אחרת. כלומר נצרוב אותה לטובה, נשתמש באנרגיות הללו להניע את העולם ואת עצמנו לצד החיובי. וזה – באמצעות אש התורה, הכתובה אש שחורה על גבי אש לבנה. התורה היא למעשה מכלול של דרכים שונות ומיוחדות לכיוון האש הנמצאת אצל האדם והפיכתה לאנרגיה חיובית ובונה. יצר המין המתוקן מהווה את הבסיס לבית ומשפחה. הכסף הכשר והנקי משמש אותנו כמנוע של נתינה, חופש, שמחה וצדקה. כל הדברים האלה יכולים להפוך למנוע של תיקון – דרך לימוד יסוד האש המתוקן שבהם. בתורה.

את הפסוק שבו פתחנו דורש ר׳ יצחק אייזיק חבר, תלמיד תלמידי הגר״א, כמלאכת התיקון של הדבר עצמו:

> ועל זה נאמר ״כל דבר אשר יבא באש תעבירו באש וטהר״. כי באמת אי אפשר לו לאדם לעמוד נגד יצרו שהוא אש, כמו שאמרו בגמרא ״חזי דאת נורא ואנא בשרא״, ולכן אי אפשר להכניעו אלא באש של תורה שבזה

**נעשה כל גופו אש, ויכול לדחות אש דסטרא אחרא ממנו, ואדרבא כח התורה לתקן חמר האדם ולהעלותו למדרגת הנפש ממש.**[2]

אש התורה יודעת להתמודד עם אש יצר הרע. אש אוכלה אש. הרי כדי לכבות אש יש צורך במים. ואם כך היה למדרש לכנות את התורה מים, היודעים לכבות את האש. אך הם הם דברינו: אין כל רצון לכבות את היצר הרע. כי עוד לפני שהוא רע, הוא יצר. כוח יצירה עצום. צריך למתק את הרע שבו ולכוונו אל הטוב – ולזה מכוונות חוכמת התורה ומצוותיה.

אם כן אין לאן לברוח. וגם לא צריך. מפת התיקון האישית של כל אחד מאיתנו היא בדיוק מפת הקלקול. עליה צריך ללכת ולנווט. היכן שקלקלת – מונח האוצר. ומלאכת התיקון בדבר עצמו היא מתוקה, מדויקת ואמיתית.

## הרכבת הכלה

### על תיקון באור

יום שני, ערב חג השבועות תשע"ז. אני מחפש את ההכנה. את המקווה לטבול בו. משהו באוויר של הימים מזמין התכוננות לקראת היום הגדול, יום מתן תורה. בדרך למכון מאיר, מתנשף בעלייה של רחוב בית שערים. פעם גרנו כאן, והרבה השתנה אצלנו מאז, אבל הרחוב הזה נותר כמות שהוא. דורש ותובע. אתה רוצה לעלות לירושלים – בבקשה, נלמד אותך עלייה מהי...

ובקצה הרחוב למעלה – בית הכנסת "היכל יעקב" של מרן הראשון לציון הרב מרדכי אליהו זצ"ל. אומנם הרב אליהו הסתלק כבר, אך על בית הכנסת עוד מתנוססת המילה שליט"א. לא שינו את הכיתוב. צדיקים במיתתם קרויים חיים.

2 במאמרו שבסיום חיבורו **אור תורה** על ספר מעלות התורה (לרבי אברהם אחי הגר"א).

אני מסיים את העלייה מתנשף, ונעמד מול קיר האבן ומול מודעות האבל הגדולות המכסות אותו.

"המומים וכואבים על הסתלקותו של האי גברא רבה ויקירא הרב יהודה מוצפי".

הרב יהודה מוצפי היה שמשו הנאמן של הרב אליהו. מסור בלב ונפש לרבו הגדול, איש רב פעלים חי מקבציאל. ידיו רב לו בהיותו מוהל מומחה, אספן שופרות (האוסף הגדול ביותר בירושלים), מייסד חברת תהילים ועוד.

הכרתי אותו מעט בשנים שגרנו כאן, סמוך ונראה לרב אליהו. תמיד נמרץ וזריז, חיוך על פניו, ממהר. הוא היה המוציא והמביא בקבלת הקהל של הרב. ביום כ"ח באייר תשע"ז נסתלק הרב יהודה לבית עולמו לאחר מחלה, וירושלים קברה את אחד מבניה האהובים ביום חגה.

אני נזכר בו, ובכל האווירה המיוחדת הזו של ירושלים. העין נודדת למודעה גדולה אחרת, המספרת שבמלאת שבעה לפטירת האי גברא רבה יתקיימו הספד ועצרת התעוררות היום, יום שני, בשעה שש וחצי, בבית הכנסת "מנחת יהודה" שברחוב נבון 10 במחנה יהודה.

אני מחליט שזו תהיה ההכנה שלי לשבועות, ויודע שבסוף היום ארצה להיות שם.

הרכבת הקלה של ירושלים לוקחת אותי בין הערביים מקריית משה למחנה יהודה. ואני יורד בתחנה ההומה הזו. ערב חג, השוק הומה מאנשים וכך גם התחנה. אבל כמה צעדים משם – עולם אחר. בית הכנסת "מנחת יהודה", על שם רבי יהודה פתיה, כבר היה מלא באדם. עומדים ומתפללים מנחה. משהו באוויר כאילו לקוח ממקום אחר ומזמן אחר. תמימות, ופשטות, וחוט של צער משוך על פני כולם, בצערם על רב בית הכנסת וראש הישיבה מנחת יהודה, הרב יהודה מוצפי, נשמתו עדן.

אני מוצא מקום ומתיישב. בדיוק מאחוריי יושבים הבנים האבלים, חולצתם קרועה ופניהם אבלות.

האזכרה מתחילה. דברי מוסר ותוכחה המשברים את הלב, יחד עם סיפורים מחסידי ירושלים, כמו הסיפור על אותו איסרו־חג שבו היה הרב מוצפי צריך לטוס לחו"ל בשעה מוקדמת, ולכן השכים להתפלל בכותל בעלות השחר ומשם לצאת לשדה התעופה. והנה בדרך הוא רואה זקן אחד מתנשף, מבקש טרמפ לכותל. העלה אותו חכם יהודה ואמר לו: "רבי היקר, יש עוד שעה וחצי לנץ! מילא אני, טס לחו"ל הבוקר, אך לאן כבודו ממהר?" נענה לו אותו זקן ואמר לו: "כבר שבוע לא הנחתי תפילין... אני מתגעגע".

"כולנו לא הנחנו תפילין, שהרי אין מניחים תפילין בחג – אך הזקן הזה התגעגע, זה היה חסר לו!", אומר הדרשן שהיה יחד עם הרב יהודה ברכב באותו יום.

וכך עולים הדרשנים. מהם בדברי מוסר, מהם בסיפורים על הרב יהודה, על רבו הגדול הרב אליהו ועל הקשר המיוחד ביניהם. "רק הוא היה מסוגל לקרב אל הרב בימי החולי, להטיב את הנרות ולדשן את המזבח" מסיים אחד הדרשנים. "והכול היה עושה בחיוך שעל פניו. אבל לי הוא סיפר שכשהיה מגיע לביתו, היה בוכה בדמעות שליש על הרב אליהו ועל ייסוריו".

אחר עולה ומספר: "פעם הגעתי לשערי צדק. הווילון של הרב אליהו היה סגור, והרב יהודה היה בפנים והחליף לרב תחבושת. הרב אליהו היה מורדם ומונשם. התקרבתי לווילון ושמעתי את הרב יהודה אומר לרב אליהו: 'כבוד הרב. עם ישראל צריך אותך. בבקשה אל תעזוב אותנו. המשפחה שלך צריכה אותך. בבקשה אל תעזוב אותם. כבוד הרב. אני צריך אותך', והתחיל לבכות, 'בבקשה אל תעזוב אותי. אני יודע שרוצים אותך בשמיים, אבל כבוד הרב, תמיד ידעת איך לשנות את מה שרוצים בשמיים. כבוד הרב, אין לך תחליף', ובכיו התעצם". זו אומנם אזכרה, אבל תחושה חמימה מטפסת בתוכי. כזו של ירושלים של מעלה, של החכמים שבה, של התמימים שבה, של לומדי בן איש חי בין מנחה לערבית, אומרי תיקון כרת בערב ראש חודש. של חברת תהילים בשבת אחר הצהריים. ריח של קדושה, וטהרה, ותמימות

ופשטות. ריח שיותר ויותר קשה למצוא, וכעת אני נושם אותו היטב. מי יודע מתי נפגוש אותו שוב.

השעון דוחק בי, והאזכרה מתארכת. כל הדוברים – ליבם מלא אהבה העולה על גדותיו, ולכן מאריכים הם לכבוד החכם והספדו כראוי. אבל לי יש שיעור בשעה תשע ורבע במכון מאיר, ובצער רב אני מנתק עצמי מהכיסא, ומהאוויר, ומהמקום הזה שנדמה שמאורעות הזמן לא עברו עליו, והוא נשאר בתמותו כמאז ומקדם.

חמישים מטרים – והנה אני בתחנה של הרכבת. הרכבת עצמה כבר עומדת שם ואני ממהר להידחק פנימה אל הקרון. הרכבת עמוסה עד אפס מקום, כראוי לערב חג. בקושי אני מצליח למצוא מקום להניח בו את כף רגלי. אך כשהרגל נחה – האוזניים החלו לשמוע.

מישהו בקדמת הקרון נדחף – אולי דחפו אותו? – ומטר של קללות, הכי נמוכות ומגעילות, החל להיזרק באוויר. העומדים ליד ניסו להסותו: "שששש... ששש...", אך הנער הזה, שמרחוק היה נראה שהוא 'על איזה חומר', לא רק שלא שתק, אלא החל להגביר את עוצמת הקול ואת עוצמת הגועל.

עצמתי עיניים ואמרתי: "ריבונו של עולם, חיפשתי מקווה לפני שבועות והלכתי לאזכרה של חכם יהודה, ועכשיו בדרך חזור... הרי אי אפשר לשמוע את זה". כבר חיפשתי תחנה קרובה לרדת, להמשיך ברכבת אחרת.

אבל אז קרה נס... בחור אחד לידי, מתוק, עם כיפה סרוגה גדולה ופנים טובות, התחיל לשיר בקול "אתה בחרתנו... מכל העמים, אהבת אותנו ורצית בנו ורוממתנו מכל הלשונות...". הצטרפתי אליו מייד, ואיתי עוד מישהו, ומהר מאוד, כל הקרון הגדול הזה שר בחוזקה "אתה בחרתנו". שרנו בקול, שרנו בשמחה, שרנו כך שלא ישמעו אף קללה, אף טומאה, אף פגם ואף חיסרון. קרון שלם של הרכבת הקלה שר "אתה בחרתנו", ממחנה יהודה ועד התחנה המרכזית. במקום לצעוק, במקום להשתיק, במקום לשים אצבע באוזניים, לריב או לשנוא, הבחור המתוק הזה המשיך לנו את המקווה לתוך הקרון, קרון של שירה וקדושה בירושלים. רכבת של דורות שנמשכת מהר סיני ועד לקרון אחד

ברכבת הקלה, שפתאום נהייתה הרכבת הכלה – והכַּלה היא התורה, שנוסעת איתנו עכשיו יחד בשירה "וקדשתנו במצוותיך, וקרבתנו מלכנו לעבודתך... ושמך הגדול, הגדול והקדוש, עלינו קראת... ושמך הגדול, הגדול והקדוש, עלינו קראת...".

# בין אדם לאלוקיו

## שער שני

העמידה של אדם מול אלוקיו היא אישית כל כך. כמעט אינטימית. יש בה קרבה גדולה, אך גם קושי. קושי הדרישה, שלעיתים בא לידי ביטוי בזעקה.

בבסיס העמידה הזו עומדת התמימות. העמידה הכנה והאותנטית שלא מחפשת להסתתר, אלא דווקא לעמוד מול. לשתף. לבקש. להתפלל ולעיתים לזעוק. בדרך החסידות ידובר על ביטול, על רצוא ועל שוב, על דירה בתחתונים ועל קרבת אלוקים.

אומנם רגע לפני שנצלול אל העמידה שלנו מול הבורא, יש מקום להפנות מקום לעמידה שלו מולנו. כיצד הדברים אמורים היו להיות. ואיך להשיבם למקורם.

# לְהַתְחִיל מִבְּרֵאשִׁית

## על ראשית הצירים של מערכת יחסינו עם הבורא

ראשית הצירים במערכת היחסים שבין אדם לבוראו נמצאת בפרשת בראשית.

הפרשה הזו היא מיוחדת מאוד. ברור לכול שכל מה שנכתב בה איננו מה שהיה, שהרי פלא הבריאה הוא סוד שלא ניתן להיכתב. הוא המבדיל בין אדם לבין בורא. יכולת היצירה יש מאין.

מה שנכתב בפרשת בראשית הוא מה שאמר הקדוש ברוך הוא למשה לכתוב כאשר מסר לו את התורה כולה בשנת הארבעים ליציאת מצרים. בשפה אחרת – מה שנכתב בפרשת בראשית הוא לא מה שהיה, אלא מה שראוי שנחשוב על מה שהיה. מה שהיה – הוא סוד. פלא הבריאה. הרגע המופלא הזה, שבו החליט הקדוש ברוך הוא לתת הכול ללא־כלום ולברוא עולם מאפס ותוהו מוחלט, יישאר לעולם מחוץ לתחום השגתם של בני אנוש.

אך מה שראוי שנחשוב על מה שהיה – זה מה שנכתב בפרשת בראשית. והרשימה ארוכה: כיצד ראוי לחשוב על זוגיות. על תפקיד האדם בעולמו. מהו גן עדן, וכיצד מגיעים אליו.

דומה שפרשת בראשית פורסת בפנינו בעיקר תמונה מדויקת של מערכת היחסים בין האדם לבין בוראו. אך בשונה מהזווית הרגילה, שבה אנו בעיקר מתבוננים ממקומנו כנבראים אל הבורא – בפרשת בראשית, אולי בגלל היותה מעולפת סוד – הבורא מדבר על עצמו וגם אל עצמו. כביכול חושף עבורנו כיצד הוא רואה את מערכות היחסים הללו. מה הייתה כוונתו כאשר ברא אדם ונתן לו בחירה חופשית ושותפות אמת.

לעיתים כדי להבין את הסיפור הגדול צריך לעקוב אחר המילים הקטנות. כל מילה היא נקודת ציון, וכלל המילים יוצרות בסופו של דבר את הסיפור.

המילה הראשונה היא שאלוקים ברא ראשית כול את **האור**. האור איננו האור הפיזיקלי, שהרי המאורות לא נבראו אלא ביום הרביעי. האור כאן משמעו – משמעות. אלוקים ברא עולם שנושא בתוכו משמעות. המשמעות קיימת, אך עלומה. נסתרת. ועל האדם הנברא מוטל לגלותה.

המסע לגילוי המשמעות הוא מסע ארוך. יכולות להיות בו גם טעויות. אך דבר אחד נצרב היטב מראשית הבריאה: האדם לעולם לא יוכל להסתפק בחיים נטולי משמעות. כאלה שעוסקים רק ברובדי הקיום של החיים, אך לא בתוכן שהם נושאים בתוכם. האדם לעולם יחפש משמעות. ומי שמחפש בסוף מוצא. מוצא את אלוקים.

נברא כאן מין משחק מחבואים. הבורא ברא עולם שביסודו אור, והאדם מחפש את האור כל ימיו. מחפש עולם של משמעות.

המילה השנייה העולה מתיאור הפרשה היא המילה **אַיֶּכָּה**. אך היא לא עומדת בפני עצמה.

לכל אורך הפרשה, עיקר השיח מתנהל מהקדוש ברוך הוא אל האדם. כלומר – הבורא ברא אדם ומנסה כל העת ליצור איתו קשר.

הדבר דומה להורים שנולד להם תינוק, והם כל העת מנסים לתקשר איתו. להוציא ממנו חיוך. יחס. קול. הגה.

כך הבורא – לאורך כל הפרשה מנסה ליצור קשר עם האדם. שואל "איכה". מתהלך לרוח היום. פונה אל קין ושואל "אֵי הֶבֶל אָחִיךָ". זהו בורא מעוניין. זהו בורא החפץ במעשה ידיו. הפסוק באיוב אומר "לְמַעֲשֵׂה יָדֶיךָ תִכְסֹף".[1] הבורא כוסף לקשר. לדיבור.

1 איוב יד, טו.

המילה הבאה בסיפור היא המילה **מאמר**. העולם נברא במאמר. ואף שיש פעלים טובים לא פחות, כמו "ויעש" או "וייצר" – חז"ל למדו שעיקר הבריאה היא במאמר. כלומר, המעלה הגבוהה ביותר של האדם היא יכולת התקשורת שלו. תקשורת בינו לבין עצמו, ותקשורת עם הבורא שבראו.

אם כך, יש כאן ממש דיאלוג. הבורא מחפש את האדם ופונה אליו ללא הרף. וגם האדם הוא נברא בעולם שנברא בדיבור ותקשורת. עולם שנברא במאמר.

המילה הבאה היא המילה **לב**. וכאן טמונה הפתעה, מפני שהמילה הזו לא מופיעה רק בהקשר של האדם, כמו "וְכָל יֵצֶר מַחְשְׁבֹת לִבּוֹ רַק רַע כָּל הַיּוֹם",[2] אלא גם בהקשר של הבורא עצמו.

וכך, למרות הזהירות הרבה שיש לנקוט מפני הגשמת האלוקות, הורה הקדוש ברוך הוא למשה לכתוב בתיאור הבריאה פסוק מגשים מאין כמוהו: "וַיִּנָּחֶם ה' כִּי עָשָׂה אֶת הָאָדָם בָּאָרֶץ וַיִּתְעַצֵּב אֶל לִבּוֹ".[3]

גם הינחמות (חרטה) וגם התעצבות אל הלב הן מילים אנושיות כל כך. מגשימות כל כך. מדוע נכתבו בפרשת בראשית?

כנראה יש משהו דווקא בכתיבתן של מילים אלה שערכו גדול אף מן הסכנה שיש בהן.

והערך הוא היחס.

היחס האישי.

הלב.

חשוב מאוד לבורא יתברך שנדע שהוא מעוניין בנו. חפץ בנו. שמעשינו נוגעים אליו. אין הוא בורא שברא והתנתק ממעשיו, מרחף מלמעלה ועוסק רק בדברים גדולים מאוד – בגודל הגלקסיות, ביקום המתרחב לאינסוף ובשאר

2 בראשית ו, ה.

3 שם, ו.

דברים עצומים – אך צרתו וכאביו ושמחותיו של האדם הקטן לא מגיעים אליו יתברך.

לא כך.

מעשה האדם ופעולותיו חשובים ויקרים בעיניו. הוא ברא אותנו והוא ממשיך לקיים אותנו באמצעות יחס. שווה סכנת ההגשמה שיש בפסוק הזה אל מול המסר המהדהד בעוצמה גדולה.

אתם יקרים לי! מעשיכם משמחים אותי, או מעציבים אותי. אנחנו קשורים!

כמה יפים דברי ר' צדוק הכהן:

> כשם שצריך אדם להאמין בהשם יתברך כך צריך אחר כך להאמין בעצמו. רצה לומר שיש להשם יתברך עסק עמו ושאיננו פועל בטל "שבן לילה [היה ובן לילה אבד]" וכחיתו שדה שלאחר מיתתם נאבדו ואינם. רק צריך להאמין כי נפשו ממקור החיים יתברך שמו והשם יתברך מתענג ומשתעשע בה כשעושה רצונו.[4]

יש לקדוש ברוך הוא עסק עימנו. הוא מתענג ומשתעשע בנו, או להפך – מצטער ומתעצב אל ליבו כאשר יציר כפיו סוטה מדרכו ומתנתק ממנו.

אם כן – בראשית הצירים נוצרה משוואה:

נבראנו בידי אל אוהב שחפץ לתת הכול ללא־כלום.

הבורא הזה צרב אותנו במתנת המשמעות, האור, כדי שלא נפסיק לחפש אותו.

הוא קורא לנו ומחפש אותנו. אך לא הסתפק בקשר חד צדדי, אלא ברא אותנו ככאלה המסוגלים ליצור תקשורת, כדי שנתקשר איתו. והוא מבקש את

4 **צדקת הצדיק** אות קנד.

הקשר. רוצה בו. גם אם הקשר כולל שאלות, או לעיתים אפילו טרוניות. הכול עדיף על פני ריחוק וניתוק.

והבורא הזה קשור בנו קשר חי. עם לב. כמו קשר ההורים עם הילד שנולד להם, למרות הפער העצום בינו לבינם. הם קשורים. בשמחות. וגם במקומות שגורמים כאב וצער. הכול הוא ביטוי של קשר.

זוהי נקודת המוצא של עמידת האדם מול בוראו.

כמה כוח היא נותנת. כמה רצון להצליח לעמוד עמידה ראויה, ולא להנמיך אותה למערכת תועלתית של שכר ועונש בלבד, או אף למטה מזה.

מכאן הכול מתחיל – ומכאן הולך ומתפתח.

# תָּמִים תִּהְיֶה

## על התמימות מול ריבונו של עולם

המילה "תמימות" נתפסת היום כמין דבר שיש להיפטר ממנו בהקדם לטובת התעטרות במילה "מפוכח" או "מבין עניין". תמימות שייכת למחוזות הילדות, וגם שם היא עולם הנמצא בסכנת הכחדה למול עולם המבוגרים הפורץ בדריסת רגל אלקטרונית למחוזות הילדות. אך התמימות לא יכולה להיעלם, מן הטעם הפשוט שתמימות ואמון עומדים בסופו של דבר בתשתית מערכות היחסים העמוקות ביותר שלנו. אי אפשר להתחתן ללא תמימות ואמון, אין כלכלה ללא תמימות ואמון. אך יותר מכול – אין מערכת יחסים אמיתית בין האדם לבין בוראו ללא התמימות.

רבי זושא מאניפולי, אישיות מיוחדת בתמימותה, היה אומר שהמילה "תשובה" היא ראשי תיבות של תהליך התשובה שאותו אמור כל אדם לעבור:

ת – "תָּמִים תִּהְיֶה עִם ה' אֱ-לֹהֶיךָ".[1]

ש – "שִׁוִּיתִי ה' לְנֶגְדִּי תָמִיד".

ו – "וְאָהַבְתָּ לְרֵעֲךָ כָּמוֹךָ".

ב – "בְּכָל דְּרָכֶיךָ דָעֵהוּ".

ה – "הִכּוֹן לִקְרַאת אֱ-לֹהֶיךָ יִשְׂרָאֵל".

1 דברים יח, יג. הפסוקים הבאים, בהתאמה: תהילים טז, ח; ויקרא יט, יח; משלי ג, ו; עמוס ד, יב.

אם כך, ראשית הצירים של תהליך התשובה היא התמימות. אלא שיש לברר, תמימות זו מה היא?

התורה מצווה אותנו על התמימות בהקשר של איסור דרישה אל האובות ואל הידעונים, כלומר אל היכולת לדעת את העתיד בדרכים שונות.

ובאמת – מדוע לא? מדוע לא לדעת את העתיד?

הרמב״ם אומר שזה אסור מהטעם הפשוט שזה שקר. ״ואין ראוי לישראל שהם חכמים מחוכמים להמשך בהבלים אלו״.[2] אך כבר הרמב״ן השיג על דבריו אלה, שהרי יש בתנ״ך בעלת אוב ועוד.

לדעת הרמב״ן האיסור הוא מכיוון אחר: משל לאדם שהזמינו המלך לסעודת מלכים על שולחן המלך. על השולחן מוגש מכל טוב, אך יש גם כללי התנהגות סביבו. כללים ונימוסים המכבדים את המעמד ואת הסועד. והנה תוך כדי הסעודה לא ייבצר שייפלו פירורי מזון אל הרצפה. זהו אוכל. והוא אפילו היה על שולחן המלך. אך כעת הוא פירור קטן, מלֵא לכלוך. כאשר אדם מישראל בוחר ללכת לאובות וידעונים במקום לשמוע אל קול דברי נביא ה׳, הוא בוחר לרדת משולחן המלך ולאכול פירורים מלוכלכים מתחת לשולחן.

אכן יש כוחות רוחניים שמפוזרים בעולם. ויש אנשים שיש להם כוחות כאלה. אך אלה כוחות שלא דורשים מן האדם שום התעלות והתקדשות, והם בדרך כלל מטונפים בענייני תאוות של ממון ועריות. ומי זה יעזוב את שולחן המלך, וילך ללקט פירורים מלוכלכים מתחת לשולחן?

לעומתם, רש״י לוקח אותנו למסע אחר. התמים מכולם.

רש״י בעצמו נתפס בעינינו כמין פרשן שחותם התמימות טבוע עליו. אולי לכן ילדים אוהבים כל כך ללמוד רש״י. וגם מבוגרים שלא איבדו את תמימותם.

רש״י בפירושו על הפסוק הזה, ״תָּמִים תִּהְיֶה עִם ה׳ אֱ־לֹהֶיךָ״, מתאר מעין מסע אל התמימות, שהוא מבוא גדול בעבודת ה׳. וכך פירש:

תמים תהיה עם ה׳ א־להיך –

2 **משנה תורה**, הלכות עבודה זרה יא, טז.

התהלך עמו בתמימות.
ותצפה לו.
ולא תחקור אחר העתידות.
אלא כל מה שיבא עליך קבל בתמימות.
ואז תהיה עִמו ולחלקו.

הפירוש הזה בנוי מחמישה חלקים המבקשים מעצמם ביאור והרחבה.

**התהלך עימו בתמימות.** בלוח "היום יום",[3] ביום ד' בתשרי, כתב הרבי:

תמים תהיה עם ה' א-להיך, עבודת התשובה הבאה על ידי התמימות, כמה בחינות ומדריגות בענין התמימות, וביחס אל התשובה העולה על כולנה היא תמימות הלב – הנקראת ערנסטקייט (=רצינות) – כאמור באברהם "ומצאת את לבבו נאמן לפניך".

ללכת עם הקדוש ברוך הוא בתמימות – הכוונה היא לקחת אותו ברצינות. הוא יתברך שמו אכן מתכוון למה שהוא אומר לנו וכותב לנו בתורה. לעיתים דומה האדם למי שמעוניין להיות חלק מהמסגרת, אך ללא התוכן. בלי לקחת את הדברים עד הסוף. בהקשר הזה, ההליכה לאוב וידעוני מתוך מגמה לדעת מה יהיה, מראה בעצם שאין אנו חפצים בהנהגת הבורא אותנו, ואנחנו מנסים ליצור כל מיני מעקפים. אבל ההנהגה שלו אלינו היא עניין רציני. ולכן יש ללכת עימו בתמימות.

**ותצפה לו.** הפחד הזה מן העתיד, מניין הוא נובע? מדוע אנשים נמשכים לדעת מה עתיד להיות ולבוא עליהם? בעומק, זה חלק מהרצון שלנו לאחוז ולשלוט. לדעת ולנהל. המציאות סביבנו הולכת ונהיית ידועה יותר ויותר. מתוכננת שנים קדימה. כל פרט נשלט וידוע. רק העתיד נותר מחייך ושוחק

3 מאמרי חסידות קצרים לכל יום, שסידר הרבי מלובביץ'.

בתוך הערפל שבו הוא מצוי. וקול עולה מתוך הנפש: בוא ונשתלט גם על העתיד החמקמק הזה, ונדע מה הולך להיות בו.

ומאחורי הרצון בשליטה, מסתתר לעיתים פחד. פחד מהלא־ידוע. וגם מין תפיסה שיש שם למעלה בורא שאולי מחפש "לסגור איתנו חשבון", ולכן כדאי להתכונן, לדעת מה הוא מתכנן לנו, כדי שנוכל להתגונן כיאות... מין 'יראה תתאה' מהסוג הנמוך ביותר. אבל גם היא רוחשת שם. מסתתרת.

ורוח הקודש צווחת לעומת האדם ואומרת לו: כל מה שאני עושה – הכול לטובתך. כדי שתגדל ותצמח, שלא תישאר בוסרי ועסוק רק בעצמך. נכון, בכלל התוכנית האלוקית המיטיבה הזו נכללים לעיתים גם ייסורים. אך הם ותכליתם אחת: לגדל אותנו. להצמיח אותנו. להפוך אותנו ראויים לנשמה האלוקית שנמצאת בתוכנו. כך אמר לנו משה רבנו: "וְיָדַעְתָּ עִם לְבָבֶךָ כִּי כַּאֲשֶׁר יְיַסֵּר אִישׁ אֶת בְּנוֹ ה' אֱלֹהֶיךָ מְיַסְּרֶךָּ".[4] ובהמשך: "לְמַעַן עַנֹּתְךָ וּלְמַעַן נַסֹּתֶךָ לְהֵיטִבְךָ בְּאַחֲרִיתֶךָ".[5] ולכן, דווקא העתיד העלום מאיתנו, צופן עבורנו מסע של תיקון והתקדמות. אך צריך תמימות פשוטה כדי להאמין שאכן הקדוש ברוך הוא אוהב אותנו והכין לנו מסלול טוב. גילוי המסלול מראש משול למי שמגלה באמצע משחק מחבואים היכן כולם מתחבאים. התוצאה כעת ברורה לכול, אך המשחק נהרס כליל.

הצורך הזה לחתור אחר העתידות נשען על חוסר אמון בטוב האלוקי. "מָה רַב טוּבְךָ אֲשֶׁר צָפַנְתָּ לִּירֵאֶיךָ",[6] אומר הפסוק. ואילו כאן – בריחה והתגוננות. כמעט מעליבה. והרי ההפך הוא הנכון! דווקא הדרך העלומה משאירה אותנו בציפייה – מה יעשה איתנו הקדוש ברוך הוא? לאן ייקח אותנו הפעם? איזה אתגר יעמיד בפנינו כדי שלא נפסיק להתקרב אליו? הציפייה הזו היא ציפייה תמימה. "ותצפה לו".

4 דברים ח, ה.

5 שם, טז.

6 תהילים לא, כ.

**ולא תחקור אחר העתידות.** למעשה, החקירה אחר העתידות נועלת את האדם. כי הרי אליבא דאמת, ליהודי אין עתיד. יש לו רק הווה. גם אם לפי מעשיו של עכשיו נגזרה על פלוני גזרה כזו או אחרת, הרי אם ישנה את מעשיו לטובה הגזרה תבוטל, ושפע וברכה יבואו עליו מן השמיים.

אך כאשר הולכים לאוב וידעוני – ראשית דרכם היא לומר דברים על העבר. אלה הם דברים שהאדם כבר יודע על עצמו, ואין בהם כל חידוש עבורו. החידוש הוא שגם הם יודעים את זה. נולדת בתאריך כזה וכזה, אלה שמות הוריך ואלה שמות ילדיך. ויש לך כתם לידה על הגב.

כעת, לאחר שגמרו לדבר על העבר ורכשו את אמונו של הבא לשמוע בקולם, הם עוברים לדבר על העתיד.

וברגע שהם אומרים את העתידות הללו – הם מקבלים אצל השומע תוקף של עבר. כלומר, כפי שצדקו בתיאור העבר באופן ודאי – כך הם צודקים גם לגבי העתיד באופן ודאי. לא ניתן להינצל מכך. זוהי גזרת הגורל שלא ניתן להימלט ממנה. וביוונית: טרגדיה.

אך התורה אומרת הפוך. תשובה משנה גזר דינו של אדם. ויפה צעקה לאדם בין לפני גזר דין ובין לאחר גזר דין. אין עתיד, כי הכול תלוי בהווה. לא לחינם המילה שמופיעה הכי הרבה פעמים בספר דברים היא המילה "היום". היום אם בקולו תשמעו. החקירה אחר העתידות נועלת את האדם בפני אפשרות של שינוי, מפני שהעתיד מצטייר אצלו כמו העבר. חתום ונעול. אך לאמיתו של דבר העתיד פתוח לחלוטין ותלוי כולו בשינוי המעשים בהווה. ולכן – אל תחקור אחר העתידות.

**אלא כל מה שיבוא עליך קבל בתמימות.** כשמעמד הנפש הוא של תמימות, האדם מפסיק לחפש החוצה ומתחיל לחפש פנימה. כל מה שבא אליי אינו במקרה, ואינו משהו שהייתי צריך לעקוף. הוא הגיע לתכלית מסוימת. מדויקת. שאלמד ממנה ואתקדם ממנה ואגדל. במקום לדחות את האירוע – אפילו במחשבה וקל וחומר במעשה – פונה האדם לקבל את מה שבא עליו

לתוכו. מתעוררות אצלו שאלות: "מַה זֹּאת עָשָׂה אֱלֹהִים לָנוּ?".[7] הוא מפשפש בדרכיו או במעשיו. וכך מתחוללת צמיחה.

**ואז תהיה עימו ולחלקו.** מעבר לכל פרטי המצוות מסתתרת שאלת עומק: של מי אנחנו? או אולי ביתר דיוק: למי אנחנו? האם אנחנו במגמת צעידה אל הקדוש ברוך הוא? מחפשים אותו, את קרבתו, את המפגש איתו? וכל מפגש – משמח, מלבב, גם אם לעיתים כואב. אך הכאב הוא כאב של שייכות וקרבה. והדרך היא דרך של חיבור וצמיחה. ויש שהאדם בוחר לו חלק אחר: חלק של בדידות, חלק שמנסה להתגונן מהבורא. מסתתר האדם מפני בוראו כמו אדם הראשון בגן עדן, כשבמקום להתוודות ולבקש תיקון בחר בהסתתרות ובהטלת אשמה.

להיות עימו ולחלקו. להתהלך יחד עימו במשעולי מציאות חיינו. לראות בכל אירוע שקורה לנו נצנוץ אור אלוקי המאיר את חשכת דרכנו ומסמן לנו: כאן תלכו. כאן תתקדמו. כאן יש צורך בתיקון. לקבל את מאורעות החיים בשמחה, ברצינות ובתמימות, ולתקן דרכם כל הזמן. לא לברוח אל עולם של סגולות, אובות או ידעונים. לאהוב את התיקון ואת התשובה, כשמעל הכול מרחפת התמימות. "תָּמִים תִּהְיֶה עִם ה' אֱ-לֹהֶיךָ".

7 בראשית מב, כח.

# וּמִפָּנֶיךָ אֶסָּתֵר?

## על הסתרה וגילוי בקשר עם הבורא

הסיטואציה מוכרת לכולם. יש שמחה בבית הכנסת. חתן או ברית מילה. החזן מגיע לסוף חזרת הש"ץ, ועוד בטרם הספיק לדפדף לעמוד המתאים כבר נשמעות מכל עבר נהמות "קדיש, קדיש!". שחס וחלילה לא יאמר החזן תחנון בטעות. זה כמובן רק מלחיץ עוד יותר את החזן, המנסה רק לדפדף למקום הנכון, מה שמגביר עוד יותר את הצעקות, וחוזר חלילה.

אנחנו לא אוהבים תחנון. ולכן כשיש הזדמנות לדלג עליו – כולם דרוכים... ואיש לא מפספס.

מדוע? האם זה רק בגלל הרווח של שתי דקות מזמן התפילה?

נראה שלא. נראה שהסיבה האמיתית מונחת בעצם העובדה שאיש מאיתנו לא אוהב להרגיש נאשם. זה מצב לא נוח, לא נעים, וכשיש הזדמנות להימלט ממנו – אנחנו הולכים על זה. נוספת לכך העובדה שלב יודע מרת נפשו, וברור לנו שגם אם נתוודה אין זה אומר שנצליח לשנות או לתקן. ואם כן, יש כאן גם תחושת זיוף. אשמה וזיוף גם יחד הן משא כבד למדי, שאנו שמחים לפורקו.

אך מה נעשה ביום הכיפורים, ולאן נברח? זה הרי יום שכולו וידוי.

נראה שיש כיוון נוסף לווידוי. כיוון אחר ועמוק יותר.

הווידוי – לא נועד לירידה מעצבנת לפרטים ופרטי פרטים תוך כדי חזרה מציקה. מטרתו אחת: **להפסיק להסתיר**. החטא החמור ביותר בין אוהבים הוא חטא ההסתרה. מציאות חיים שבה כל אחד מגלה טפח ומכסה טפחיים, מנהל 'חשבון נפרד' שעליו השני לא יודע.

נשים לב: שלושת החטאים הראשונים בספר בראשית כרוכים בעניין ההסתרה. האישה אוכלת מן הפרי ומסתירה מבעלה. אחר כך היא נותנת לו, ומסתירה ממנו שזה פרי אסור. ואחר כך, שניהם מסתתרים מה׳ אלוקים, עד שהוא ׳צריך׳ לשאול את האדם "איכה". מה הפלא שהילד שנולד מהם עסוק אף הוא בהסתרה – "לֹא יָדַעְתִּי. הֲשֹׁמֵר אָחִי אָנֹכִי?"[1]

ההסתרה היא אם כל חטאת, מפני שהיא מעידה יותר מכול על מהות מערכת היחסים כחיצונית. כל העניין של אוהבים הוא שאינם מסתירים זה מזה דבר. לא את החוזקות ולא את החולשות. "ואל יעלימו ואל יבריחו לא זה מזו ולא זו מזה", נכתב בנוסח שטר התנאים הנהוג בכמה קהילות. וכאשר מסתירים, מתברר שזוהי מערכת שהעיקר נעדר ממנה. האהבה.

למעשה, אפשר היה לצייר ציור אחר לחלוטין שם בפרשת בראשית. מציאות שבה האפשרות לחטא היא חלק מגן עדן בעצמו, שהרי הבורא מצווה את האדם לא לאכול מעץ הדעת. אם יש ציווי, סימן שיש גם אפשרות לעבור עליו. במילים שלנו – בחירה חופשית. ובכן – אכל האדם ואכלה חוה מפרי העץ האסור, אך אז – במקום לבחור בסתר ובמחבוא – היו הם באים לפני בוראם בושים וחפורים, אך לא מסתירים, ואומרים לו: "אבינו, חטאנו". ואז, אז היה מראה להם הקדוש ברוך הוא עץ שלישי, שגם הוא קיים בגן עדן, ושמו עץ התשובה. שהרי תשובה קדמה לעולם, וגן עדן גם הוא "מקדם". ובכן – יש בו, בגן עדן, עץ של תשובה. והיה אומר להם – לכו ואכלו ממנו. עשו תשובה בתוך גן עדן. תשובה של שייכות ותיקון, תשובה מאהבה.

אך הם בחרו בהסתרה והסתתרות, ולכן קיבלו תשובה אחרת. תשובה שיש בה חרון אף, ויראה, ועונש. ובעיקר, תשובה שהיא מחוץ לגן עדן.

הווידוי הנאמר בסוף התפילה בא לתקן את החטא הזה. חטא ההסתתרות.

הווידוי כביכול בא לומר: ריבונו של עולם, הנה אנחנו ניצבים לפניך כמות שאנחנו. על חסרונותינו המרובים, ואולי גם על קצת מעלותינו. אבל

1 בראשית ד, ט.

דבר אחד אנו יכולים להגיד לך: אנו מפסיקים להסתיר. מעכשיו אנו גלויים לפניך, שקופים. מספרים הכול. מעכשיו נפסיק לרמות אותך ואת עצמנו, ונביא את כל נפשנו אל הקשר. האם זה אומר שאת הכול נתקן השנה? לצערנו הרב נראה שלא. אך להפסיק להסתיר אנחנו יכולים.

הווידוי משחרר. כמו מישהו שנשא סוד על גבו, סוד שצריך להסתיר מאדם קרוב, וכעת הוא יכול לספר אותו מתוך תחושת קרבה וביטחון. רגע הגילוי הוא גם רגע של הקלה.

אומנם יש חזרה מרובה על הווידוי. מדובר על שיקום האמון, שהוא כמו שריר שהיה רדום ועתה צריך לאמן אותו שוב ושוב.

גם המיקום של הווידוי בתפילה, סמוך לתפילת שמונה־עשרה, מורה על הכיוון הזה. על פי סדר העולמות שבתפילה, הווידוי שייך לעולם האצילות. וביתר דיוק – הוא 'נובלות' של עולם האצילות. תפילת שמונה־עשרה עצמה היא בעולם האצילות, כלומר בקרבה יתרה לבורא יתברך. ולכן אנו עומדים בעיניים עצומות, ומדברים בלחישה, ובלשון נוכח. "ברוך אתה". הכי קרוב שאפשר. נוצרת אינטימיות. אנחנו מבקשים על הדברים הקרובים לנו ביותר. על פרנסה. על דעת. על רפואה. וכאשר מסתיימת התפילה אנחנו עדיין נמצאים באטמוספרה הזו של האצילות, ורוצים 'לנצל' אותה למשהו אחד אחרון... דווקא כעת, כשהכול קרוב ונוגע, אנחנו מוצאים בתוכנו את האומץ לספר למלך גם את חסרונותינו. את המקומות שבהם נכשלנו. זוהי קרבה יתרה. זהו חיבור. זהו הווידוי.

לעיתים המילים מקבלות פרשנות דרך הנגינה שלהן.

גם לווידוי יש מנגינה. זוהי המנגינה הנשמעת בתפילות האשכנזיות במהלך יום הכיפורים, כאשר הווידוי נאמר: "אהאיי, אההיי, אאהיי... אשמנו, בגדנו...". איזו מנגינה זאת? האם היא תוקפנית? לא. האם היא מכווצת או מפחידה? לא. זוהי מנגינה שנאנחת על הריחוק שנוצר, ומכינה אותנו להשתוחחות שכל כולה קרבה מתחת לטלית. שוב אנו מסתופפים מתחת

לטלית של אבא, כמו בימים שהיינו ילדים. שוב ההרגשה הבטוחה הזו שאנחנו תחתיו – מוגנים, קרובים ובעיקר לא מסתירים.

מעניין שהמקור בתורה לווידוי הוא בקורבן שמוקרב על מעשה של העלמה, הסתרה:

> אוֹ נֶפֶשׁ כִּי תִשָּׁבַע לְבַטֵּא בִשְׂפָתַיִם לְהָרַע אוֹ לְהֵיטִיב לְכֹל אֲשֶׁר יְבַטֵּא הָאָדָם בִּשְׁבֻעָה **וְנֶעְלַם מִמֶּנּוּ** וְהוּא יָדַע וְאָשֵׁם לְאַחַת מֵאֵלֶּה. וְהָיָה כִי יֶאְשַׁם לְאַחַת מֵאֵלֶּה וְהִתְוַדָּה אֲשֶׁר חָטָא עָלֶיהָ.[2]

הווידוי הוא תוצאה של גילוי, של הפסקת ההעלמה. בין אם הייתה ההעלמה בשוגג ובין אם הייתה במזיד. כעת מפסיקים להעלים. לכן מתוודים.

וקצת מן הרמז: "וידוי" בגימטרייה 36. "לו" – "הוּא עָשָׂנוּ וְלוֹ אֲנַחְנוּ".[3] דרך הווידוי אנחנו חוזרים להיות 'לו'.

ביטוי מופלא לעונג שיש בכנות הזו, המופיעה בווידוי, מופיע בסיפור על וידוי של כפרי אחד, שרבי אלימלך מליז'נסק שלח אליו את תלמידיו כדי שילמדו כיצד מתוודים כראוי:

> פעם אחת בערב יום הכיפורים אמר הרב הקדוש לתלמידיו: אם רצונכם לדעת איך עושים כפרות בערב יום הכיפורים, תלכו אל החיט אשר גר בקצה העיר. וילכו התלמידים כעלות השחר ויעמדו אצל חלון ביתו של החיט, וראו שהחיט ובניו התפללו בפשטות כמו כל החייטים. אחרי התפלה לבשו כולם בגדי שבת והדליקו נרות ויערכו שלחן עם כל מעדנים וישבו אל השולחן בשמחה רבה, ויקח מהארון ספר אחד שהיה כתוב בו

2 ויקרא ה, ד-ה.

3 תהילים ק, ג.

> כל העבירות שעשה במשך השנה מיום כפורים שעבר עד יוהכ"פ הבא, והתחיל כך:
>
> רבש"ע היום הגיע הזמן לעשות בינינו חשבון על כל העבירות שעשינו, כי זמן כפרה הוא לכל ישראל. והתחיל לחשוב ולמנות כל העבירות שעשה במשך השנה, שכולם היו נרשמים בספר הזכרון הזה. ואחר שגמר חשבון העבירות הוציא מהארון ספר גדול וכבד יותר מהראשון ואמר: רבש"ע, מקודם חשבתי העבירות שאני עשיתי. ועכשיו אמנה את העבירות שעשית אתה. וחשב כל הצער והיסורים, צרות ועגמת נפש וחלאים רעים והפסד ממון אשר עברו במשך כל השנה עליו ועל נפשות ביתו. וכשגמר החשבון אמר כך: רבש"ע, אם נחשוב באמת על פי יושר, אתה חייב לי יותר ממה שהנני חייב לך. אך לא ארצה לבא עמך בחשבון המדוקדק, כי הלא ערב יוהכ"פ היום, ומוכרח כל אחד להתפייס עם חברו, ולכן הננו מוחלים לך על כל העבירות שעשית נגדינו, וגם אתה תמחול לנו על כל העבירות שעשינו נגדך. וימזוג כוס יין שרף וברך שהכל ואמר בקול רם: לחיים! רבש"ע, הננו מוחלים זה לזה כל מה שחטאנו איש לרעהו וכל העבירות הן שלנו והן שלך הן בטלות ומבוטלות כמו שלא היו כלל בעולם. ואחר כך אכלו ושתו בשמחה רבה מאד.
>
> התלמידים הק' חזרו ויספרו להרה"ק את כל מה שראו ושמעו, ויאמרו כי דברי החיט הם בעיניהם דברים קשים, וחוצפה יתירה כלפי שמיא. ויען הרה"ק ויאמר, דעו לכם כי הקב"ה בכבודו ובעצמו עם כל הפמליא של מעלה באים לשמוע דברי החיט הנאמרים בפשטות גדולה, ומדברי אמת שלו נעשה רצון וחדוה ושמחה גדולה בכל העולמות.[4]

הכנות. הישירות. הקרבה. כל אלה גרמו לקדוש ברוך הוא ולפמליה של מעלה לבוא ולשמוע את הווידוי הזה, שכולו ישירות וכנות. אין בו קמצוץ של הסתרה

4 מתוך **סיפורי נפלאות מגדולי ישראל**, ירושלים תרצ"ג, עמ' י.

או של אמירה מן השפה ולחוץ רק כי "כך צריך לומר" או "כך נהוג לומר". הקרבה המופלאה הזו מעוררת שמחה והשתאות, ומדברי האמת הללו נעשית שמחה גדולה בכל העולמות.

גם עולם התפילה סובל מאותה בעיה. טכניות עלולה להשתלט עליו. מדי פעם אני פותח את הרמב"ם בהלכות תפילה פרק א, ונזכר מהיכן הכול התחיל:

> אלא חיוב מצוה זו כך הוא: שיהא אדם מתחנן ומתפלל בכל יום ומגיד שבחו של הקדוש ברוך הוא, ואחר כך שואל צרכיו שהוא צריך להם בבקשה ובתחנה, ואחר כך נותן שבח והודיה לה' על הטובה שהשפיע לו כל אחד לפי כחו.
>
> אם היה רגיל מרבה בתחנה ובקשה, ואם היה ערל שפתים מדבר כפי יכלתו ובכל עת שירצה. וכן מנין התפלות כל אחד כפי יכלתו, יש מתפלל פעם אחת ביום ויש מתפללין פעמים הרבה, והכל יהיו מתפללין נכח המקדש בכל מקום שיהיה, וכן היה הדבר תמיד ממשה רבינו ועד עזרא.[5]

באו אנשי כנסת הגדולה ותיקנו לנו סדר תפילות. אך לא באו להוציא אותנו מבסיס מצוות התפילה, שהוא דיבור ישיר ופשוט ופתוח.

רבי נחמן קורא לזה **דיבור של אמת**:

> אך איך יזכה לזה, העיקר שהכל תלוי בו הוא אמת, לילך בדרך אמת לפי מדריגתו, כי חותמו של הקדוש ברוך הוא אמת, והוא יסוד הכל, כי אמת הוא ראש תוך סוף. וכיון שהוא במדריגת אמת, אזי כביכול נתלבש בו אור השם יתברך בעצמו, אשר חותמו אמת, ואז נאמר עליו "ה' אורי וישעי". וכיון שה' אור לו, יוכל למצוא פתחים הרבה לצאת מהחשך והגלות שהוא סגור שם.

5 **משנה תורה**, הלכות תפילה א, ב–ג.

כי באמת יש שם פתחים הרבה, כמו שאמרו רז"ל הבא לִטָּמֵא פותחין לו, יש לו פתחים הרבה. וכיון שנמצא שם פתחים, היה יכולת לצאת. רק "הכסיל בחשך הולך", ולא יראה הפתחים לצאת, והוא אסור וקשור שם, ולא יתנו לו לצאת. עד אשר יזכה לדבר דיבורי אמת לפני ה', אזי הדיבורים מאירים, וה' אור לו כנ"ל. ואזי, "פתח דבריך יאיר מבין פתיים". כי הדיבורים המאירים, היינו דיבורי אמת כנ"ל, הם מראין לו הפתח. והיינו דסיים "מבין פתיים", כי הפתיים הנתונין בחושך, ולא יראו לצאת, יבינו ויראו הפתח לצאת מהחשך, כמו שכתוב "לאמר לאסורים צאו, לאשר בחשך הגלו". אך צריך שיהיה האמת אמת גמור ברור וצלול בלי שום דופי.

והמשכיל המבין יש לו להתפלל כל ימיו, שיזכה פעם אחד כל ימי חייו לדבר דיבור אחד של אמת לפני ה' כראוי.[6]

אם כך, הכול סובב סביב אותה נקודה. נקודה פשוטה של כנות. לעיתים יש בה חוצפה. לעיתים יש בה כאב. לעיתים היא דורשת אומץ. אך אליה הקדוש ברוך הוא כוסף. שנצא מעצמנו ונתייחס למערכת היחסים הזו כאל מערכת יחסים חיה. אמיתית. נושמת. ודיבור אחד של אמת, ברור וצלול – יש בו כדי להחיות ימים רבים ולפתוח פתחים רבים ושערים רבים.

כך מבארים מדוע יום הכיפורים נקרא כך, "כיפורים", בלשון רבים. מפני שכביכול הכפרה היא דו־צדדית. בדיוק כמו בסיפור. אנחנו מבקשים סליחה שהתרחקנו, שלא היינו, שהסתתרנו מאחורי מילים, משפטים. ריטואלים דתיים כאלה ואחרים, במקום להיות. פשוט להיות. וגם הקדוש ברוך הוא מבקש כפרה. "הביאו כפרה עליי".[7] על שנתרחק מאיתנו, על חומת ברזל שמפסיקה

6 ליקוטי מוהר"ן (קמא) תורה קיב.

7 חולין ס ע"ב.

לעיתים בינינו לבינו. והכול מבקשים רק דבר אחד. לשוב ולהיפגש. פגישה אמיתית. כנה. ישירה. להפסיק את ההסתרה, ולהתחיל לחיות חיים של אמת. חיים של קרבה. חיים של קשר חי וקרוב בין האדם לבין בוראו.

# הַקְרֵה נָא לְפָנַי הַיּוֹם

### מי רוקם את מקריות חיינו?

המשכה של התמימות שעליה דיברנו – הוא היחס אל עולם המקרה.

כל מה שקורה לנו באופן לא מתוכנן יכול ליפול תחת אחת משתי אפשרויות. אפשרות ראשונה, שכנראה היא המצויה מכול, היא לראות במקריות הזו סוג של תקלה. מייד מתלווה אליה הבטחה: בפעם הבאה זה לא יקרה. או שאלה: מה צריך לעשות כדי שבפעם הבאה זה לא יקרה?

לא תמיד המקרה מכאיב לנו. לפעמים הוא דווקא מפתיע אותנו לטובה. אבל גם כאן עולה הקול – אל תתרגל... זה רק מקרה.

בכל מקרה, אזורי השליטה והניהול הם המקומות שבהם אנו מרגישים בטוחים ויציבים. אלה הם אזורי הנוחות שלנו. ובעולם שלנו, כאשר יותר ויותר תחומים נופלים תחת ממשלת השליטה והניהול, באמת פוחת המינון של דברים שיכולים לקרות במקרה. מתכננים כל מה שאפשר לתכנן, ואז מפעילים תוכנות ואפליקציות כדי לנהל את זה טוב יותר ומהודק יותר. יחי הניהול!

אלא שמשהו הלך לנו לאיבוד בדרך...

המשהו הזה – הוא היכולת לפגוש את הקדוש ברוך הוא, המתגלה אלינו דרך הטעויות והמקריות. כי הרי במקום שבו לא תכננו ולא ניהלנו, ובכל זאת קרה משהו – שם ודאי הייתה נוכחת יד ה׳ הנעלמה.

אבל קול פנימי מזדעק. הרי התכנון והניהול מביאים איתם כל כך הרבה ברכה. כל משתמש Waze ממוצע יודע כמה זמן ועוגמת נפש חוסך היישומון הזה. אז מה, לוותר על כל זה למען החוויה הרומנטית־משהו של מקריות כזו או אחרת?

לא.

כנראה אנו נדרשים לייצר מין שילוב כזה, שבו מצד אחד אנחנו מתכננים ומצד שני פתוחים לשינויים. שם אנחנו אפילו מניחים בכוונה רווחים כאלה, בלב ובנפש, שבהם שום דבר לא סגור ושום דבר לא נעול. הכול פתוח ומתוכנן בעת ובעונה אחת. נשיאת הפכים שכזו.

מי שלימד אותנו את האפשרות הזו היה אליעזר עבד אברהם.

אליעזר נשלח למשימה מוגדרת מאוד. לקחת אישה ליצחק מארץ, מקום ומשפחה מוגדרים היטב: "כִּי אֶל אַרְצִי וְאֶל מוֹלַדְתִּי תֵּלֵךְ וְלָקַחְתָּ אִשָּׁה לִבְנִי לְיִצְחָק".[1] אליעזר גם הולך מצויד בכל טוב אדוניו. ועל כל העניין הזה הוא גם נשבע שבועה חמורה.

ההמשך הטבעי של הסיפור הוא שאליעזר יגיע לארם, יברר היכן גרים בני משפחתו של אברהם – נחור או בתואל, ייפגש עימם ויציע בפניהם את השידוך המובחר.

אך אליעזר לא עושה כך.

על פתח העיר אליעזר עוצר ופותח את הכול. כאילו אין תכנון, כאילו אין הוראות. הוא עוצר ונושא תפילה שבתוכה נמצאת מילת המפתח:

> וַיַּבְרֵךְ הַגְּמַלִּים מִחוּץ לָעִיר אֶל בְּאֵר הַמָּיִם לְעֵת עֶרֶב לְעֵת צֵאת הַשֹּׁאֲבֹת.
> וַיֹּאמַר ה' אֱלֹהֵי אֲדֹנִי אַבְרָהָם **הַקְרֵה נָא** לְפָנַי הַיּוֹם וַעֲשֵׂה חֶסֶד עִם אֲדֹנִי אַבְרָהָם.[2]

"**הַקְרֵה נָא** לְפָנַי". לשון מקרה. והתמיהה רבה: הרי אליעזר לא זקוק לכל זה. לא לסימן ולא לאות ולא למופת. יש לו כתובת ברורה ביד. לכאורה, בדיוק על זה הוא נשבע. מדוע עשה כך אליעזר?

1 בראשית כד, ד.

2 שם, יא–יב.

המדרש מכנה את אליעזר "עבד משכיל".[3] אליעזר מבין היטב את עומק כוונתו של אברהם. הייתכן, שואל אליעזר את עצמו, שהשידוך של יצחק ייעשה כולו בידי בן אנוש מתכנן? היכן יד ה'? היכן ההשגחה המלווה? צריך לתת גם לה מקום. ולכן אליעזר פותח: "הַקְרֵה נָא לְפָנַי הַיּוֹם". אנא התגלה אליי דרך המקריות שאותה אתה רוקם מעבר לתכנונים שלנו, וגם בתוכם. וכמו שתי צמות קלועות, משתלבות להן התוכניות של אליעזר עם המקריות שאותה ביקש, לאישה אחת ושמה רבקה.

כך כותב **השם משמואל**:

> ויש לומר עוד שאליעזר, שהוא עבד משכיל כבמדרש, הבין שהוא אין לו שייכות לכל הענין הזה, ועל כן אמר "הקרה נא לפני היום". שלכאורה בלתי מובן, שכל דבר קדושה הוא רק בהכנה ולא באקראי. אך הוא הדבר, שלגודל הענין אין לו שום שייכות, ולאחר כל ההכנות אין ליחס חסד השם יתברך בזה, רק לדבר שבמקרה.[4]

ה'משכילות' של אליעזר באה לידי ביטוי דווקא בכך שהוא לא הותיר את כל העניין רק לידי התכנון המדוקדק, המסור אל הביצוע שלו. הוא ידע להזיז את עצמו לצד ולתת מקום להנהגה האלוקית להופיע, בדמותו של המקרה. שם – מתגלה חסד ה', שהוא בולט ונוכח דווקא במקום של מקריות כביכול. המקריות אינה אלא רקמה שאותה רקם בעל המקרים לתוך חיינו. השאלה המונחת לפתחנו היא – האם נחפוץ בה? האם נפתח לה פתח?

נשיאת ההפכים הזו באה לידי ביטוי גם בתפילת הדרך המוכרת לנו היטב. הרי כשאדם יוצא לדרך, הוא מתכנן אותה היטב. יודע להיכן מועדות פניו ומתי יצא. ובכל אופן – תפילת הדרך עצמה מנוסחת כאילו אין ליוצא

3 **בראשית רבה** ס, ב. על פי משלי יז, ב.

4 **שם משמואל** פרשת חיי שרה תרע"ב.

אל הדרך מושג מה עתיד להיות עימו. "שתוליכנו לשלום, ותצעידנו לשלום, ותגיענו למחוז חפצנו לחיים ולשמחה ולשלום". הדרך כאן היא עלומה, מלאה בהפתעות, ויש צורך בהנחיה אלוקית צמודה כדי לעבור אותה בשלום. גם כאן, כמו צמות קלועות, משתלבות להן התוכניות האנושיות וההשגחה האלוקית שבאה לידי ביטוי בפתיחת הידיים, בהזמנת האקראיות כביכול לנכוח בחיינו.

למעשה זהו עומק ברכת "המכין מצעדי גבר", הנאמרת מדי בוקר. גם היא פונה אל הנקודה הזו בדיוק. יומנו מתוכנן היטב, לעיתים עד לרמת הדקות. ובכל אופן, לאן ייקחו אותנו רגלינו היום? האם כל מה שתכננו יקרה? מה יהיה היחס שלנו לשיבושים שוודאי יבואו? האם ננסה להתגבר עליהם, או שנפתח אליהם את ליבנו? כאן, ברגעים האלה – מישהו אוחז בידנו ומוליך אותנו בנתיב חדש, שלא ידענו ולא תכננו. רקמה חדשה ומופלאה עוטפת אותנו ברגע זה ממש.

זוהי אפשרות מרתקת. אלא שהתכנון המהודק שלנו מונע מאיתנו פעמים רבות לראות את האוצר הזה, שנמצא אצלנו ממש, מתחת למפתן חיינו. לשם כך חיבר רבי נחמן מברסלב תפילה, קטנת הכמות ורבת האיכות, שמועילה מאוד בעיקר ליכולת לזהות את הרגע – ולהיפתח אליו. כמו אליעזר, להצליח להסיט את עצמנו ואת התכנון שלנו הצידה, ולתת לקדוש ברוך הוא להוביל אותנו למקומות שלא הכרנו. להתנהל במין גמישות, המכירה את סוד התנועה והיא רכה כקנה.

> טוב מאד להשליך עצמו על השם יתברך ולסמוך עליו. ודרכי, כשבא היום אני מוסר כל התנועות שלי ושל בני והתלויים בי על השם יתברך, שיהיה הכל כרצונו יתברך, וזה טוב מאד. גם אזי אין צריך לדאוג ולחשוב כלל אם מתנהג כראוי אם לאו, מאחר שסומך עליו יתברך. ואם הוא יתברך רוצה בענין אחר, הוא מרוצה להתנהג בענין אחר כרצונו יתברך.[5]

5 שיחות הר"ן ב.

זה תמיד מגיע ברגע הכי פחות מוצלח.

סיימנו שבת משמחת לבב אצל חברים מקהילת נצרים, ששכנה אז, בשנה שאחרי הגירוש, במושב יבול שבדרום הרחוק. מעמיסים את התיקים לרכב, נפרדים מכולם, קושרים את הילדים, ו...הרכב לא מניע. מנסים כבלים – ושום דבר. אני תקוע עם רכב, אישה ושישה ילדים במרחק מאתיים קילומטרים מהבית ומהמוסך שלנו.

טוב, מזמינים גרר. אין ברירה. ומזכים את חברינו בעוד לילה אצלם. "אני לא מבין מה הקדוש ברוך הוא רוצה מאיתנו", אמרתי לאשתי, "הרי התיקון הזה לא יעלה לנו כסף. הרכב רק יצא מהמוסך, וזה ברור שהם עשו שם משהו לא כמו שצריך". אני כבר רגיל שכשמשהו משתבש בענייני כספים – צריך לבדוק את עניין הצדקה. אבל כאן, לא בכסף מדובר, אלא סתם בטרחה, בזמן ובטלטול דרכים.

טוב... אז היטלטלנו. בבוקר עלינו על אוטובוס מהיישוב למועצה. ואז על אוטובוס מהמועצה לתל־אביב. לשם כבר הגענו רצוצים. "אולי במקום לנסוע הביתה ניקח אוטובוס להורים שלי, ושם נאכל קצת ונתאושש", אני מציע.

ההצעה מתקבלת בשמחה רבה. עוד אוטובוס אחד ואנחנו נוחתים אצל ההורים, עם תיקים ושישה ילדים רעבים. אמא שלי תמיד ערוכה למצבים כאלה – ותוך זמן קצר השולחן ערוך בכל טוב, וכולנו משיבים את נפשנו.

"אני יורד רגע להתפלל מנחה". אני מחכה לפעמים האלה שבהן אני מתפלל ליד ההורים. זו לא רק מנחה... אלא גם געגוע לבתי הכנסת מהילדות. ליד הוריי נמצא בית הכנסת "היכל יונה" לעולי רומניה. ניצולי שואה ברובם שעלו לארץ והקימו כאן חיים מחדש. אהבתי להתפלל שם בתור ילד. הייתה שם מין תוגה קבועה יחד עם שמחה. האנשים, שהחיוך על פניהם לא יכול היה להסתיר את תלאות המלחמה ההיא שעברו. כך גם שלטי הזיכרון הרבים לכל יוצאי פלך טרנסילבניה ברומניה, שנרצחו על ידי הצורר הנאצי יימח שמו.

מושבי עץ פשוטים. אור מעומעם, וחצאי הברות ביידיש... אני אוהב את המקום הזה, שכעת הולך ומתמעט מיושביו שעוברים לעולם שכולו טוב.

הקדמתי קצת, והדלת עדיין נעולה. העיניים משוטטות על לוח המודעות שנמצא בסמוך. העין שרצה לה פתאום נעמדת בפני שם מוכר: "במלאת אחד־עשר חודשים לפטירתו של הגבאי הנאמן רבי דוד סלם, נתכנס לאזכרה ביום ראשון, כ"ג לחודש אב, בשעה 19:00. מוקירי זכרו מוזמנים".

"איך זה יכול להיות?", אני תוהה לעצמי. "הרי רבי דוד נפטר בכלל בחול המועד סוכות?!"

רבי דוד היה הגבאי של בית הכנסת שלנו, "אוהל יצחק". מאותם גבאים שהם גבאים כל חייהם. ליבו מלא רחמים, והוא מלא אהבה לכול. וביותר – היה מלא אהבה לילדים, ואף אני בכללם.

כשגדלתי והלכתי לישיבה – בכל פעם שהיה רואה אותי היה קורא לי "כאיל תערוג על אפיקי מים".

גם כשהיה על כיסא גלגלים המשיך להגיע לבית הכנסת, והמשיך לשמוח כשראה אותי או את מי מילדי בית הכנסת שגידל על ברכיו. "כאיל תערוג על אפיקי מים", היה ממשיך לומר גם כשקולו נחלש.

רבי דוד נסתלק לבית עולמו בחול המועד סוכות. בכל שנה, בחול המועד סוכות, היינו מתכנסים אצלו ליום לימוד בסוכת דוד. באותה שנה שנפטר התכנסנו ללוותו לדרכו האחרונה. "התכנסנו", אני אומר. אך אני עצמי לא הייתי בלוויה. לניחום האבלים אחרי סוכות הגעתי. האבלים ישבו על הרצפה בביתו הקטן.

הנחמה תחנות רבות יש לה, ובליבי אמרתי – מן הראוי שיעשו לו לרבי דוד, הגבאי הנאמן עשרות שנים, אזכרה גדולה בבית הכנסת. ואכן, אזכרת השלושים נערכה בבית הכנסת שהיה לו לבית שני, או שמא לבית ראשון. אך אני בדיוק הייתי במילואים. סימנתי לעצמי ביומן להתקשר אל האבלים לקראת אזכרת השנה, בחודש אלול, ולברר את הפרטים.

אבל עכשיו – חודש אב. סוף אב. מה פתאום האזכרה כעת, חודשיים לפני התאריך?

אבל אז נזכרתי. השנה הייתה שנה מעוברת. ואצל יוצאי צפון אפריקה, מרוקו והגלילות – אזכרת אחד־עשר חודש היא האזכרה המרכזית בשנה הראשונה. ואם כך – אכן התאריך הוא בשלהי אב.

כל המחשבות האלה רצות בראשי, בעודי עומד מול המודעה הזו. לעולם לא הייתי זוכר זאת בעצמי – חודשיים לפני תאריך השנה...

מייד אחרי מנחה רצתי לבית הוריי: "אבא, היום האזכרה של דוד סלם!"

"איך היום? הוא נפטר בסוכות".

"כן, כן. גם אני טעיתי. היום עושים אזכרה, כי הייתה שנה מעוברת וכעת עברו אחד־עשר חודשים".

אבא הזדרז להתלבש, ויחד פסענו בשביל האבנים לעבר בית הכנסת "אוהל יצחק" שמעבר לכביש. בית הכנסת כבר היה מלא באנשים. כולם מבני משפחתו הענפה שהותיר רבי דוד אחריו לברכה.

"איזה יופי שהגעת! בכוונה לא הודענו... לא רצינו להטריח. אלה ימי חופשה. אבל אתה הגעת! ברוך תהיה. אתה יודע כמה אבא אהב אותך..."

כן, אני יודע.

"מוריי ורבותיי!", פתח אחד האחים, "אתם יודעים שלא הזמנו איש מלבד המשפחה. אבל נמצא איתנו כאן אחד מילדי הקהילה, שאבא כל כך אהב, והוא הגיע... פלא איך נודע לו. וזו זכות עבורנו. אנחנו נבקש ממנו לתת כאן שיעור לכבוד אבא".

וכך מצאתי את עצמי הדובר המרכזי באזכרה לכבוד הגבאי הנאמן רבי דוד סלם. הגבאי שאהב את הילדים, ואנחנו הילדים אהבנו אותו. את קולו הסדוק והמרוסק ואת ליבו הרחום.

האהבה – היא מקלקלת את השורה. ויש שהשורה היא הדרך שתכננת... והמכין מצעדי גבר מטלטל אותך, בדרך ארוכה ומפותלת, כדי להגיע לאזכרה שעל קיומה לא ידעת ולהשיב אהבה על אהבה, נחמה על נחמה.

וקושיה וטרחה נהפכו לי לאור. ראה הקדוש ברוך הוא את האהבה של רבי דוד לילדים, וסיבב ודאג שאחד מהם יגיע לאזכרתו בתום אחד־עשר חודש.

"נַפְשׁוֹ בְּטוֹב תָּלִין, וְזַרְעוֹ יִירַשׁ אָרֶץ".[6]

6 תהילים כה, יג.

# לַהֲפֹךְ זְדוֹנוֹת לִזְכֻיּוֹת

## על תוכנית הצמיחה הגדולה שלנו

כל מיני משלים ניתנו לחייו של האדם. כל מיני צורות לתאר אותם. ודאי כל תיאור מהווה סוג של צמצום, אך יש תיאור שיש בו דווקא מן ההרחבה: חיינו הם אירוע אחד גדול של צמיחה.

נקודת הראשית של כל אחד מאיתנו היא גולמית וראשונית. אדם קרוב אצל עצמו, ועסוק בעצמו בעיקר בשנות חייו הראשונות כילד. אך התוכנית האלוקית עבורנו היא תוכנית של צמיחה וגדילה.

המפגשים החברתיים שלנו מגדילים אותנו. מפתחים צדדים באישיותנו שצריכים לכלול אחרים ולתקשר איתם. החתונה היא ודאי אירוע מצמיח מאין כמוהו. וכמוהו, ואף יותר ממנו, לידת הילדים. עצם מעצמנו ובשר מבשרנו. פעמים רבות תכונותיהם שונות כל כך מאלה של הוריהם מולידיהם. מה נעשה עם השוני הזה? אפשר להתנגד אליו, להילחם בו. ואפשר לראות בו ברכה: חלק מהתוכנית האלוקית להגדיל אותנו. להצמיח אותנו. את המידות, את האהבה, את יכולת ההכלה.

באותו מרחב של צמיחה נמצאות גם הטעויות שלנו. שגגות, או אפילו זדונות.

איך אנו צריכים להתייחס אליהן?

באופן בסיסי, טעויות יש לתקן. לקחת עליהן אחריות ולתקן אותן. לדאוג שלא יחזרו שנית. זו ודאי גישה נכונה, אך יש בה צד חסר.

שהרי לפי תורת הבעל שם טוב ה'צמצום' אינו כפשוטו, והכול נעשה בעולם הזה בהשגחה פרטית. הכול ממנו יתברך. פעמים שהדברים באים לידי

ביטוי בצורה גלויה, ופעמים שהם מסתתרים בבחינת 'הרע כיסא לטוב'. אך כולם יצאו ממנו יתברך. כולל הטעויות. יחס לטעויות כמין תקלה בלבד, שאותה יש לתקן, מפספס את עומק העניין. את הטעות אכן יש לתקן, אך זה נכון רק ברובד הפשט של המציאות. ולמציאות – יש רבדים נוספים. רובדי רמז ואף סוד. וברבדים האלה, הטעויות והשגיאות שלנו הן חלק, אולי אפילו חלק מרכזי, בתוכנית הצמיחה הגדולה. ככל שהטעות היא גדולה יותר, מפתיעה יותר – כך רמת המעורבות האלוקית גדולה יותר אף היא. אכן, סוג של פרדוקס.

העיקרון הזה מתבטא בחריפות בדין עדים זוממים. עדים שהעידו עדות שקר על מישהו, ונתפסו בשקרם – עושים להם כאשר זממו לעשות לאחיהם. זהו עונש מובן ומוצדק.

אך התורה ממשיכה ואומרת דבר שנראה לא הגיוני בעליל: אם העדים הצליחו, וכבר נעשה מעשה לאדם שהעידו עליו – לא עושים להם דבר. שנאמר "וַעֲשִׂיתֶם לוֹ כַּאֲשֶׁר זָמַם לַעֲשׂוֹת לְאָחִיו". כאשר זמם, ולא כאשר עשה. כך, אם עדים העידו שראובן הרג את שמעון, וראובן נהרג בבית דין על פי עדותם, ואחר כך באו עדים אחרים והזימו את הראשונים – לא יעשו לראשונים דבר. אך אם היו מזימים אותם לפני שהספיקו להרוג את ראובן בבית הדין – היה דינם של העדים הזוממים מוות.

והשאלה זועקת: מדוע כאשר הצליחו העדים הזוממים במזימתם, ונהרג מישהו על פי עדותם – לא עושים עימם דבר, ואילו כאשר רק זממו, אך לא הספיקו לבצע את גזר הדין – הם נענשים.

הרמב"ן במקום מספק הסבר מדהים:

אבל אם נהרג ראובן, נחשוב שהיה אמת כל אשר העידו עליו הראשונים, כי הוא בעונו מת. ואילו היה צדיק לא יעזבנו ה' בידם, כמו שאמר הכתוב "ה' לא יעזבנו בידו ולא ירשיענו בהשפטו", ועוד שלא יתן ה' השופטים הצדיקים העומדים לפניו לשפוך דם נקי, כי המשפט לאלהים הוא ובקרב אלהים ישפוט, והנה כל זה מעלה גדולה בשופטי ישראל.

במילים שלנו: לא ייתכן שראובן נהרג סתם. אם הוא נהרג על פי עדותם של העדים הזוממים, שהצליחו בעדותם למרות הדרישות והחקירות המרובות שחקרו אותם, הרי טעותם של השופטים היא מכוונת מאת המקום ברוך הוא – כי ראובן זה שלפנינו חייב מיתה. בעוונו מת. החל מרמה מסוימת ההיגיון מתהפך, ורצף הטעויות האיומות, שהוביל לכאורה להריגתו של ראובן בלא־צדק, מספר סיפור אחר: טעות כל כך גדולה, שטעו בה כמה וכמה דיינים – איננה טעות, אלא גלגול של גזרת הקדוש ברוך הוא דרך טעויות של בני אדם.

זוהי כאמור דוגמה חריפה וקיצונית. אך היא מהווה בסיס עמוק מאוד לעיקרון שכולנו מכירים, ושנוגע לכל אחד מאיתנו: היחס לעבירות ולנפילות שלנו. לשגגות, כלומר לטעויות, ואף יותר מזה, לזדונות.

מניין באות לנו הטעויות? השאלה גדולה במיוחד על אלה שבהביטנו לאחור אנחנו תמהים ומתפלאים: כיצד זה קרה לנו? איך נפלנו בדבר כל כך פשוט? התשובה היא שהטעויות שאנו עושים הן חלק מהתוכנית האלוקית, שמדי פעם מתערבת בחיינו ויוצרת שם שינוי מפתיע. שינוי שתכליתו יצירת שפלות בנפש, או תחושת לב נשבר. דברים שלא היו קורים לנו אם היינו משאירים את הכול ליד התכנון המדויק.

זהו סוד "זדונות נהפכים לזכויות". הזדונות שלנו יכולים להפוך לזכויות אם נבין שגם הם באו מאיתו יתברך. מדי פעם הוא מתערב לנו בתוכנית ומשבש אותה – כדי שנצמח. שנגדל. שנרכוש עוד יכולות ואיכויות שלא נמצאות בעולם של הסדר הטוב והרגיל.

עיקר התשובה הוא עד שיאיר ה' עיניו שיהיו זדונות כזכויות, רצה לומר שיכיר ויבין שכל מה שחטא היה גם כן ברצון השם יתברך, כמו שאמרו ז"ל שלושה פסוקים וכו' "ואתה הסבות את לבם", "ואשר הרעותי וגו'",[1]

1 ברכות לא ע"ב-לב ע"א: "ואמר רבי אלעזר: אליהו הטיח דברים כלפי מעלה, שנאמר: 'ואתה הסבת את לבם אחרנית'. אמר רבי שמואל בר רבי יצחק: מנין שחזר הקדוש ברוך הוא והודה לו לאליהו? דכתיב: 'ואשר הרעתי'. אמר רבי חמא ברבי חנינא: אלמלא שלש

> וכטעם ידיעה ובחירה שביאר האריז"ל בסוף ספר ארבע מאות שקל כסף, ששניהם אמת כל אחד במקום בפני עצמו – במקום הבחירה שם אין מקום לידיעה, ובמקום הידיעה שם באמת אין מקום לבחירה. וכשמשיג לאור זה העצום אז שבו כל זדונותיו בלתי יוצאים מעומק ידיעת השם יתברך והוא ודעתו ורצונו הכל אחד.[2]

זוהי תורה עמוקה מאוד. עיקר התשובה של האדם היא תשובה אל הנוכחות האלוקית. ולכן, אחרי השלב של הפשט, שבו אנחנו לוקחים אחריות על הטעויות שלנו, וודאי על הזדונות, ועושים הכול כדי לתקנן – אז יש מקום לשאול: ובכל אופן, למה באה לי התקלה הזו? ובעיקר: ממי היא באה? והתשובה היא שגם שם, בתוך הנפילה והתקלה, הקדוש ברוך הוא נוכח. אחרי שסיימתי לטפל ברובד הנגלה של העניין, זה הזמן להתפנות לרובד הנסתר, ולשאול: איזו מעלה ואיכות הולכת לצמוח לי מהנפילה הזו, שלא הייתה יכולה לצמוח ולהתפתח בשום דרך אחרת?

שתי תנועות, שכדברי ר' צדוק כל אחת מהן במקום בפני עצמו. התנועה הראשונה, המוכרת וידועה לנו היטב, היא התנועה של לקיחת האחריות, הבדיקה והתיקון. אך התנועה השנייה היא מרתקת לא פחות. שם כל הטעויות שלנו, השגגות והחטאים, היו גם הם ברצון השם. הוא היה נוכח שם. בחטאים, בטעויות.

לעיתים, מבט מעמיק לאחור על חיינו יוכל להראות לנו שאת הדברים הכי עמוקים והכי משמעותיים שיש באישיותנו – למדנו או הפנמנו דווקא מהפעמים שבהן נכשלנו וטעינו. שם נצרבה בנו תודעה חדשה. שם משהו

מקראות הללו, נתמוטטו רגליהם של שונאי ישראל: חד דכתיב: 'ואשר הרעתי'. וחד דכתיב: 'הנה כחמר ביד היוצר כן אתם בידי בית ישראל'. וחד דכתיב: 'והסרתי את לב האבן מבשרכם ונתתי לכם לב בשר'".

2 **צדקת הצדיק** אות מ.

נסדק בביטחון העצמי המופרז שלנו, ורכשנו לעצמנו לב נשבר ורגיש יותר. שם הפכנו לבעלי תשובה.

התובנה הזו היא אור עצום. אכן, יש בה גם סכנה, ולכן היא יכולה לבוא לידי ביטוי רק אחרי תנועת הנפש הראשונה, של התיקון ולקיחת האחריות. אך אם נישאר רק במקום של לקיחת אחריות אנושית – הוצאנו את הקדוש ברוך הוא מאחד החלקים הכי מעניינים ומסעירים של חיינו. חלק הטעויות. אך אם נעמיק ניווכח לגלות ששם, בחלק הזה, נמצא אחד ממנועי הצמיחה הגדולים ביותר של האישיות שלנו.

## נפתח נראה

"נפתח נראה...", הוא הפטיר לעברי, ולי קפץ הלב.. מה נפתח ונראה? מה יש כאן לראות? מה הוא שם לי סימן שאלה כזה בסוף המשפט? יכול להיות שעוד פעם אני באותו סרט?

בסך הכול רציתי להרגיש קצת יראה באלול. מסביב הכול מלא בתשובה מאהבה, שמחה והתוועדויות, אור וטוב מבית מדרשם של הרב קוק, של הבעל שם טוב ושל אדמו"ר הזקן. ואני – פתאום קפץ לי איזה מין רצון לקצת יראה. לאיזו רעדה בלב, למיתר רוטט...

אז החלטתי ללכת על זה סוף סוף. עברו כבר עשרים ושבע שנים מאז, אולי משהו הועם.

אבל ה"נפתח נראה" שלו זרק אותי בבת אחת לשם, עושה לי מין ניתוח לב פתוח, ומכניס לי את מידת היראה באופן שלא תכננתי.

חורף תשנ"ב היה מבורך מאוד בגשמים, עד לפתיחתו של סכר דגניה. שלג כבד ירד ברמת הגולן ארבע פעמים, תוקע אותנו פעם אחר פעם בלי יכולת לצאת מהחור שבו היינו. סינדיאנה. גבעה חשופה מעל מחנה נפח, שהייתה הבסיס של פלוגת הצמ"פ חורף בגדוד 71.

החורף המבורך הזה ירד לנו על הראש במשך חודשים. ענן קבוע של ערפל, בוץ סמיך, טנקים רטובים השוקעים בבוץ פעם אחר פעם, קור ועוד קור, ועוד כוויות קור. במילה אחת: סיוט.

הקיץ הגיע, ואיתו גם השחרור. החלטתי שהטאיל והתפילין היו איתי לכל אורך החורף ההוא, וסבלנו יחד, הגיע הזמן לפנק אותן בבדיקה, כדי לוודא שאותיותיהן לא קפאו שם מרוב קור.

הלכתי למכון בדיקה סמוך לבית הוריי. "כמה ימים ייקח לבדוק אותן?", שאלתי. "יומיים שלושה", ענה הבודק.

בסדר, חשבתי. בינתיים אניח את התפילין של אבא. אני פחות אוהב אותן, הן לא בדיוק בגודל שלי, וגם ישנות יותר, ובכלל – כל יהודי צריך שיהיו לו התפילין שלו – אבל זה רק יומיים.

כעבור יומיים הגיע הטלפון.

"שמע, אני ממש מצטער, אבל התפילין שלך פסולות".

"מה... הן נרטבו? עד כדי כך?"

"לא, אין שום רטיבות. המצב הפיזי שלהן בסדר. הבעיה היא אחרת. הן פסולות מראש, מעיקרא... חסרה מילה שלא נכתבה. במקום 'והיה אם שמע' – כתוב שם 'והיה שמע'".

את התחושה שהרגשתי ברגעים האלו לקח לי שנים להבין...

מין דחייה כזו. סטירה לפנים. היה לה על מה להתבסס. הימים היו ימי ישיבה ראשונים, והיו בהם מחשבות רבות על העבר, על איך נראו החיים עד עתה ואיך הם אמורים להיראות. ופתאום טלטלה כזו...

אבא שלי, כשראה בצערי אז, ניסה לנחם: "נו, מה קרה, אין אצלך את המילה 'אם'... אין לך ספקות, אין לך אולי, אתה ישר שומע בקול ה' בלי אם ובלי אולי". הוורט הזה דווקא נגע בליבי וניחם אותי קצת. אבל עדיין, התפילין פסולות מעיקרא.

כמו שאומרים – קמתי מעפר. החלפנו פרשיות, הפעם מסופר מהודר ומשובח, עם בדיקה אחרי בדיקה כדי לראות שלא חסרה בהן שום מילה והכתב

מאושר ומהודר. על הדרך החלפתי גם רצועות ובתים, ואפילו עשיתי בר מצווה קטנה בישיבה. קניתי כיבוד, עליתי לתורה, זרקו קצת סוכריות ואמרתי דרשה. בר מצווה בגיל עשרים. לעולם לא מאוחר, ותמיד אפשר לתקן. בליבי צחקתי, איך בכל אותן פעמים שיצא לי להניח תפילין שאינן שלי הייתי מייסר את עצמי שיהודי צריך להניח את התפילין שלו, ואיך קרה לי ששכחתי אותן בבית ועכשיו אני צריך טובות מחברים – ולמעשה רק בפעמים האלה יצא שהנחתי תפילין כשרות.

עם השנים הייתי אוסף נחמות לפצע הזה. פעם אחת שמעתי סיפור על ר׳ לוי יצחק מברדיטשב שאיים על הקדוש ברוך הוא שאם לא ימחל לישראל – הוא יפרסם ויודיע בעולם שהתפילין של מרי עלמא פסולות הן. שהרי תפילין שלו, מה כתוב בהן? ״מי כעמך ישראל גוי אחד בארץ״. ואם לא ימחל להם, חלילה לא יהיו ישראל בארץ. חייכתי. אמרתי בליבי לקדוש ברוך הוא – כדאי לך לשמוע לר׳ לוי יצחק. תפילין פסולות זה צער גדול מאוד. עדיף לך למחול...

עשרים ושבע שנים עברו מאז. ומזה זמן שאני משתעשע ברעיון לבדוק את התפילין עוד פעם. אומנם תפילין בחזקתן עומדות, ואין צורך לבודקן אם יודעים שהן כשרות. ואני – בדיקה אחת כבר הספיקה לי. הן כשרות. מהודרות. מה אני מחפש לעצמי צרות... אך הרצועות הכריעו. עשרים ושבע שנים עשו את שלהן. הן התחילו להיצרם (להיעשות צרות מדיי), והגיע הזמן להחליפן. ואם כבר מחליפים, וחודש אלול היום, ואני מחפש קצת יראה בכל זאת, וכתוב שחסידים ואנשי מעשה בודקים את התפילין בחודש אלול – אולי הפעם נעשה משהו אמיץ. אומנם אינני חסיד ולא איש מעשה, אבל בחודש אלול אני מנסה להתחפש לאחד כזה.

וככה מצאתי את עצמי בפתח מכון הסת״ם, יושב מול המגיה, והוא מחייך אליי ואומר ״טוב. נפתח ונראה״. ומשם ברצף סיפורים מבעיתים על דברים שראה לאורך חייו המקצועיים, ועל סוגים שונים ומשונים של פסולים.

את הסיפור שלי הוא לא ידע. אבל אני ידעתי, ובאותו רגע הבנתי שסידרתי לעצמי יופי של יראה.

יומיים. יומיים של מחשבות. של זיכרונות. של תשובה. של תפילה גם על הימים ההם, וגם על ההווה. התרצה את תשובתי? יומיים עם התפילין שהואלתי לשאול מהבן שלי... הרצועות שם עוד חדשות קצת, חורצות את העור שלי. ההיקף של הראש קצת לוחץ עלי, ומדגיש לי עוד יותר את הלחץ בו אני נתון.

יום דין. מישהו בודק אותך. עובר על אותיות חייך. בודק אם אין בהן פגם, חיסרון או סדק. מישהו פותח את התיבה הכמוסה ביותר. זו שאיתה שפכת שיח שנים רבות כל כך. זו שהייתה על ליבך, והרגישה בו את כל התחושות. זו שהייתה על ראשך ודרכה עברו כל המחשבות. כמה סודות טמונים בקופסה הזו. כמה חיים. ועכשיו היא בבדיקה. החיים נבדקים דרכה. זה הכי אישי. ומישהו בודק לך את האישי הזה...

אולי זה הפירוש הכי פשוט לספרי חיים נפתחים. הספרים המגולגלים, הנסתרים, שדרכם ניתן ללמוד כל כך על החיים.

עשרים ושבע שנים עברו מאז... התרצה את תשובתי?

הפעם לא חיכיתי שיתקשר אלי. אם זה יום דין, צריך לדעת לעמוד בו. התקשרתי בעצמי.

"אה, שלום וברכה. התפילין שלך מוכנות". ואני, מילה אחרת מבקש לשמוע. לא "מוכנות" ולא "תפורות"...

"אבל מה מצבן?"

"מצוין... ספרדי מהודר. אמרתי לך – הן מוכנות".

לשון של זהורית, אדומה ומאיימת, נהפכה לי באחת ללבן. ימי דין נתהפכו לי לרחמים מרובים. סגרנו מעגל.

בצוהריים כבר הייתי אצלו. אוסף את התפילין בחיבה יתרה, בודק את הסגירה ואת הצביעה ובוחר רצועות חדשות.

בבוקר אני מתעורר בהתרגשות של נער בר מצווה. התפילין מחכות לי, ואיתן הרצועות החדשות. אני מזדרז לבית הכנסת, פושט מהר את השרוול עד למעלה, ונזכר ביצחק שפשט צווארו לעקדה... מנסה להסתדר עם הרצועות החדשות שעדיין לא מבויתות, לא מכירות עדיין את תבנית היד או הקופסה

ומשתוללות להן לכל עבר. רגע רגע, אני אומר להן... לא להתפרע פה. הנה תכף נסדר אתכן... והן נעתרות בסוף, מרכינות ראש ומוכנות להיקשר. כנראה גם הן מתרגשות... אני מהדק אותן ונאנח קצת מהצביטה הזו, של העור החדש על היד. אבל הכאב הזה הוא ענוג. אני מהדק עוד קצת, צורב לתוכי את מתיקות הדין הנהפך לרחמים. הסימנים נחקקים בגוף, אבל מחלחלים לעוד מקומות. כאב הרצועות הולך ומוחק את המילים "פסול, מעיקרא". 'רצועות' – לשון 'רצון', עולה לי פתאום מחשבה, רצון עליון, מחודש. וקול אחר נשמע באוזניי, מבעד לעשרים ושבע שנים: "מי כעמך ישראל גוי אחד בארץ".

# הַיִיטַב בְּעֵינֵי ה'?

## שיטת אהרן הכהן לעומת שיטת משה

משפט חכם אומר שהתשובות הן לפי השאלות. לפי איכות השאלה שאדם שואל, מופיעה התשובה.

אחת השאלות המעניינות והמשמעותיות ביותר נשאלה על ידי אהרן הכהן, והיא מופנית כלפי משה רבנו. למעשה, זוהי שאלה מהפכנית, כמעט חתרנית, שהכניסה לתוך מערכת השיקולים שלנו בעבודת השם מרכיב חדש, משמעותי ואפילו דרמטי.

לאחר האסון הגדול שפקד את אהרן הכהן במות שני בניו, נדב ואביהוא – משה רבנו מצווה עליו להמשיך הכול כרגיל. לא להתאבל, לא לפרום את הבגדים ולא לפרוע את השיער. זהו יום חג של כלל ישראל בחנוכת המשכן, ולכן על אהרן הכהן ובניו הנותרים להמשיך כרגיל, ושאר בית ישראל יבכו כולם את השרפה אשר שרף ה'.

והנה, למרבה הפלא אהרן לא עושה כך, אלא משנה ממה שצווה עליו: לא אוכל את שעיר החטאת של ראש חודש, שקרב באותו היום לכפרה על כל ישראל, וחלק מעבודתו היא אכילתו על ידי הכוהנים.

משה רבנו רואה זאת וקוצף:

וְאֵת שְׂעִיר הַחַטָּאת דָּרֹשׁ דָּרַשׁ משֶׁה וְהִנֵּה שֹׂרָף, וַיִּקְצֹף עַל אֶלְעָזָר וְעַל אִיתָמָר בְּנֵי אַהֲרֹן הַנּוֹתָרִם לֵאמֹר: מַדּוּעַ לֹא אֲכַלְתֶּם אֶת הַחַטָּאת בִּמְקוֹם הַקֹּדֶשׁ? כִּי קֹדֶשׁ קָדָשִׁים הִוא, וְאֹתָהּ נָתַן לָכֶם לָשֵׂאת אֶת עֲוֹן הָעֵדָה, לְכַפֵּר

> עֲלֵיהֶם לִפְנֵי ה'! הֵן לֹא הוּבָא אֶת דָּמָהּ אֶל הַקֹּדֶשׁ פְּנִימָה, אָכוֹל תֹּאכְלוּ אֹתָהּ בַּקֹּדֶשׁ כַּאֲשֶׁר צִוֵּיתִי![1]

תשובתו של אהרן דורשת תשומת לב מרובה:

> וַיְדַבֵּר אַהֲרֹן אֶל מֹשֶׁה: הֵן הַיּוֹם הִקְרִיבוּ אֶת חַטָּאתָם וְאֶת עֹלָתָם לִפְנֵי ה', וַתִּקְרֶאנָה אֹתִי כָּאֵלֶּה, וְאָכַלְתִּי חַטָּאת הַיּוֹם – **הַיִּיטַב בְּעֵינֵי ה'**?[2]

מה עונה אהרן? רש"י במקום מבאר שיש כאן דיון הלכתי. אמת, בקורבנות המיוחדים ליום חנוכת המשכן נהג אהרן כדבר ה' למשה, שיאכלם אף על פי שהוא אונן על בניו. אך האם כך הדין גם בקורבנות הקבועים, שאינם קשורים למעמד חנוכת המשכן? "אם שמעת בקדשי שעה, אין לך להקל בקדשי דורות".

אך פשט הפסוק מורה שיש כאן משהו אחר. רובד נוסף. אמירה של אהרן הכהן שאינה רק הלכתית.

נכדו של רש"י, הרשב"ם, הולך בדרך הזו:

> וכן אמר אהרן: למה קצפת על בני? הלא היום הזה הקריבו אני ובני קרבנותינו שנתחנכו בהם לעבודה, ובתוך הגדולה הזאת באה לנו צרה גדולה ותקראנה אותי כאלה, והאיך אוכל חטאת של קדשי קדשים ביום הזה שנתקלקל ונתערבה שמחתנו, דוגמת עלובה כלה שזינתה תוך חופתה.

בשפתנו, אומר אהרן למשה: אתה מבקש ממני לאכול קורבן חטאת ולכפר בזה על העדה כולה, ביום שקרתה לי תקלה חמורה שגרמה למות בניי. אך כיצד

1 ויקרא י, טז-יח.

2 שם, יט.

יכפר על אחרים מי שבעצמו זקוק לכפרה? האם התנהלות כזו תהיה טובה בעיני ה׳? אין זה נראה לי נכון...

זוהי דרמה. משה רבנו הוא התורה. כל מה שאומר – הוא מפי השכינה. הפרטים ברורים ויש לקיימם. והנה אהרן ׳מורד׳ בציוויו של משה, ועושה משהו על דעת עצמו בטענה המופשטת של ״הַיִיטַב בְּעֵינֵי ה׳?״

התגובה של משה מפתיעה לא פחות: ״וַיִּשְׁמַע מֹשֶׁה, וַיִּיטַב בְּעֵינָיו״.

ברור שהתורה משתמשת במילה ״וייטב״ אצל משה כתגובה למילה ״הייטב״ שאמר אהרן.

מהו הדבר הזה? מה חידש אהרן?

המבט של אהרן הוא מבט פשוט. אך דווקא הפשטות שלו מעוררת התבוננות. בסופו של דבר יש כאן רצף של פרטים שצריך אהרן לבצע כדי להשרות שכינה בישראל. מעשים כאלה ואחרים, כולם על פי משה. אך כשאהרן מתבונן על סך כל המעשים יחד, משהו נראה לו מוזר. משהו בלב מתנגד לשכל. השכל אומר: יש לקיים את כל הציוויים. אך בלב משהו מתנגד ואומר: איך ייתכן שאני אכפר על אחרים, בעוד אני בעצמי ביום כזה שבו קרה לי אסון כל כך גדול, וזקוק לכפרה בעצמי? זה לא מתכנס.

במקום להשתיק את הקול האנושי הזה מחמת הציווי האלוקי שנאמר מפי משה רבנו, אהרן בוחר להנכיח אותו ואף לעשות מעשה על פיו, וגם להציף את הקושי ולזעוק ״וְאָכַלְתִּי חַטָּאת הַיּוֹם – הַיִיטַב בְּעֵינֵי ה׳?״

ומשה מסכים. מסכים לכך שלעולם אין לאבד את המבט הכללי מתוך ים הפרטים. מסכים שלאינטואיציה האנושית, או ל׳מוסר הטבעי׳, יש מקום, ואין המוסר האלוקי בא לדחותו או לערער על עצם קיומו.

לעיתים הליכה עקבית אחרי הפרטים מובילה לתוצאה שכל כולה עקומה. דוגמה טובה לכך היא בני זוג נשואים, החיים יחד באהבה וכבוד, והנה עברה רוח תשובה וטהרה על הבעל והוא מתחיל בתהליך של תשובה. ברמת הקרבה של איש ואישה, ההליכה העקבית אחרי פרטי ההלכה תגזור אומר שבעצם – לא ניתן להמשיך לחיות יחד. כשרות, שבת, ובעיקר טהרת המשפחה.

אך כאן מזדעק ונשמע קולו של אהרן האומר: "הַיִּיטַב בְּעֵינֵי ה'?" – האם זהו רצון ה', שכתוצאה מתהליך של תשובה יתפרק בית בישראל, שלפני כן התקיים באהבה וברעות?

האם הזעקה הזו באה לבטל את הפרטים ההלכתיים? ודאי שלא. אך היא נשמעת, וקוראת לנו בחוזק – לא לוותר, כי אם לעשות כל מה שניתן, כולל הקלות מופלגות שבדרך כלל לא משתמשים בהן, על מנת לשמור על הבית שלם. זהו פשרה של זעקת "הַיִּיטַב בְּעֵינֵי ה'".

הזעקה הזו – נשמעה עוד לפני אהרן הכהן. ראשון המשמיעים אותה הוא אברהם אבינו.

הקדוש ברוך הוא נגלה אל אברהם ומודיע לו שבכוונתו להשמיד את סדום. לכאורה, ברגע זה הסתיים הדיון. בורא עולם יודע הכול ומכיר הכול, ולכן מה יש לדון ומה יש להתווכח. אברהם צריך להוריד את ראשו בהכנעה, להצטער על עומק מידת הדין שהולכת לפגוע באנשי סדום, ולהודות לקדוש ברוך הוא שמצא אותו ראוי לשיתוף ויידוע.

אך אברהם יוצא למערכה להגנת אנשי סדום, תוך הטחת דברים כלפי מעלה והאשמת ההנהגה האלוקית בדברים חמורים ביותר:

> חָלִלָה לְּךָ מֵעֲשֹׂת כַּדָּבָר הַזֶּה, לְהָמִית צַדִּיק עִם רָשָׁע וְהָיָה כַצַּדִּיק כָּרָשָׁע.
> חָלִלָה לָּךְ! הֲשֹׁפֵט כָּל הָאָרֶץ לֹא יַעֲשֶׂה מִשְׁפָּט?[3]

כיצד אברהם מרשה לעצמו לבוא בטרוניה כלפי מעלה? וכי הקב"ה לא מכיר את טענותיו מראש, לפני ולפנים?

התשובה היא אותה תשובה, מאברהם ועד אהרן. כאשר משהו נראה לנו בלתי מוסרי, לא מתקבל על הדעת או על הלב – מוטלת עלינו חובת הזעקה.

3 בראשית יח, כה.

לא אוטומטים חסרי שיקול דעת רוצה הקדוש ברוך הוא, אלא שותפים לבריאה. בעלי בחירה, שיודעים לשאול ולהקשות גם כלפי מעלה.

למעשה, כאשר הקדוש ברוך הוא מספר לאברהם על כוונתו להשמיד את סדום, הוא מעמיד אותו במבחן. שהרי כך נכתב בפסוקים:

> וַה׳ אָמָר: הַמְכַסֶּה אֲנִי מֵאַבְרָהָם אֲשֶׁר אֲנִי עֹשֶׂה? וְאַבְרָהָם הָיוֹ יִהְיֶה לְגוֹי גָּדוֹל וְעָצוּם, וְנִבְרְכוּ בוֹ כֹּל גּוֹיֵי הָאָרֶץ. כִּי יְדַעְתִּיו לְמַעַן אֲשֶׁר יְצַוֶּה אֶת בָּנָיו וְאֶת בֵּיתוֹ אַחֲרָיו, וְשָׁמְרוּ דֶּרֶךְ ה׳ לַעֲשׂוֹת צְדָקָה וּמִשְׁפָּט, **לְמַעַן הָבִיא ה׳ עַל אַבְרָהָם אֵת אֲשֶׁר דִּבֶּר עָלָיו.**[4]

סיום הפסוקים הוא חידוש גדול. הקדוש ברוך הוא מגלה לאברהם את כוונתו – על מנת שיוכל לתת לו את כל מה שהבטיח לו, ובעיקר זרע. טעם הדבר הוא שאברהם יהיה אישיות מוסרית, ויחנך את בניו ואת ביתו אחריו לעשות צדקה ומשפט. והנה המבחן: כיצד יגיב אברהם כשיראה משהו שנראה במבט אנושי כאי־צדק וחוסר משפט? האם ישתוק ויכפוף ראשו, או שישמיע קול זעקה? דווקא השמעת קול הזעקה כלפי שמיא היא שמעניקה לאברהם את קיום ההבטחה האלוקית. אברהם נמצא ראוי.

דוגמה נוספת, מאוחרת יותר, נמצאת אצל גדעון המטיח דברים כלפי מעלה. גדעון חובט חיטים בגת, מושפל וכועס בתוכו על מצבם של ישראל ועל שהקדוש ברוך הוא עזבם. חז״ל מספרים שהיה זה במוצאי פסח, יום אחרי ששבו וסיפרו את ניסי הקדוש ברוך הוא ביציאת מצרים. והנה מגיע אליו מלאך, וכמו כדי ללעוג לו כאשר הוא נמצא במציאות המושפלת הזו, של חביטת חיטים בגת, בסתר, אומר לו: ״ה׳ עִמְּךָ, גִּבּוֹר הֶחָיִל!״.[5]

גדעון לא היה צריך יותר מזה כדי להתפרץ:

4 שם, יז-יט.

5 שופטים ו, יב.

> וַיֹּאמֶר אֵלָיו גִּדְעוֹן: בִּי אֲדֹנִי! וְיֵשׁ ה׳ עִמָּנוּ? וְלָמָּה מְצָאַתְנוּ כָּל זֹאת, וְאַיֵּה כָל נִפְלְאֹתָיו אֲשֶׁר סִפְּרוּ לָנוּ אֲבוֹתֵינוּ לֵאמֹר הֲלֹא מִמִּצְרַיִם הֶעֱלָנוּ ה׳, וְעַתָּה נְטָשָׁנוּ ה׳ וַיִּתְּנֵנוּ בְּכַף מִדְיָן?

אילו האשמות חמורות! ה׳ לא עימנו. נטש אותנו, מכר אותנו למדין. גדעון לא מזכיר דבר על אחריותו של עם ישראל במצב, אלא רק תוקף.

כמה מפתיעה היא אפוא תגובת ה׳:

> וַיִּפֶן אֵלָיו ה׳ וַיֹּאמֶר: לֵךְ בְּכֹחֲךָ זֶה וְהוֹשַׁעְתָּ אֶת יִשְׂרָאֵל מִכַּף מִדְיָן הֲלֹא שְׁלַחְתִּיךָ.

סוף סוף, אומר ה׳, אני פוגש מישהו רציני. לא מיואש. שיש לו כוח להתלונן ולבוא בטרוניות מכוח חוש הצדק. "לֵךְ בְּכֹחֲךָ זֶה", הוא אומר לגדעון, כשהכוונה לכוח התלונה עצמה, לכוח הטרוניה. מכוחה תושיע את ישראל. דווקא העובדה שגדעון מתמרה, זועק, מטיח דברים כלפי מעלה – היא המעניקה לו את מושכות ההובלה והישועה. הקדוש ברוך הוא מבקש יחס, מבקש שותפות. לא ציות עיוור ומשמעת חסרת פשר.

אברהם, אהרן וגדעון מלמדים אותנו את סוד השאלה והזעקה של המוסר האנושי. אך יותר מזה, הם מלמדים אותנו שהקדוש ברוך הוא חפץ בכך. כאשר נשמעת זעקה אנושית של "הֲיִיטַב בְּעֵינֵי ה׳", או של "הֲשֹׁפֵט כָּל הָאָרֶץ לֹא יַעֲשֶׂה מִשְׁפָּט", התגובה האלוקית היא נחת ושמחה. "נצחוני בני". משה רבנו ממהר לקבוע את המרכיב הזה בתורה – "וַיִּשְׁמַע מֹשֶׁה וַיִּיטַב בְּעֵינָיו", ואילו הקדוש ברוך הוא מתדיין עם אברהם ארוכות ומתייחס בכובד ראש לטענותיו, כי יש על מה לדון, ובעיקר יש עם מי לדון.

השאלה הזו, "הֲיִיטַב בְּעֵינֵי ה׳?", צריכה ללוות אותנו בכל צעד שאנחנו עושים. האם מסך כל הפרטים עולה תמונה של טוב? זוהי שאלה שלא רק לגיטימי לשאול אותה, אלא חובה לשאול אותה. הקדוש ברוך הוא מצפה

מאיתנו שנשאל את עצמנו כל העת: זה נכון? זה טוב? סך הפרטים מתארגן למשהו שיש בו טובה?

את המתח הזה שבין מוסר אלוקי למוסר אנושי היטיב לתאר הרב קוק באורות הקודש:

> דבר מוכרח הוא שיסגל האדם לעצמו את המוסר הטבעי הפשוט, בכל רחבו ועמקו, ואת יראת ד', ותמצית הטהור של האמונה הפשוטה, וכל מדותיה ברוחב ובעומק, ועל גבי שתי הסגולות הללו יבנה את כל מעלות רוחו העליונות.
>
> **אסור ליראת שמים שתדחק את המוסר הטבעי של האדם**, כי אז אינה עוד יראת שמים טהורה. סימן ליראת שמים טהורה הוא כשהמוסר הטבעי, הנטוע בטבע הישר של האדם, הולך ועולה על פיה במעלות יותר גבוהות ממה שהוא עומד מבלעדה.
>
> אבל אם תצוייר יראת שמים בתכונה כזאת שבלא השפעתה על החיים היו החיים יותר נוטים לפעול טוב, ולהוציא אל הפועל דברים מועילים לפרט ולכלל, ועל פי השפעתה מתמעט כח הפועל ההוא, יראת שמים כזאת היא יראה פסולה.[6]

שני צדדי המוסר קשורים זה בזה. לא ייתכן שהמוסר האלוקי ידחוק או יבטל את המוסר האנושי, הטבעי והישר, של האדם. וכאשר זה קורה – מוטלת עלינו חובת השאלה או הזעקה, ואפילו הטחת דברים כלפי מעלה. יכול להיות שבסוף נכוף את ראשנו בכניעה ונאמר "כגבוה שמים מארץ כן גבהו דרכיו מדרכינו ומחשבותיו ממחשבותינו".[7] אך יהיה זה רק אחרי הזעקה, ולא לפניה או בלעדיה.

האם רצף מעשינו הפרטיים אכן יוצרים בסופו של דבר טוב אלוקי בעולם?

6 **אורות הקודש** ג, עמ' כז.

7 על פי ישעיה נה, ט.

האם נדע לעמוד באחריותנו לבדוק את עצמנו ולא לקבל דברים בצורה עיוורת?

זוהי תורת אהרן, אברהם וגדעון. תורת הלב. והיא קוראת לנו לשאול כל העת: "הֲיִיטַב בְּעֵינֵי ה'?".

# מַפְתֵּחַ שֶׁל פַּרְנָסָה

## על הפרנסה כמפגש גואל בין אדם לאלוקיו

תנו רבנן: שבעה דברים מכוסים מבני אדם, ואלו הן: יום המיתה, ויום הנחמה, ועומק הדין, ואין אדם יודע מה בלבו של חבירו, **ואין אדם יודע במה משתכר**, ומלכות בית דוד מתי תחזור, ומלכות חייבת מתי תכלה.[1]

סוגיית פרנסתו של אדם היא אחת המפתיעות. מצד אחד, הרי היא עניין שבשגרה. "יֵצֵא אָדָם לְפָעֳלוֹ וְלַעֲבֹדָתוֹ עֲדֵי עָרֶב"[2] — אדם הולך לעבודה ושב ממנה דבר יום ביומו.

ומצד שני, מקום הפרנסה שלנו הוא אחד המקומות המשמעותיים ביותר בחייו של אדם. הן מבחינת כמות הזמן המוקדשת לו, והן מבחינת האיכות הנפשית המושקעת בו.

הגמרא שאותה הבאנו בראש דברינו מוסיפה נופך של מסתורין לעניין. כביכול מתירה את ההקשר ההגיוני בין מה שאנו חושבים שממנו נתפרנס ונשתכר, לבין מה שקורה בפועל. בד בבד היא מניחה את עולם הפרנסה באותו מישור של הדברים העמוקים ביותר שבמציאות: יום המיתה. ועומק הדין. ומלכות בית דוד.

1 פסחים נד ע"ב.

2 תהילים קד, כג.

כל אלה יחד מביאים אותנו להעמיק בעניין הפרנסה כציר מיוחד של יחס בין אדם לאלוקיו. ציר שהולך ומתגלה לאורך החיים כולם.

הגמרא במסכת תענית מביאה את דעת חכמי ארץ ישראל, שמפתח של פרנסה לא נמסר לידי שליח אלא נותר בידיו של הקדוש ברוך הוא. כביכול מגיש לנו הקדוש ברוך הוא באופן אישי מפתח למערכות יחסים עמוקות מולו בדמות הפרנסה, שבה אנו עוסקים לאורך חיינו.

אך ראשית יש להגדיר מהי פרנסה, ומה ההבדל שבינה לבין השתכרות. ובכן:

השתכרות היא מצב שבו אדם מקבל שכר עבור פעולה שעשה. אפשר שיהיה שומר, או מוכר שמקבל לפי שעות.

פרנסה, לעומת זאת, היא עניין אחר לחלוטין. בפרנסה אדם מפרנס קודם כול את עצמו. כלומר, הפרנסה היא רחבה הרבה יותר מן ההשתכרות. ההשתכרות היא תוצאה, אולי אפילו תוצאה צדדית, של הפרנסה. עצם הפרנסה היא ההוצאה מן הכוח אל הפועל של כוחות האדם וכישרונותיו, אשר נמסרו לו על ידי בוראו.

פרנסה טובה היא עניין שהאדם היה מוכן גם לשלם עבורו. אך למרבה הפלא – והפרנסה היא אכן עניין של פלא – לא רק שהאדם לא משלם עבורה, אלא עוד משלמים לו עליה.

אם כן, הפרנסה היא מפגש גואל. היחיד נגאל מכלאו, מתחושת חוסר מוצא ותסכול, אשר מלווים דרך קבע את המצב שבו כוחות וכישרונות לא מוצאים מקום לצאת בו אל הפועל. הפרנסה, הבאה לאדם מידיו של הקדוש ברוך הוא ובהשגחתו, מביאה לאדם גאולה של ממש. גאולה של יציאה לחירות אישית דרך הוצאת כוחותיו אל הפועל.

היטיב לתאר את המעמד הזה ר׳ צדוק הכהן מלובלין:

> כל אדם יש לו חמדה מיוחדת, ובאותו דבר שחמדתו ותאוותו גוברת ביותר בדבר זה עצמו הוא כלי מוכן לקבל ברכת ה׳ אם ישוב אל ה׳ בכל לבו, היינו להכיר שחמדה זו הנטועה בו מהשם יתברך הוא.[3]

החמדה והתאווה הן בעצם כישרונות לא מנותבים. דווקא בדבר הזה רואה ר׳ צדוק את השער הגדול לעבודת ה׳, בהחזרתנו אותן לקדוש ברוך הוא והפיכתן לכלי מחזיק ברכה – ברכת ה׳.

באופן הזה העולם כולו מרוויח. האדם עצמו חש שהוא עובד בעולם הזה בכלים המרכזיים שלו, ורואה ברכה מרובה בעמלו. הוא נהיה איש מצליח. אך לרגע אחד לא זחה דעתו עליו שההצלחה היא שלו. הרי את ההצלחה הוא מימש באמצעות הכישרון המיוחד שבו, ומי נתן בו את הכישרון? הבורא יתברך.

וגם העולם מרוויח. כי כשבני אדם עובדים עם הכישרונות שלהם, הדברים נעשים כראוי, בצורה יפה ומרתקת, והעולם מתקדם.

פרנסה היא גאולה בזעיר אנפין. פרנסה היא הדרך של הקדוש ברוך הוא לגעת באדם בצורה אישית ולתת לו מרחב שבו ירגיש את היותו שותף של הקדוש ברוך הוא במעשה בראשית, דרך הכלים המיוחדים שאותם נתן לכל אחד מאיתנו. זה סוד פיזור הכישרונות אצל אנשים שונים. כל אחד קיבל כלי מחזיק ברכה, שהוא מפתח הגאולה האישי שלו, ואיתו הוא צריך לעבוד.

מה יכול לקלקל את הפלא הזה? הרי באמת יש כאן עניין כל כך מיוחד. אדם עובד, יוצר, הוא נהנה ואחרים נהנים ממעשיו – ובסוף כל העניין הזה עוד נכנס לו כסף לחשבון הבנק. אך כמו בכל פלא, גם כאן יכולה להיכנס מחשבת פסול שתפריע לפלא הפרנסה מלהתרחש.

3 **צדקת הצדיק** אות קפא (ראו שם גם בהמשך הדברים).

**השם משמואל** מעצים מאוד את השאלה:

דהנה, בש"ס (שלהי קדושין), מימי לא ראיתי צבי קייץ וכו' והם מתפרנסים שלא בצער, והם לא נבראו אלא לשמשני, ואני נבראתי לשמש את קוני – אינו דין שאתפרנס שלא בצער? אלא שהרעותי את מעשי וקפחתי את פרנסתי. משמע, שניתנה לי פרנסתי – אלא שנגזלה ממני. שבשביל שהרעותי את מעשי, ניתנה רשות לחיצונים שיגזלו את השפע. ובזה הבנתי מה ששמעתי בשם הרה"ק ר' בונם מפרשיסחא זצללה"ה, שכל עני יצטרך ליתן דין וחשבון, מדוע הוא עני. כך שמעתי, והדברים סתומים. כי כבר קיבל עונשו במה שהוא עני, ולמה יהיה עוד עליו דין? אך להנ"ל – יובן. שיהיה עליו דין, מדוע השפע נמסר לחיצונים בסיבתו, וזה חטא נוסף על חטאו שבגללו נעשה עני.[4]

כלומר, עתיד אדם ליתן את הדין על שלא התפרנס ברווח. על שהכניס ידו פנימה וקלקל את השפע שאמור היה לרדת אליו מן השמיים בדרך ריבוי ופלא. ובכן, כדאי לדעת ממה להיזהר...

ר' שמחה בונים מפשיסחא פותח לנו פתח לסוד המפגש הזה דרך המימרה הידועה "קשין מזונותיו של אדם כקריעת ים סוף".[5]

שמעתי מידיד נפשי ר' דוד שו"ב זצ"ל מווארשא, בשם הרבי ר' בונם ז"ל, על מאמר חז"ל קשין מזונותיו של אדם כקריעת ים סוף. אמר, מסתם התחכמו כמה עצות איך יוושעו, אך דרך זה – לקרוע להם את הים – לא עלה על דעתם. כי באמת היה יותר דרך הטבע להמית [את המצרים] ביבשה, כעין מחנה סנחריב. או לאיים עליהם כמו על מחנה

4 **שם משמואל** פרשת בהר שנת תרע"ג (ד"ה וכי תאמרו).

5 פסחים קיח ע"א.

ארם בימי אלישע הנביא, והיו חוזרין לאחוריהם. כן בפרנסה. אדם מחפש עצות שונות, ובסוף מכלכלו השי"ת בדרך חדש שלא עלה על דעתו. ודפח"ח.[6]

כשבני ישראל חשבו לעצמם כיצד ייוושעו מיד המצרים, הרבה אפשרויות עלו בדעתם. כולן הגיוניות ונכונות. מצרים תוכה בדבר או שמא תפסיד במלחמה. אפשר שכבר בשנות העבדות הם דמיינו את החירות שלהם – אולי שליט אחר יעלה לשלטון וישחרר אותם. אך לחשוב שהישועה תבוא בדרך מפתיעה כל כך, כמו קריעת הים עבורם – זה לא עלה בדעתם.

כך גם בפרנסה. יש בה נשיאת הפכים מטלטלת. מצד אחד, כל אחד מאיתנו חש היטב את כובד האחריות להכין כלים כאן בעולם הזה: ללמוד לתואר. ואז עוד תואר. להתקדם, לפנות, לשלוח קורות חיים. ללמוד איך לכתוב אותם בצורה נכונה, ועוד ועוד.

ומצד שני, אומרים לנו: הפרנסה עצמה היא נגיעה של הקדוש ברוך הוא בנו. היא פלא. היא גאולת אינסוף ברמת היחיד. ויש בה ממד מפתיע שכלל לא יכולנו להעלות על דעתנו.

כיצד לפרנס שתי תנועות הפוכות אלה?

אפשר לשמוט אחת מהן. להיות במצב תמידי של השתדלות ומאמץ, או לחלופין להשליך הכול כלפי מעלה ולסמוך על הזן ומפרנס את הכול שיזון גם אותי.

אך דומה שמשהו אחר מתבקש מאיתנו: להיות נושאי הפכים. התנועה החסידית הזו, שיודעת להיות מונחת בעת ובעונה אחת גם כאן וגם שם.

מצד אחד, זה העולם, וצריך להכין בו כלים ראויים. כלים על פי שכל טוב ונכון. אך בה בעת צריך להרפות את הידיים מאחיזתן המהודקת. הפרנסה, יש בה צד מפתיע. הקדוש ברוך הוא מנסה לחדור לעולם שלנו במקום הכי אישי

6 **שפתי צדיק** פסח, אות עא.

והכי נוגע, ולעיתים גם הכי כואב – הפרנסה. וכדי שזה יקרה צריך לפתוח ידיים, להיות מוכן להפתעות. להיות מוכן לקריעת ים סוף מפתיעה כזו, שאף אחד כלל לא חשב עליה, אך הישועה הגיעה דווקא משם.

מה שיכול לפגום בפלא הפרנסה הוא האחיזה המהודקת מדי, שלא מאפשרת לפלא להיכנס. לשם כך דרוש מרכיב משמעותי של זרימה, של חיפוש, של הפתעה. מרחב שלתוכו יכולה הפרנסה להיכנס כפלא, המגלה את כוחותינו שאפילו לא הכרנו וגורם לנו להשתמש בהם. לשמח בהם את עצמנו, ולשמח אחרים.

ולכן לא לחינם השם הקדוש האחראי על הפרנסה הוא העולה מראשי וסופי תיבות הפסוק ״פּוֹתֵחַ אֶת יָדֶךָ״.[7] ראשי תיבות ״פאי״, וסופי תיבות ״חתך״. אלה שני השמות הממשיכים שפע פרנסה.

לדברינו, השמות האלה פשוט מתארים את תנועת הנפש הנצרכת כדי להשיג פרנסה: פתיחת ידיים לשפע של הקדוש ברוך הוא על אף המציאות החותכת שבה אנו נמצאים – הכלים שהכנו והתואר שלמדנו ועוד. בכל אופן אנחנו מצליחים לפתוח ידיים אל השפע. יבוא מהיכן שיבוא.

לעיתים מה שאדם יודע על עצמו ומה שהוא חושב על יכולותיו ועל עתידו הם דברים ׳מתובנתים׳ – יצוקים בתבניות שקיבל מהוריו ושאמרו לו לאורך הדרך – עד שהוא מתקשה מאוד לראות את השפע. לעיתים האוצר נמצא ממש מתחת למפתן הבית, אך צריך לעשות צעד של שחרור, של פתיחות להפתעה, כדי לגלות אותו. קודם כול בתוכנו פנימה, ואחר כך בפועל ממש. אך ברגע שנקודת הפרנסה מתגלה, לא מפסיקים להתברך ממנה.

זו נקודת הפלא שבפרנסה. אותה נקודה מכוסה שמתארת הגמרא בפסחים שבה פתחנו, שאין אדם יודע במה ישתכר ובמה יתפרנס. הכיסוי הזה נועד לתת מקום ליד ה׳ לפעול כאן. ככל שמנסים לגלות זאת יותר כך מרחיקים את

7 תהילים קמה, טז.

הפלא, וככל שפותחים ידיים אל הפלא ואל האלוקי ומאפשרים לו לנכוח – כך הוא מגיע.

באחד מסיפוריו השובבים מתאר רבי נחמן את הפלא הזה, ואת המתח בין עבודה קשה לבין פרנסה.

סיפר רבנו משל לעניין שטות העולם הזה, שכל בני העולם עובדים ומשתדלים בשביל פרנסתם ונדמה להם שרק מחמת השתדלותם הם חיים וקיימים. ובאמת מקבלים פרנסתם רק מידו הרחבה יתברך. שפעם דרו בבניין אחד שני עשירים, אחד קמצן גדול ואחד בעל מכניס אורחים ובעל צדקה גדול. פעם בא עני אחד אל הקמצן וביקש ממנו נדבה עבור כדי שיוכל לשבור את רעבונו. אמר לו העשיר: הנה יש לי עצים שצריך לחתכם לחתיכות קטנות, ובכן עבוד אצלי ואתן לך אחר כך לאכול עבור עבודתך.

בלית ברירה עבד אצלו העני עבודה מפרכת זו. כשסיים עבודתו אמר לו העשיר שיפנה לבית שכנו העשיר הנדבן השוכן בבניין, ושם יתנו לו מבוקשו. הלך העני לתומו לבית הכנסת האורחים, כי סבר שהעשיר שעבד אצלו משלם עבור אכילתו. ותיכף בהיכנסו קבלו העשיר בעל הצדקה בכבוד גדול ונתן לו לאכול כדרכו.

באמצע האכילה שמע המכניס אורחים איך שהעני מתאנח ואומר: הוי, כמה עבדתי היום קשה! שאלו המכניס אורח על עסק עבודתו, וסיפר לו כל המעשה, שעבד אצל העשיר השכן ושלחו תמורת עבודתו לאכול כאן. נענה לו המכניס אורח ואמר לו: רבי יהודי, אתה עבדת בחינם ואתה אוכל בחינם! ואמר רבנו: פרנסה נותן הקב"ה, ובני העולם אוכלים בחינם.[8]

8 **שיח שרפי קודש** (ברסלב) חלק ב, אות רעג.

## נפשי חמדה

בשלב מסוים זה נהיה לי כואב בגוף. עד כדי כך.

בכל פעם שהייתי שומע צליל של חליל צד מנגן, הייתי נעצר, מביט מהופנט, מכושף, מתפלא על הקסם הזה שהיה נראה לי שייך לרוסים שלמדו נגינה מגיל שנה וחצי בערך, ולא אליי. בכל חתונה שהיינו מגיעים אליה, אשתי ואני, הייתי בודק קודם כול את התזמורת. אם לא היה בה חליל צד – ערכה ירד בעיניי במחצית. ואם היה בה – הייתי רוקד פחות, ובשלב די מוקדם נעמד ליד הבמה ופשוט מתבונן בצינור הכסף הארוך, מרובה השסתומים, ובאצבעות הנעות עליו בקלילות שהייתה נראית לי על־אנושית.

אבל מה לי ולחליל צד? לימודי הנגינה שלי הסתכמו בחלילית בכיתה א׳, משם ניסיתי להמשיך לאקורדיון. אחרי שני שיעורים המורה צעקה עליי, מדוע לא התאמנתי בבית. חזרתי הביתה והודעתי להורים שאני עם נגינה סיימתי. זרקתי את האקורדיון הכבד ורצתי למטה לשחק כדורגל.

ועכשיו, מין כאב כזה. כמו אדם אילם שרוצה לדבר ולא יכול.

באחד הימים, בעודי הולך ברחוב כנפי נשרים, עברתי על פני החנות הוותיקה "סמט כלי נגינה". כפי שאין אדם חוטא אלא אם כן נכנסת בו רוח שטות. כך כנראה עוד כמה דברים. על כל פנים, רוח של שיקול דעת ודאי לא נחה עליי כאשר נכנסתי אל החנות הזו ופניתי אל המוכר בשאלה:

"כמה עולה חליל צד?"

הוא הביט בי תמה. "חליל צד? יש כמה וכמה סוגים ורמות. מה אתה מחפש?"

לא היה לי זמן לחשוב... ראיתי אחד בחלון מולי. "הנה, זה... כמה הוא עולה?"

"זה עולה תשע מאות. הוא למתחילים".

"מתחילים זה מצוין", השבתי מיניה וביה.

המוכר, עדיין תמה, מלמל כל מיני דברים כמו "יש אפשרות לשכור קודם, אם אתה רוצה לבדוק".

"לא. אני רוצה את זה".

"בסדר, הנה אביא לך אחד חדש מהאריזה". המוכר הסביר לי על החלקים, על השמן שיש שם ושצריך לשמן בו את החיבורים... "אתה מבין מה אני אומר, כן?"

"ברור, ברור", אמרתי. שלפתי כרטיס וגיהצתי, וכבר אני בחוץ. חמש דקות, והנה קניתי חליל צד.

ברגע שיצאתי מהחנות עם השקית אמרתי לעצמי: "גאון... פשוט גאון. מה אתה אמור לעשות עם הדבר הזה באמצע החיים? זה כלי של גדולים. מתחילים ללמוד אותו בגיל צעיר, במשך שנים, ואתה, אבא לילדים עם משכורת לא גבוהה, הולך וזורק תשע מאות שקלים בלי שיש לך מושג מהחיים..".

הרמתי טלפון לאשתי. "שומעת? עשיתי היום חתיכת טעות. לא יודע מה עבר עליי... נכנסתי לחנות וקניתי חליל צד בתשע מאות ש"ח. נראה לי שלפני שיהיה מאוחר מדי אכנס ואחזיר את זה".

"בשום פנים ואופן אתה לא מחזיר! שמעת?"

"אבל..."

"בלי אבל. קנית, אז סימן שאתה צריך. ואני יודעת כמה אתה רוצה. אתה לא מחזיר. אני רוצה לראות את זה בבית".

טוב, לפחות אני עושה את רצון אשתי. הבאתי את החליל איתי הביתה. באמת הוא נראה יפה. כסוף ואצילי. בתוך קופסה שחורה ומהודרת. בקיצור, כל מה שהוא לא אני...

"טוב. אז מה נעשה עם הדבר הזה?"

"מה זאת אומרת מה נעשה? – לך תלמד".

"מה, שיעורי נגינה? כמו כשהיינו ילדים?"

"כן. אם זה חשוב לך, תשקיע בזה. לך ותלמד".

עוד פעם אני מוצא את עצמי עושה רצון אשתי. באותם ימים היה לי תלמיד בכיתה שהיה, למרבה הפלא, מורה לחליל צד. פניתי אליו שילמד אותי. "אני מלמד אותך גמרא בבוקר, ואתה תלמד אותי חליל צד פעם בשבוע בערב. בתשלום כמובן".

יצאנו לדרך... ההתחלה הייתה טובה. "קודם כול נלמד איך להוציא צליל... כאן הרבה נתקעים".

אני דווקא לא נתקעתי, ודי מהר קלטתי את סוג הנשיפה המיוחדת לחליל צד.

אבל אז התחלנו ללמוד.

וכשראיתי את מחברת התווים מולי – זיכרון עמום של ילדות עלה בי. זיכרון של כישלון, של נקודות שחורות מעורבבות שתמיד מתבלבלות לי.

הסחתי את הזיכרון הזה מליבי, וניסיתי להתרכז בהזדמנות השנייה של חיי.

כעבור עשרה שיעורים, חודשיים של לימודים ואימונים, המורה שלי – שכזכור, בשעות אחרות של היום היה גם קצת תלמיד שלי – סיכם את המצב:

"למדנו עד עכשיו בסך הכול שני תווים – ואתה עדיין מתבלבל ביניהם..."

חזרתי מיואש לאשתי.

"את רואה... זה לא הולך. אני זורק לפח כל שבוע מאה ועשרים שקלים, שכבר עלו לי יותר מהחליל הזה בעצמו".

"אז הלכו... אז שמת אלפיים שקלים על משהו שרצית וניסית. גם אם זה לא הצליח. הניסיון שווה. אלפיים שקלים זה לא הרבה כדי ללמוד שיעור חשוב לחיים".

מה הייתי עושה בלעדיה...

בצער הודעתי למורה שלעת עתה נפסיק את השיעורים, והוא יחזור להיות רק תלמיד שלי. את החליל הנחתי אחר כבוד בקופסה השחורה, קצת רחוק מהעין.

לא להרבה זמן.

כי הוא היה שם, כסוף וארוך ומלא שסתומים, ובעיקר קורא לי. מסמן לי משהו שאני שומע היטב, אך לא מצליח לפרש. מה אתה רוצה ממני? ראית שזה לא הולך בינינו, אני ואתה והנקודות השחורות...

ואז הגיע חנוכה.

חזרתי מהתפילה, בבית עוד היה שקט וכולם ישנו. והקופסה השחורה הביטה אליי מהמדף.

ניגשתי ופתחתי אותה. החליל היה שם. מפורק לחלקיו. דומם. ונוצץ.

נאנחתי. כמה אני רוצה אותך... אמרתי בלב.

ואז התחלתי לדבר אליו: "מה אתה אומר? אולי נפסיק לריב, אני ואתה? אולי פשוט נעשה שולם, שנינו יחד, בלי מתווכים?"...

כמעט יכולתי לשמוע אותו צועק – "כן! כן!"

הרמתי את החלקים מהקופסה וחיברתי אותם זה לזה. שוב היה העמוד הכסוף בין שתי ידיי.

אך הפעם, במקום לחפש אחר מחברת התווים עם הנקודות השחורות המתסכלות, פשוט עצמתי עיניים וניסיתי לנגן איזה ניגון שהכרתי... "י־ה ריבון", במנגינה של קרלין.

ברגע שעצמתי עיניים, הרגשתי כאילו נפתח לי צינור בראש והחליל כולו נכנס לי לתוכו פנימה.

ומייד נשמע הצליל, והניגון אחריו. נקי. עדין. צלילה של הנשמה, כמו שרק חליל צד יכול להשמיע.

ואז עוד ניגון. ניגון שבע ברכות.

וגם הוא – יוצא נקי. טהור. כולו מכסף.

ועוד ניגון – "שירת העשבים".

רצתי לחדר שלנו, נרגש. "קומי... את חייבת לשמוע!"

עמדתי שם בחדר השינה, וניגנתי את שלושת הניגונים הללו. הם היו פתיחה לעוד ועוד ניגונים שבאו אחד אחרי השני. נדחפים כמעט, מבקשים להתנגן דרך השפתיים והפיה הצמודה, מטה מטה, דרך כל הצינור הכסוף ומשם ישר ללב.

עולם חדש נפתח לי. וכמו צמא למים, לא הפסקתי לשתות ממנו עוד ועוד. אולם חדש ומבהיק ביופיו נפתח בתוך חדרי ליבי. הוא תמיד היה שם, אך מעולם לא ידעתי על קיומו ולא פתחתי את דלתו.

היום אני יודע להגיד שכנראה יש לי דיסלקציה לתווים, יחד עם שמיעה מוזיקלית גבוהה. בעולם ללא אבחונים שהיה בילדותי סיכמו את זה באמירה פשוטה: "ניגון זה לא החלק החזק שלו".

אבל הנפש, שלא הפסיקה לשמוע, לא ויתרה. לא ויתרה עד כאב. כאב ממשי בגוף. היא זעקה, ואני שמעתי את הזעקה אבל לא הבנתי אותה. רק ברגע ששחררתי מהעמל והעבודה הקשה, ופיניתי מקום בתוכי למשהו אחר – הגיע הפלא ופרנס אותי ואת נפשי. ומשם, במעגלים רבים נוספים, הנגינה נוכחת ומלווה, נותנת כוח וכיסופים וגעגועים.

מאז הנס הזה, נס חנוכה, קניתי חליל ברמה גבוהה. עולם הנגינה הולך ומשתכלל בתוכי מאז עוד ועוד. אך החליל ההוא, הראשון, חליל האומץ והפלא והנס – הוא תמיד נמצא איתי בבית. ישן, וכבר קשה לנגן בו, אך כל כולו בתוכי.

# עַל פֶּתַח הָאֹהֶל

## להתחיל כל רגע מחדש

פתח. יש משהו מרתק בו. מעבר לו נמצא האינסוף. הלא־ידוע. החידוש שאולי יכול להיכנס אלינו בכל רגע ולשנות את חיינו. לא משנה מה יקרה בתוך החדר, ועד כמה מעניין יהיה – ברגע שמשהו יקרה בפתח, כל העיניים יוסטו לשם. הפתח הוא הדלת לאינסוף. לחידוש. לשינוי.

ומשכך, הנוכחות על הפתח ותשומת הלב אליו היא בעצם מצב נפשי שבו אדם מצפה להתגלות אלוקית.

ההתגלות הזו – יש שהיא באה כרוח סערה. נכנסת לתוך חדרי נפשנו המוגנים היטב, ומחוללת בהם שינוי. ויש שהיא באה בשקט, נכנסת מהפתח בעדינות, כמעט ללא היכר. אך בכל אופן משהו, גם אם עדין מאוד, משתנה.

אך העיקר הוא להיות שם. להמתין על פתח האוהל.

> וַיֵּרָא אֵלָיו ה' בְּאֵלֹנֵי מַמְרֵא וְהוּא יֹשֵׁב פֶּתַח הָאֹהֶל כְּחֹם הַיּוֹם.[1]

לאחר הברית, ברור לאברהם שמשהו אמור לקרות. משהו אמור להשתנות. ולכן הוא ממתין על הפתח. על פתח האוהל.

מן הסתם ציפה אברהם כעת, לאחר שהוא מהול, להתגלות חדשה. לבהירות אחרת. ואכן הפסוקים מראים שלשם הולכים הדברים. הקדוש ברוך הוא נגלה אל אברהם בשם הוי"ה. השם הגלוי.

1 בראשית יח, א.

אך מייד אחר כך – ריחוק. במקום שכינה, שלושה אנשים ניצבים עליו. נראים כעובדי עבודה זרה. ודאי הפוך מכל גילוי שכינה שאברהם חשב לעצמו.

המבנה הזה הוא בדיוק המבנה הנפשי של ההמתנה על הפתח. ממש על פתחו של שינוי מגיעים הקשיים, ההסתרות, ההרחקות והמניעות.

אברהם מכיר את הסוד הזה, ולכן יושב על פתח האוהל. על הנקודה הזו של הראשית. שם הכול יוכרע.

המניעות שהפריעו לאברהם מתבררות עד מהרה כישועה עצמה. האנשים שהיו נראים כזרים, כמפריעים למהלך גילוי השכינה, מתבררים כהופעת השכינה בעצמה. והכול קורה בפתח.

כך אומר רבי נחמן:

> כשרוצה האדם לכנס אל הקדושה, אזי מתגברין ומתפשטין כנגדו הסטרא אחרא שהם היכלי התמורות מאד, וכל מה שהוא סמוך יותר לפתח הקדושה, מתגברין ומתפשטין כנגדו מאד מאד עד שיש הרבה שכבר היו אצל הפתח וחזרו, רחמנא לצלן, מחמת שלא ידעו שכבר הם אצל הפתח, או מחמת שמשתטחין כנגדו מאד מאד עד שקשה לו לשברם. אבל האיש הכשר באמת הוא יושב וממתין ומתעכב ימים הרבה אצל פתח הקדושה, ואף על פי שבתוך זמן זה שהוא מתעכב אצל הפתח ומקוה ומיחל להיכנס לפנים, מתגבר עליו חמימות היצר הרע מאד, אף על פי כן הוא עושה את שלו ויושב וממתין אצל פתח הקדושה, ואינו רוצה לשוב לאחוריו בשום אפן, וזה בחינת "והוא יושב פתח האהל", ישיבה מלשון עכבה.[2]

לכל אחד מאיתנו מופיעים מדי פעם רצונות של תיקון. של קדושה. של שינוי. הם הפתח שלנו. הם מתנות הנשלחות אלינו לתוך חדרי האישיות, כדי לחולל בהם שינוי. מתנות חינם שאנו זוכים בהן כדי לתקן את דרכינו.

2 **משיבת נפש** אות קלב.

אך שם על הפתח, מתחולל מאבק. האם יצליחו להיכנס? האם יצליחו לחדור פנימה? האם הדלת תיפתח?

רבי נחמן משרטט לנו דרך: צריך להיות על הפתח. להמתין שם. לא לוותר. להיאבק. לתת לרצונות האלה להיכנס פנימה, ולעיתים למשוך אותם ממש.

אברהם, שבזוהר הקדוש הוא משל לנשמה, ממתין על הפתח בעקשנות ולא מוותר.

"היכלי התמורות" שעליהם מדבר רבי נחמן הם אותן נקודות בחיים שבהן יכולים להתחולל תמורה ושינוי. שם מרכז הסטרא אחרא את עיקר המאבק שלו. רק שלא יתחולל שינוי. מפני ששינוי אחד יכול להוביל לשינוי נוסף, וממנו לעוד אחד, ולעוד אחד. מסע אינסופי. לכן, עדיף שלא ישתנה דבר. עדיף לעצור את זה על הפתח עצמו. בלי תמורות ובלי שינויים. יהא האדם צדיק בעיני היצר הרע, ובלבד שלא יחפוץ להתקדם. כי הצדקות הזו – יש שהיא ירושה לו מאבותיו, יש שהיא תבנית נוף מולדתו וגידולו של האדם. צדקות – אך לא לגמרי שלו.

אך שינוי – הוא חתום בחותם אישי מובהק. הרצון להתקדם בא כולו מתוככי האדם. מתחילה כאן זהות אישית, ורצון לצבוע את החיים בצבע העז של הרצון. זהו הפתח, וכאן עומד היצר הרע ומנסה למנוע: "עד כאן!".

חמימות היצר הרע המתוארת כאן היא חמימותו של הייאוש. כמה טוב ונעים לחזור לחיקה החם של השגרה המוכרת. שם אין שום צורך לבחון את הנחות היסוד שלנו, לבדוק אותן, להתמודד מחדש. להתרענן. מעבר לפתח יש לעיתים קור, או תהום, או חושך. ובתוך הבית הכול מוכר ורגיל, חמים ונעים.

זוהי חמימות שממנה יש להיזהר. אברהם יושב על הפתח "כְּחֹם הַיּוֹם". על אף החמימות המייאשת הזו,

הוא מתעקש להישאר על הפתח, ומשם מגיעות בסוף כל ישועותיו.

הדרשה כאן מפתיעה. כי הרי במציאות עצמה – בתוך האוהל היה נעים ואילו בחוץ – היה חם. אך הדרשה מציעה אפשרות אחרת – דווקא בתוך

האוהל הנעים – שם נמצא את חמימותו של היצר הרע. ודווקא בפתח הלוהט מחום – שם נמצא את החידוש והרעננות.

התנועה הנפשית הזו, להיות על הפתח, היא בעיני הזוהר הקדוש תכלית מהותו של עובד ה׳.

על הפסוק "ה׳ מִי יָגוּר בְּאָהֳלֶךָ מִי יִשְׁכֹּן בְּהַר קָדְשֶׁךָ",[3] אומר הזוהר: "והוא יושב פתח האהל, הדא הוא דכתיב: 'ה׳ מי יגור באהלך וגו׳'".

בתמצות רב מספר לנו הזוהר את הסיפור כולו. על השאלה מי הוא זה הראוי לגור באוהל ה׳, הוא עונה: מי שמוכן לשבת על פתחו. היושב על הפתח הוא השוכן בפנים. הנמצא בשער – נמצא בכל הסיפור.

שערים רבים נפתחים לנו במהלך החיים. חלקם שונים ממה שהורגלנו לו. מפתיעים, ואפילו מאיימים, בשינוי שהם עשויים לחולל בנו. לעיתים השינוי הוא בדמות ספר חדש. שיעור לא מוכר. כיוון רוחני חדש. זהו פתח. ועל פתח הפתח – יש פחד שצריך להתגבר עליו.

אומנם, יש גם צד שני למטבע:

אחרי שזוכה אדם להיכנס בחייו דרך כמה וכמה פתחים, שוב נעשה הוא בטוח בדרכו. הפתחים כבר אינם מפחידים אותו, והוא נעשה בן בית בעולם החדש שאליו נכנס. בחינת "תורה דיליה", תורה שלו.

זיכרונות תחילת הדרך מתעמעמים אצלו. גם הפחד והחשש נמוגו זה מכבר. וכעת הוא מתהלך בביטחון יחסי, לאחר שצלח את מבחן הפתח.

אלא שעל הפתח יש להישאר כל הזמן.

בפועל, או בזיכרון, תמיד יש להישאר על הפתח. לא לשכוח את ימי הפתיחה, את ימי ההתרגשות. הם יקרים וחשובים.

כך כותב **השפת אמת**:

3 תהילים טו, א.

כנודע שכן צריך שלא **לשכוח ימי השפלות אף בימי ההתגלות**, ומה גם ליודעי חן שלא לשכוח האי דרגא **דמתקרי פתח האוהל** על שם שהוא הפתח, כמו שכתוב "ראשית חכמה יראת ה'", והיא תרעא לאעלא כו'.

וגם הפשוט טוב שישב כעני בפתח, לומר לא שלי הוא ולא בצדקתי ויושר לבבי, כי מה שכתוב "והוא יושב פתח כו'" שאף שהיה לו כל אלו המדריגות מכל מקום מעצמותו ישב בפתח ותלה הכל בחסד ה', וזה שאמר גם כן "ואנכי עפר ואפר" מעצמותו ורק מה שהשם יתברך נותן.[4]

יודעי חן מכירים את הדרגה המיוחדת הזו, של להיות על פתח האוהל תמיד. בציפייה. בבקשה. בהתרגשות. אלה הם ימים של שפלות. לעיתים הם עוברים, ודבר לא קורה. יש בה, בחוויית ההשתהות על הפתח, צד של עניות. של דלות. של המתנה. אסור לשכוח ימים אלה. צריך ללכת איתם, עם הצימאון ועם תחושת הקושי, גם בימי ההתגלות וההצלחה.

אברהם נמצא על הפתח. כל העת הוא זוכר את ימי שפלותו. את הימים שבהם תעה במדבר בישימון דרך. ימי החיפוש והקושי. הימים שבהם זעק "מיהו בעל הבירה?".

כשתחושה זו לא נעלמת, אלא קיימת ונוכחת, אנו מתייחסים גם אל ההצלחות בהתאם. הן נחוות כחסד ה' עלינו, שפקד אותנו ודפק על פתחי האישיות שלנו, באופן מפתיע כזה או אחר.

ראשית עבודת ה' היא בציפייה. במוכנות הנפש לעבור שינוי וטלטול. ביכולת לפתוח את הדלת לאורח לא מוכר ולתת לו אפשרות אמיתית לשנות אותנו.

לרבי נחמן יש סיפור מיוחד. "מעשה מאורח". הוא מתאר אורח הנכנס לביתו של בעל הבית, ואז חוטף אותו למסע מטלטל. הסיפור קורה בחנוכה דווקא, המועד שבו אנו מציינים את הביטחון שבבית, את היציבות ואת ההגנה

4 **שפת אמת** ליקוטים, פרשת וירא ד"ה וירא אליו ה' כו'.

שהבית מספק. נר איש וביתו. ובכל אופן – את הנר מדליקים על פתח הבית מבחוץ. כי לעיתים האור מגיע מבחוץ פנימה, דרך הפתח, ומטלטל אותנו.

גם כאן חוזר העיקרון החסידי שאותו אנו פוגשים שוב ושוב: כדי לתת מקום לנוכחות האלוקית בחיינו צריך להרפות מהתכנונים, מהידיעות ומהמקומות הבטוחים, ולהסכים לעבור למקום שיש בו רוח, שהוא עראי במהותו, שהוא פתוח. להסכים להיות קצת אביון.

הפתח הוא מקום כזה.

לשבת בפתח האוהל – זה להיות כל החיים בתנועת רצוא ושוב כזו, שמצד אחד מבקשת מנוחה, ביטחון ויציבות, מבקשת לבנות חיים מסודרים בסדר טוב – אך כל העת גם מביטה אל הפתח; מבקשת נוכחות אלוקית. מצפה להפתעה. לנגיעה. למשהו שיבוא מבחוץ וישנה אותנו.

וכשהרגע הזה מגיע – אוחזים בו היטב והולכים איתו. נותנים לו לקחת אותנו למקומות אחרים וחדשים. מקומות שהם ׳קפיצת אמונה׳ עבורנו.

## בבכי יבואו

בסך הכול טעות קטנה. חוסר תשומת לב, הייתי קורא לזה. שום דבר מעבר. ובכל זאת, העיניים היו פעורות לרווחה, מלאות כאב ותימהון, והנחמה הייתה נצרכת מאוד.

למרות שאשתי לא הייתה בבית, ניסיתי בכל זאת להרוויח תפילת מנחה במניין. ביקשתי מהבת הגדולה שתשגיח לחצי שעה על שתי הקטנות. אבא הולך להתפלל וכבר חוזר.

היא הסכימה, ואפילו בשמחה. הקטנטנה הייתה ערה, וזאת שלפניה, בת ארבע, תפסה לה תנומת צוהריים במיטה.

זו הייתה הטעות.

כמו שקורה לילדים, הגדולה שכחה שיש עוד ילדה קטנה שמחכה לה במיטה, ויצאה לגן המשחקים עם הקטנטנה. השמש שוקעת, והבית חשוך.

תפילת מנחה אומנם הסתיימה, אבל שיחה דחופה עם אחד המתפללים עיכבה אותי עוד קצת – ואז, אל החושך והלבד הזה, היא התעוררה. מחפשת מישהו מבני המשפחה, ולא מוצאת.

נכנסתי אל הבית החשוך והדלקתי את האור. היה שקט. הן כנראה עדיין בגן המשחקים, חשבתי לעצמי. אולי אצל השכנים ממול. ואז נפתחה הדלת, והיא נכנסה. מבוהלת, עם עיניים מלאות דמעות והרבה משפטים צמודים וצפופים: "אני התעוררתי. ואתה לא היית. ואז הלכתי לחפש אותך אצל השכנים. ועוד פעם לא היית. וגם היה חושך. ופחדתי. וחשבתי לבקש שיתקשרו אליך. אבל שכחתי. והייתי לבד, ואתה לא היית...". ואז בא הבכי הגדול: "אההההההה..."

הרמתי את הקטנטונת ונתתי לראשה מלא התלתלים הצהובים לשקוע בתוך כתפי. ראש רוטט, בוכה ומיילל. עכשיו הבכי כבר זרם לגמרי, אבל היה בו גם משהו משוחרר. הקלה. הנה מצאנו זה את זו.

נתתי לה לבכות עוד קצת, ואז הושבתי אותה על ברכיי, ניגבתי את דמעותיה והתחלתי להצחיק אותה ולספר לה את הסיפור הקבוע שלנו: את יודעת, סיפרתי, בדרך לכאן ראיתי אריה קטן, לא נושך, שאוהב לאכול כבשה. הוא שאל אותי אם אני מכיר כבשה שהוא יכול לאכול, ואמרתי לו שיש לי כבשה בבית, אבל אני לא מרשה לו לאכול אותה, כי היא מתוקה והיא רק של המשפחה שלנו... ובין הדמעות בצבץ לו חיוך, והיא אמרה: "אני בכלל לא מפחדת מהאריה הזה! ואני בכלל לא כבשה – אני ילדה! הילדה שלך".

הילדה שלי.

כִּי כֹה אָמַר ה': רָנּוּ לְיַעֲקֹב שִׂמְחָה וְצַהֲלוּ בְּרֹאשׁ הַגּוֹיִם, הַשְׁמִיעוּ הַלְלוּ וְאִמְרוּ הוֹשַׁע ה' אֶת עַמְּךָ אֵת שְׁאֵרִית יִשְׂרָאֵל. הִנְנִי מֵבִיא אוֹתָם מֵאֶרֶץ צָפוֹן וְקִבַּצְתִּים מִיַּרְכְּתֵי אָרֶץ בָּם עִוֵּר וּפִסֵּחַ הָרָה וְיֹלֶדֶת יַחְדָּו, קָהָל גָּדוֹל יָשׁוּבוּ הֵנָּה. בִּבְכִי יָבֹאוּ וּבְתַחֲנוּנִים אוֹבִילֵם, אוֹלִיכֵם אֶל נַחֲלֵי מַיִם בְּדֶרֶךְ יָשָׁר לֹא יִכָּשְׁלוּ בָּהּ, כִּי הָיִיתִי לְיִשְׂרָאֵל לְאָב וְאֶפְרַיִם בְּכֹרִי הוּא.

אז ככה זה יהיה כשהוא יופיע, יתגלה, יחזור סוף סוף לביתו מהבחוץ הארוך כל כך. אנחנו נבוא, ופתאום נראה שהבית שוב מלא. שיש בפנים אור, שמישהו מחכה לנו שם. ואז, מרוב התרגשות ושמחה, נתחיל לבכות. ונספר, את הכול נספר. נספר כמה היינו לבד, וכמה חיפשנו אותו בכל הזמן הארוך הזה שהוא לא היה. איך דפקנו אצל השכנים לחפש אם הוא שם, ואפילו הלכנו קצת לאיבוד, והוא לא היה שם. ואז חזרנו, ועוד פעם הבית היה חשוך, והיה כל כך קשה לבד. והיו גם אריות, אמיתיים, שנושכים ומכים, והם הכו בנו ונשכו אותנו, ואפילו טרפו חלק מאיתנו ולא היה לנו מגן ושומר, כי היינו לבד.

ואז נבכה עוד, אבל הפעם בכי של הקלה. של שחרור. הנה שוב אנחנו יחד. שוב לא ניפרד. ואבא שלנו ירים אותנו אליו, ינחם אותנו ויצחיק אותנו צחוק גדול, וגם יראה לנו שזה בסך הכול עשר דקות של איחור, פסיק קטן בהיסטוריה, אל מול הנוכחות והשייכות האינסופית שתמיד ציפתה לחזור הביתה, לפגוש אותנו שוב.

ואנחנו נאמין לו, נטמון את הראש עמוק בפנים, חשים שוב את התחושה המענגת של להיות עטופים כולנו, כמו אז, כשהיינו עטופים בטלית של אבא בברכת כוהנים. את התחושה הבטוחה והנעימה של להיות ילדים.

הילדים שלך.

ובכן – בפעם הבאה שנראה את הדמעות האלה, הזכות, ואת המבט התמה והשואל בעיניים שטופות דמעות, נדע שככה זה צריך להיות. ילדינו מלמדים אותנו איך מצפים לאבא הגדול, איך מתגעגעים. גם כאן, כמו בהרבה מקרים, אנחנו לומדים מהם על כוחו של הבכי וגדלותו.

וכדברי רבי נתן:

ועל כן הבכיה של ישראל גדולה ויקרה מאד בעיני ה׳ יתברך, כמו שכתוב ״בבכי יבאו ובתחנונים אובילם״. כי הבכיה של ישראל היא בחינת כלליות

**עשיה ברצון, שזהו עיקר התכלית כנ"ל, כי עיקר הבכיה של ישראל צריכה להיות כמו תינוק הבוכה מגודל הגעגועים שיש לו לאביו, כמו ששמעתי מרבנו זכרונו לברכה, וזהו בחינת "והנה נער בכה", מיד "ותחמל עליו".[5]**

5 **ליקוטי הלכות** חושן משפט, הלכות ערב ג, כח (בסופו).

# כָּךְ מַנְהִיג הַקָּדוֹשׁ בָּרוּךְ הוּא אֶת עוֹלָמוֹ

### על עמידה 'יחפה' מול ריבונו של עולם

יצור הגיוני הוא האדם. מחפש פשר בכל מעשיו ומנסה לסדרם במשוואות. כך בחיינו האישיים, וכך גם במערכת יחסינו מול הקדוש ברוך הוא.

אנו מנסים למצוא פשר, והפשר נע בדרך כלל על הבטחת התורה לתת שכר טוב למקיימים את המצוות ועונש לעוברים עליהן. העולם מסודר כך בסדר נכון. המשוואה יציבה ובטוחה: אם נעשה את המצוות – נקבל שכר, שחלקו הוא טובה בחיי העולם הזה. ואם חלילה ההפך, "וְאִם בְּחֻקֹּתַי תִּמְאָסוּ..."[1] – ובכן, ההמשך ידוע.

יש בזה משהו מרגיע. כללי המשחק ברורים.

אך כל אחד יודע שהמציאות לא עובדת כך. במציאות קורה שמי שעושה את הטוב – משלם מחירים כבדים. במציאות נראה לעיתים שדרך רשעים צלחה, ששופט הארץ לא עושה משפט.

ודוק: ברור שמי שלוקח על עצמו חיים מלאי אתגרים, יהיו לו קשיים רבים בדרך. ברור שמשפחה מרובת ילדים היא גם מרובת דאגות, וטרדות, וקשיי פרנסה. יחד עם השפע והשמחה הבאים עם לידת הילדים, מגיעות גם הדאגות. כך גם ברור שמי שהולך לקורס קצינים ועומס על כתפיו אחריות

1 ויקרא כו, טו.

נוספת, יהיה חשוף יותר לטעויות ולמבחנים שמי שבחר להיות חייל פשוט לא ייחשף להם לעולם.

אך לא על זה דיברנו. לא על קשיים אנו מדברים, או על מאמץ שצריך להיות מושקע.

אנו מדברים על חוסר צדק. על עוול. על מקומות שבהם נראה שמידת הצדק האלוקי נעדרת באופן קיצוני.

ברמה הכי אישית, כך הרגשתי בגירוש מביתנו בגוש קטיף. כל מהלך הגירוש היה נראה כשייך לצד הלא־נכון של המציאות. ראש ממשלה שהופך את עורו, יוצא נגד אנשים שממשלות ישראל שלחו ליישב, והכול מלווה בכחש ובתרמית. ומולם עומדים אנשים ישרים, שהקימו יישובים פורחים ומלאים בתורה ובחסד. הכול מתוך תחושת שליחות גדולה בשם כל ישראל. והנה לפתע הפכנו לאויבי המדינה, לעוברים על החוק. חוק שהושג באיומים ובתרמית. לאחר משאל מתפקדים שהושלך אל הפח. לכל אורך הדרך מושמעות הבטחות, שברור שהן שקריות. ולכן כל כך גדולה הייתה התחושה והתקווה שמבנה השקר הזה יתמוטט בצורה כזו או אחרת. שחלק מהאנשים יצביעו נגד. שתתחולל מחאה ציבורית המונית שתעצור את המהלך הזה, ואף תביא לנפילת הממשלה. משהו הרי חייב לקרות כדי שחוסר הצדק והעוול הנורא הזה יקרוס!

אני זוכר תחושה ממשית, איך מרוב חוסר יכולת להכיל את העוול הזה – פשוט השתתקתי. זה היה כל כך מעוות, כל כך משונה, כל כך מוזר, כל כך לא צודק. עד שבכל פעם שניסיתי לתת ביטוי לעוול הזה, המילים נתקעו ולא יצאו.

ההמשך ידוע לכולם.

הגירוש קרה. העוול נעשה. זה אכן היה גרוע מאוד, אפילו יותר ממה שיכולנו לדמיין. כל התרחישים השחורים קרו גם קרו. ומעבר לכל העניינים המעשיים המרובים שנזרקנו אליהם – איך לארגן את החיים מחדש, מהתחלה – נותרה בלב זעקה עמומה ונוקבת. זעקה שכתובתה לא הייתה הממשלה, או כל גורם אנושי אחר, אלא הופנתה כלפי מעלה. כלפי מי שמנהיג את העולם.

דרכים שונות היו באותה העת להתמודדות עם הזעקה הזו. יש שהעדיפו להדחיק אותה, ורק לשקוע בעשייה המרובה שנצרכה אז. יש שהחליטו להדק אחיזה עוד יותר במוכר, ולא לתת למציאות הקשה לערער משהו בשיטה הכוללת. הגאולה ממשיכה, וגם אם יש בה ירידות כאלה ואחרות – הרכבת נוסעת.

אבל הלב שלי לא היה שקט. הרגשתי שסדק נפער בתוכי, ושהסדק הזה גם יכול להיות הזדמנות. הזדמנות להצצה אל עומקים אחרים שעד היום לא הכרתי.

ועדיין, המצוקה הלכה וגברה. החיים ממשיכים, ואני המשכתי ללמד בישיבה ולהעביר שיעורים – אך הם נשמעו לי יותר ויותר כהקלטה עמומה ורחוקה. הקלטה של עצמי... אך אני לא הייתי שם.

ואז התגלגל אליי הסיפור הזה של רבי נחמן:

פעם, כשדיבר רבנו מדרכי ה׳ הנעלמים, ומעִניין שאין שום שכל להבין נפלאות דרכי ה׳ – סיפר שהיה יהודי עני אחד מטופל בילדים, שהיה שוכר כל שלוש שנים את בית המרזח (׳רענדאר׳) מהפריץ, והיה דר שם ומתפרנס ממנה, וכך היה שוכרו שנים רבות. ובכל שלוש שנים, כשנגמרה השכירות והכריז הפריץ על שכירות המרזח, לא שכרוֹ אף אחד אפילו מהנכרים, כי ידעו שיהודי זה הוא עני ומטופל בילדים וריחמו עליו, כי ידעו שמזה מקור פרנסתו.

אולם שנה אחת בא יהודי אחד והפריז על הסכום ושכר הוא את בית המרזח, ונאלץ היהודי העני לצאת משם באמצע החורף עם בניו הקטנים.

היהודי הזה, ששכרוֹ – לא היו לו שנים רבות ילדים, ובאותה שנה ששכר את בית המרזח וקיפח את העני, נולד לו בן זכר.

והיה הדבר לפלא, שלא די שעשה עוולה לעני כזה, עוד זכה לבן זכר לאחר שנים רבות שלא היו לו בנים...

וסיים רבנו ואמר: ״וכך מנהיג הקב״ה את עולמו!״[2]

2 **שיח שרפי קודש** (ברסלב) חלק ב, אות פו.

והיה הדבר לפלא. הרי העוול בסיפור הזה זועק מכל כיוון! אין בו פשר ואין בו הסבר. איך היהודי הזה, שלקח את פרנסת חברו ועשה כזו עוולה, עוד נפקד בבן?! ובכל אופן, באה האמירה המהממת הזו של רבי נחמן: **"כך מנהיג הקדוש ברוך הוא את עולמו"**.

אפשר לומר: אם זו צורת ההנהגה, אז אני לא מעוניין להיות חלק ממנה.

אך אפשר גם אחרת.

כשקראתי את הסיפור הזה – וכאמור היה זה בימים של תמהון לבב פנימי – משהו בליבי נפתח.

המשוואות שאיתן פתחנו אכן מסדרות את החיים בסדר טוב והגון. אך בה בעת יש בהן גם צמצום.

והנה העמידה הזו, הבלתי מובנת וחסרת הפשר מול הקדוש ברוך הוא, יוצרת משהו אחר. חדש. עמידה קיומית מול הנשגב הלא־מובן. זו בעצם הייתה הפעם הראשונה שהרגשתי בעומק, בצורה קיומית, את האפשרות לעמוד לפני הקדוש ברוך הוא בלי להבין דבר. ויש בה, בעמידה הזו, את תמצית המילה "אמונה".

בספר **דרך מצוותיך** לאדמו"ר הצמח צדק כתוב שכל דבר שהוא מובן בשכל בצורה כזו או אחרת לא יכול להיחשב אמונה. שהרי דבר כזה הוא מובן, ואמונה מתחילה במקום שבו השכל נגמר. אין עניין להיות דווקא במקום שאין בו שכל. אנו צריכים להתאמץ להבין עד כמה שניתן. אך יש מקום נוסף, שמגיע אחרי כל המאמצים וההבנות. שם זה כבר לא מובן. והמקום הזה – הוא הוא האמונה.

העמידה היחפה הזו, חסרת הפשר והמובן, מערימה מצד אחד קשיים רבים על החלק ההגיוני שבנו, המבקש טעם וסיבה. אך מצד שני היא מעמיקה מאוד את החוויה הקיומית של עמידה מול אלוקים נשגב, חופשי לחלוטין. דווקא חוסר ההבנה הזה, העמידה המשתוממת מול משהו שנראה כל כך משונה ומוזר עבורנו, חוקק בנפש את המקום הכי חשוב בה. את האמונה

הפשוטה, את התחושה של נשגבות לא מובנת, של נוראות הגדולה מאיתנו ללא מידה.

כולנו יודעים זאת, בשכלנו. אך הסיפור של רבי נחמן, כמו גם החוויה שאותה תיארתי לפני כן, חוקקים זאת בנפש באופן קיומי. עמידה יחפה, ללא מתווכים הגיוניים באמצע. גם למתווכים האלה יש מקום, גם הם חשובים – אך בסדק הזה שנוצר, לרגע, הצלחתי להביט אל מקום כל כך עמוק: "תְּהוֹם אֶל תְּהוֹם קוֹרֵא לְקוֹל צִנּוֹרֶיךָ, כָּל מִשְׁבָּרֶיךָ וְגַלֶּיךָ עָלַי עָבָרוּ".[3] המקום שבו התהומות קוראים זה לזה – הוא מקום האמונה.

זוהי חוויה של קרבה מיוחדת. כביכול ברגע מסוים מוסר לוט ההבנה מעל ההנהגה האלוקית, אור גדול ומסנוור מופנה עלינו, ובאותו הרגע אנחנו מבינים שאיננו מבינים. שכל המשוואות שעליהן דיברנו הן רק צורה אפשרית אחת להתגלות הקדוש ברוך הוא. אך כדי שלא נשגה ונכניס חלילה את ההנהגה האלוקית למין משוואת שכר ועונש המובנת לכל בשר ודם, אחת לכמה זמן האדמה היציבה שעליה אנו צועדים רועדת מתחת לרגלינו, ולרגע אחד אנחנו נחשפים לגודל לא מובן ולא מוסבר. העיניים מסנוורות מעוצמת ההארה והאוזניים מוחרשות מחוזק הקול, והרגע הזה הוא תמצית האמונה של עובד ה' – העמידה מול האינסוף, כחוויה קיומית, הצורבת בתוכנו את הגודל ואת הידיעה הפנימית שאנו עבדים למלך גדול באמת.

3 תהילים מב, ח.

# יָפָה אַתְּ רַעְיָתִי כְּתִרְצָה – כְּשֶׁאַתְּ רוֹצָה

## על חופש ובחירה במפגש עם הבורא

המושג 'בחירה חופשית', המוכר לכולנו, מתקשר בעבודת השם לחופש הבחירה בין טוב לרע. הנה מונח לפנינו רצף של מצוות, איסורים, מעשים וציוויים, ורשות יש לו לאדם להטות את דרכיו לאן שירצה. לכיוון הטוב, שמשמעו ציות למצוות הבורא ברוך הוא וקיומן בדרך של קבלת עול והתמסרות, או לחלופין להליכה אחרי שרירות ליבו, אחרי התאוות והצדדים הנמוכים של חיינו. זהו הציר, והוא מתואר בפירוט החל מהפסוקים הידועים בספר בראשית, "הֲלוֹא אִם תֵּיטִיב – שְׂאֵת, וְאִם לֹא תֵיטִיב – לַפֶּתַח חַטָּאת רֹבֵץ",[1] עבור בפרשת בחוקותי, ועד לרמב"ם בהלכות תשובה.

מכל מקום, דומה שתחום הבחירה הסתיים ברגע ששמנו את רגלינו במקום מסוים. בחר האדם ללכת אחר התורה ואחר המצוות – זוהי ודאי בחירה כבירה ומשמעותית, אך מרגע זה ואילך לא בחירה נדרשת ממנו אלא קיום וציות, ביטול והתמסרות לנאמר ולנכתב בתורה.

קבלת עול מלכות שמיים – כעבד לפני רבו ואפילו כבן לפני אביו – מחייבת באופן טבעי גם בעול המצוות.

אך האם תחום הבחירה הוא אכן מוגדר כל כך? האם אין אפשרות לבחירה גם בעצם המפגש עם הבורא יתברך? האם לא חסר משהו במערכת יחסים נטולת

1 בראשית ד, ז.

יוזמה והפתעה שכזו, המבוססת רק על ציות וקיום אך אין בה יוזמה, הפתעה, יציאה לקראת, חן שנוצר כתוצאה מתנועה?

יש ויש.

בכמה וכמה מקומות מופיעה הבחירה בתוך תחום הקדושה ומותירה אותנו מופתעים. לא רק מתעוזת הבוחרים עצמם, שהעזו לשנות מן הנאמר להם במפורש (פעמים על ידי השכינה עצמה!), אלא גם מהתגובה האלוקית ליוזמה הזו – תגובה שכולה נחת ושמחה.

ראש וראשון למורדים ולבוחרים הוא משה רבנו בעצמו. הקדוש ברוך הוא קבע מועד למתן תורה. התורה, שכל העולם וישראל מחכים לה, אמורה להינתן בעוד יומיים – אך משה מוסיף יום אחד מדעתו, "והסכים הקדוש ברוך הוא עִמו".[2]

לכאורה מדובר בדבר שלא ייתכן. הקדוש ברוך הוא קבע למשה מועד, משה דוחה אותו על דעתו, והקדוש ברוך הוא מסכים איתו ו"מגיע לפגישה" בזמן שמשה קובע. יש כאן חן, יש כאן תנועה. כביכול משה אומר לקדוש ברוך הוא – המועד שקבעת לנו הוא מוקדם מדי. אני צריך עוד זמן להתכונן. זה יהיה לא מדויק אם נעשה את זה במועד שלך.

היוזמה הזו, הבחירה, היא נושאת חן מצד עצמה, והפגישה מתרחשת במועד היזום ולא במועד הקבוע מראש על ידי השכינה.

רצף הדוגמאות המפליא הבא נמצא כולו בספר במדבר.

כל המאזין לפתיחת ספר במדבר מבחין היטב בקצב המהודק והמסודר. מחנה ישראל עומד למפקד צבאי. יש סדר תנועה ודגלים, יש מפקד מסודר "לְמִשְׁפְּחֹתָם לְבֵית אֲבֹתָם בְּמִסְפַּר שֵׁמוֹת כָּל זָכָר לְגֻלְגְּלֹתָם".[3] משלחים מן המחנה את כל היוצאים מן הסדר – כל צרוע וכל זב וכל טמא לנפש. מטפלים

2 שבת פז ע"א. באופן פשוט (ראו סוגיית הגמרא שם), מטרת הדחייה הייתה שגם הנשים תוכלנה להשתתף במתן תורה. נמצא שמשה הוא הרב הראשון שדאג ללימוד תורה לנשים.

3 במדבר א, ב.

גם בחריגים כלפי מעלה, כמו הנזיר. כך הולך הקצב ונעשה מהודק יותר ויותר, עד לשיא הכפול: שיא ראשון בפרשת נשא, החוזרת שוב ושוב על קורבנות הנשיאים כמין רוטינה מדויקת החוזרת על עצמה. ושיא שני מייד אחר כך, ברצף הפסוקים המתארים את הביטול המוחלט של עם ישראל בתנועתו כלפי הענן:

> וּלְפִי הֵעָלוֹת הֶעָנָן מֵעַל הָאֹהֶל וְאַחֲרֵי כֵן יִסְעוּ בְּנֵי יִשְׂרָאֵל, וּבִמְקוֹם אֲשֶׁר יִשְׁכָּן שָׁם הֶעָנָן שָׁם יַחֲנוּ בְּנֵי יִשְׂרָאֵל. עַל פִּי ה׳ יִסְעוּ בְּנֵי יִשְׂרָאֵל וְעַל פִּי ה׳ יַחֲנוּ, כָּל יְמֵי אֲשֶׁר יִשְׁכֹּן הֶעָנָן עַל הַמִּשְׁכָּן יַחֲנוּ. וּבְהַאֲרִיךְ הֶעָנָן עַל הַמִּשְׁכָּן יָמִים רַבִּים – וְשָׁמְרוּ בְנֵי יִשְׂרָאֵל אֶת מִשְׁמֶרֶת ה׳ וְלֹא יִסָּעוּ. וְיֵשׁ אֲשֶׁר יִהְיֶה הֶעָנָן יָמִים מִסְפָּר עַל הַמִּשְׁכָּן, עַל פִּי ה׳ יַחֲנוּ וְעַל פִּי ה׳ יִסָּעוּ. וְיֵשׁ אֲשֶׁר יִהְיֶה הֶעָנָן מֵעֶרֶב עַד בֹּקֶר וְנַעֲלָה הֶעָנָן בַּבֹּקֶר וְנָסָעוּ, אוֹ יוֹמָם וָלַיְלָה וְנַעֲלָה הֶעָנָן וְנָסָעוּ. אוֹ יֹמַיִם אוֹ חֹדֶשׁ אוֹ יָמִים, בְּהַאֲרִיךְ הֶעָנָן עַל הַמִּשְׁכָּן לִשְׁכֹּן עָלָיו יַחֲנוּ בְנֵי יִשְׂרָאֵל וְלֹא יִסָּעוּ, וּבְהֵעָלֹתוֹ יִסָּעוּ. עַל פִּי ה׳ יַחֲנוּ וְעַל פִּי ה׳ יִסָּעוּ, אֶת מִשְׁמֶרֶת ה׳ שָׁמָרוּ עַל פִּי ה׳ בְּיַד מֹשֶׁה.[4]

מהודק. קצוב. מוחלט. אין חריגות. לא משנה כמה משונה יהיה מהלכו של הענן – עם ישראל בטל אליו לחלוטין.

ודווקא על הרקע המהודק הזה של פתיחת ספר במדבר, בולטות שלוש חריקות גדולות. בעיטות־בחירה המורדות בכל הסדר הזה ומבקשות דרך משלהן.

## הבעיטה הראשונה היא פסח שני

קבוצת אנשים אשר טמאים לנפש אדם צועקים "לָמָּה נִגָּרַע?".[5] גם אנחנו רוצים לעשות פסח! לכאורה הצעקה הזו היא חסרת פשר. קורבן פסח הוא קורבן על

4 במדבר ט, יז-כג.

5 שם, ז.

אירוע קבוע בציר השנה. אין אפשרות לציין אותו בזמן אחר. אכן, מצער מאוד שיש אנשים שהם טמאים, אך המציאות מלאה אילוצים כאלה ואחרים.

אך הקדוש ברוך הוא מצווה את משה לשמוע בקולם ולקבוע עבורם חג חדש. פסח שני. זהו אם כן חג היוזמה מלמטה. חג התשובה והתיקון, חג שנולד כתוצאה מצעקה פשוטה של "למה נגרע". זוהי חריגה, שבולטת במיוחד על רקע הסדר הקצוב של חלק זה בתורה.

> כי אלו האנשים שהיו טמאים לנפש אדם ולא יכלו לעשות הפסח שבאו לשאל "למה נגרע". אלו שאלו כהוגן. ותקנו בזה הרבה מאד, כי נתגלגל זכות על ידם שנתגלה על ידי זה למשה דין פסח שני, שהוא תיקון גדול, שהוא בחינת המשכת דרך התשובה.[6]

## הבעיטה השנייה מופלאה אף יותר מקודמתה

פרשת נשא מקדישה פסוקים רבים לקורבנות הנשיאים. כל נשיא מביא אותו קורבן בדיוק, אך זוכה לתיאור בפני עצמו. התיאורים הם כמעט זהים, כמדגישים את הציות והביטול שהיו בהבאת הקורבנות הללו. אולי יש בזה מקצת מן הפחד, לאור מעשיהם של נדב ואביהוא שהקריבו אש זרה אשר לא ציווה אותם.

אך לפתע נשברת השגרה בקול רעש גדול: שש עגלות ענק מובאות על ידי הנשיאים אל פתח אוהל מועד. מבלי שנצטוו, מבלי שנאמר להם. מכוח סברתם בלבד, לאחר שנראה היה להם שקשה לשאת את הקרשים הכבדים והיריעות הגדולות של המשכן ללא סיוע של עגלות.

משה רבנו רואה זאת, ולא יודע מה לעשות. הרי כל מה שצריך להביא – נאמר לו על ידי השכינה. וכאן, פתאום, מין יוזמה שכזו.

וגם כאן מצווה הקדוש ברוך למשה לקחת מאיתם:

6 **ליקוטי הלכות** אורח חיים, הלכות ברכת הפירות ה, טז.

קַח מֵאִתָּם וְהָיוּ לַעֲבֹד אֶת עֲבֹדַת אֹהֶל מוֹעֵד וְנָתַתָּה אוֹתָם אֶל הַלְוִיִּם אִישׁ כְּפִי עֲבֹדָתוֹ.[7]

המדרש פותח לפנינו צוהר מרהיב ליחס האלוקי אל היוזמה והבחירה הבאות מלמטה, כפי שהוא מתגלה בפרשה זו:

"יפה את רעיתי כתרצה" – **כשאת רוצה.** כד את בעייא לית את צריכה בעייה מכלום מילף מכלום [כשאת רוצה אין את צריכה לשאול או ללמוד מאף אחד]. מי אמר להם להביא עגלות ובקר לטעון המשכן? **לא מהן ובהן הביאו אותן?** הדא הוא דכתיב: "ויביאו את קרבנם לפני ה' שש עגלות צב ויקריבו אותם לפני המשכן", מלמד שמסרום לציבור.

"ויאמר ה' אל משה לאמר" – מהו "לאמר"? אמר לו הקב"ה: צא ואמור להם דברי **שבח ונחמות**. אמר רבי הושעיא: אמר הקב"ה, מעלה אני עליכם כאילו כבר הייתי צריך לסבול בו את עולמי והבאתם לי.

באותה שעה נתיירא משה. אמר בלבו, תאמר רוח הקדש נסתלקה ממני ושרת על הנשיאים? או שמא נביא אחד עמד וחידש את ההלכה? אמר לו הקב"ה: משה, אילו להם הייתי אומר שיביאו הייתי אומר לך שתאמר להם, אלא **"קח מאתם והיו" – מהו "קח מאתם"? מאתם היו הדברים.**

ומי נתן להם את העצה? אמר רבי סימון: שבטו של יששכר אמר להם, המשכן הזה שאתם עושים – פורח הוא באויר? עשו לו עגלות כדי שיהא נטען בהם. הוא שהכתוב משבח שבט יששכר, שנאמר "ומבני **יששכר יודעי בינה לעתים**".[8]

7 במדבר ז, ה.

8 שיר השירים רבה ו, י.

לשון המדרש נפלאה. הבאת העגלות הייתה מהם. מאיתם היו הדברים. משה רבנו מתיירא כאשר הוא פוגש את היוזמה ואת הבחירה הזו, אך הקדוש ברוך הוא אומר לו – קח מאיתם. אם הייתי מצווה – אתה ודאי היית יודע. אך יש מסלול שלא עובר דרך הציווי והקיום, אלא דרך היוזמה והבחירה.

מי שנתן את העצה על העגלות היו שבט יששכר, "יודעי בינה לעיתים". יש להם את תבונת הלב היודעת להתאים את החוכמה לעת המיוחדת. את הבחירה לסיטואציה.

יוזמת הנשיאים הופכת את כל העניין לנושא חן. ליפה. וזוהי דרשת הפסוק "יפה את רעיתי כתרצה" – כשאת רוצה. דווקא במקום של הבחירה, ביוזמה, בתנועה – שם מונח היופי. שם היא כל כך יפה. אין ציווי על העגלות, אין הוראה להביאן. יש רק סברה ישרה של בני יששכר, ואומץ של הנשיאים לבחור, לזוז ולנוע. לגלות את הרצון שלהם. ובזה הם נעשים יפים כתרצה.

כך פירש את המדרש רבי שמחה בונים מפשיסחא:

ביאור המדרש, דהנה כל מי אשר ערב לבו לגשת אל הקודש, צריך לפלס דרכיו בהשכל ודעת, גם במעשים טובים אשר כוונתם שלימה לה', שיכוון לרצון השי"ת. והנה מצינו בעוזיה שנענש בפשוט יד בארון ה' כאשר שמטו הבקר, כמו שנאמר "ויחר אף ה' בעוזיה". נמצא, שלא לרצון היה סיעת עוזיה באחוז בארון ה', כי היה לו להניח ולסמוך על מעשה ה' בעת ההיא. וכמו שהיה בירדן, שארון נשא את נושאיו. **ואם זה הלכה פסוקה, מנין היה לנשיאים להביא עגלות למשכן לשאת אותו, וכאן מצינו שהיה לרצון, כמו שנאמר "קח מאתם והיו לעבוד את עבודת אהל מועד", והיאך היה הדבר?**

**אמנם, האיש הישראלי הדבוק בהשי"ת ותורתו, יוכל להעמיק בדעתו ושכלו הכל במקומו הראוי לו. וזה פירוש "כד את בעיא", דהיינו אם לבבך שלם עם ה', "לית את צריך למילף מכלום". כי תוכלו לכוון ההלכה, לעשות במקום הראוי לעשות.** וכמו בכאן בהבאת העגלות, שכוונו

בני יששכר ההלכה באמרם, המשכן הזה שאתם עושים פורח הוא באויר? ויטב הדבר בעת ההיא וישר לפני המקום. ונרצה כוונתם, כמבואר במדרש, כנגד ששה רקיעים, וכו', כנגד ששת ימי בראשית, כמבואר במדרש, עיי"ש, הוא שהכתוב משבח "ומבני יששכר יודעי בינה לעתים לדעת מה יעשה ישראל". **היינו, שהם המבינים בדעתם, במקום הראוי ועת הראוי לעשות או לא, ולכוון ההלכה הכל במקומה.**[9]

## בעיטה אחת אחרונה

והבחירה האחרונה ברצף הפרשיות הפותחות את ספר במדבר – היא אולי הנועזת מכולן.

כבר הבאנו לעיל את הפסוקים המתארים את הביטול המוחלט של עם ישראל כלפי הענן. הענן לא היה קבוע, הכול היה משתנה, ובכל מצב היה עם ישראל צועד בעקבותיו.

בכל מצב – חוץ מפעם אחת.

מרים מצטרעת, ומצטווה לשבת מחוץ למחנה שבעת ימים. והנה, לאחר שמרים פרשה מן המחנה, מוסיפה לנו התורה עוד פסוק אחד המקפל בתוכו דרמה גדולה – מרד של ממש:

וַתִּסָּגֵר מִרְיָם מִחוּץ לַמַּחֲנֶה שִׁבְעַת יָמִים, **וְהָעָם לֹא נָסַע עַד הֵאָסֵף מִרְיָם.**[10]

לשם מה יש צורך לציין שהעם לא נסע עד האסף מרים? הרי העם נוסע או חונה רק בכפוף לענן.

9 **קול שמחה** פרשת ויקהל (בתחילתה).

10 במדבר יב, טו.

אין זאת אלא שהענן עלה מעל המשכן – אך העם לא קם ללכת אחריו. סוג של מרד. איננו זזים בלי מרים בתוכנו. אנחנו מסרבים ללכת כאשר מרים משתרכת לבדה מאחור. העם מורד בענן. כך כתב הספורנו:

> והעם לא נסע – אף על פי **שהענן סר מעל האהל,** וכתיב "ובהעלות הענן מעל המשכן יסעו בני ישראל בכל מסעיהם", מכל מקום לא נסעו. שהכירו שלא נעלה אז אלא להרחיק המצורעת.

למרות שהענן סר מעל האוהל, בני ישראל מסרבים ללכת אחריו. הם מבינים שהענן לא נעלה אלא כדי להרחיק המצורעת. זו הבנה משונה מאוד. מניין להם זאת? הרי העלות הענן יש לה רק משמעות אחת – תחילת תנועה. הם הבינו כך – כי זה היה רצונם. לא לנוע בלי מרים. והסכימה דעת המקום עימם. הענן מסכים לדבריהם, כמובא בפסוק הבא "וְאַחַר נָסְעוּ הָעָם מֵחֲצֵרוֹת, וַיַּחֲנוּ בְּמִדְבַּר פָּארָן". הענן ממתין יחד איתם.

בתוך המרחב של עבודת השם נמצא מרחב עדין ורגיש שבו הקדוש ברוך הוא מצפה לבחירה וליוזמה שלנו. מחכה שתחום הבחירה לא יישאר רק במרחב שבין טוב לרע, בין מצווה לעבירה, אלא יתרחב אל עבר המצווה עצמה. גם שם יש מקום ליוזמות ולחידושים. גם כאלה שלא נאמרו ולא נצטוו עליהם, שלא נאמרה בהם הוראה מפורשת. התנועה הזו מעלה חן והופכת אותנו ליפים כתרצה.

במרכז עבודת השם נמצא היחס, ויחס ללא בחירה הוא חסר וחלקי. יש כאן מין נשיאת הפכים, בין ביטול וקבלת עול לבין בחירה ותנועה. יש כאן צורך בבינת הלב של בני יששכר, יודעי הבינה לעיתים. וכשמכוונים את הלב לשמיים ומבקשים לעשות את רצון הבורא, הרי צעקת "למה נגרע", או הבאת העגלות, או המרד בענן – כולם כאחד מעלים חן ושמחה לפני הבורא יתברך, והוא מכריז עלינו: "יָפָה אַתְּ רַעְיָתִי כְּתִרְצָה" – כשאת רוצה.

# בין אדם לחברו

## שער שלישי

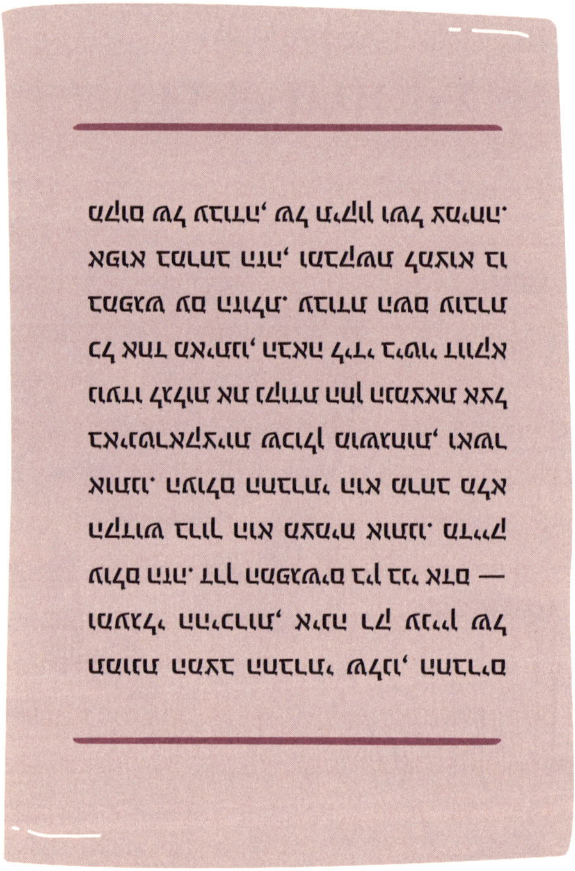

# הֵחָלְצוּ מֵאִתְּכֶם

## לדעת לצאת מעצמנו

"אדם בתוך עצמו הוא גר, בתוך עצמו הוא גר", אומר השיר הידוע. ראשית המודעות שלנו עסוקה כולה בדבר אחד בלבד: בנו. בנו עצמנו. ומשם מתחיל תהליך התפתחותי שלם, שסופו היכולת לצאת מעצמנו אל עבר הזולת.

היציאה הזו – מה משמעותה?

משל טוב מדמה את היציאה הזו לנסיעת טיול לחוץ לארץ: אורז האדם את חפציו, נוטל את דרכונו בידו, מחתימו בשדה התעופה, עולה אל המטוס, ממריא ונוחת ומחתים את הדרכון שוב. כעת – הוא בארץ זרה. זו אינה הארץ שלו. אך הוא פתוח כל כולו להכיר, ללמוד, לדעת. סקרנות ממלאת את ליבו לקראת המפגש החדש. הוא איננו עסוק בהשוואות מייגעות כל העת אל המקום שממנו בא. כעת הוא בארץ אחרת. הוא כאן, כל כולו.

וכשם שיש נופים גאוגרפיים יש נופים נפשיים, מעניינים ומרתקים לא פחות. עיקר היכולת הנדרשת מהאדם במרחב של 'בין אדם לחברו' זו היכולת לצאת מעצמו ולבקר בארץ של השני. להיות שם. להכיר את הנופים, את צורות החשיבה. את הכאבים. את הקשיים. בלי השוואה לעולם שנמצא אצלי. בלי שיפוט בשלב הראשון. פשוט להיות.

מספרים שפעם ישבו שני שיכורים בבית מרזח והיטיבו ליבם במשקה. כאשר היו שיכורים מאוד פנה אחד לחברו ואמר לו: "אחי, אתה אוהב אותי?"

"ברור שאני אוהב אותך, אחי", ענה השני.

השיב לו הראשון: "איך אתה אומר שאתה אוהב אותי, אם אתה לא יודע מה כואב לי?"

כששיפרו זאת לבעל שם טוב, הוא אמר שזו אמת.

הכול מתחיל מהיכולת לצאת מעצמך. או, בשפת התורה, "הֵחָלְצוּ מֵאִתְּכֶם".[1]

המעבר לארץ של השני צריך להיעשות מתוך רגישות וכבוד לנופים שיתגלו שם. כמו תייר ששואל, לומד, מברר, אך לא מתנהג בגסות כבעל בית. עיקר העבודה הוא לצאת מעצמי. להצליח להשתחרר מקופסת התודעה העסוקה רק בי. בעצמי. במה שאני חושב, שנראה לי, שרגיל אצלי. זוהי קליפה כל כך קשה לשחרור, עד שרבי זושא מאניפולי סירב להשתמש במילה "אני" באופן מוחלט וגורף.

"הֵחָלְצוּ מֵאִתְּכֶם".

הביטוי הזה נאמר על ידי משה רבנו לחלוצי הצבא כאשר הלכו להילחם במדין. וכבר העירו רבותינו בעלי החסידות[2] שמשה רבנו היה צריך לזרז את חלוצי הצבא לצאת לקרב, מפני שתלה הכתוב את מיתתו בנקמת מדין. משה יכול היה להתעכב בעניין ולהאריך ימים, אך הזדרז ונחלץ מעצמו כדי לקיים את מצוות הבורא, ודרש זאת גם מחלוצי הצבא.

אך עניין עמוק יותר מסתתר כאן.

קליפת מדין היא בעצם קליפת הדין. זוהי הקליפה הגורמת לנו להביט על הזולת בעין של דין. עין שופטת ומבקרת. גם כשאנחנו מבקרים ב'ארץ' שלו – אנחנו עושים זאת כשופטים, כמבקרים. יש לנו מה להגיד על כל דבר, מה להעיר על כל עניין. העין נעשית צרה ובוחנת.

אנחנו לא מוכנים לתת לשני להיכנס לתוכנו, ובוודאי לא מוכנים להיכנס לעולמו במין שחרור פנימי של עין טובה, נקייה מביקורת.

1 במדבר לא, ג.

2 על פי התנחומא מטות ג (הובא גם ברש"י על הפסוקים שם).

אנחנו לא מוכנים להיחלץ מעצמנו, אפילו לא לרגע. קליפת מדין תפוסה בנו ודורשת מאיתנו בכל רגע נתון לדון את מה שאנחנו רואים ולחוות עליו דעה. אבל – כך לא יכולה להיווצר חברות. כך לא יכולה להיווצר קרבה.

אירוע קטן, חסר משמעות לכאורה, הביא את האדמו"ר הרש"ב, הרבי החמישי בשושלת אדמו"רי חב"ד, לכתוב מאמר שלם שנקרא "החלצו מאיתכם". כך מספר בנו וממלא מקומו, האדמו"ר הריי"ץ:

> פעם ישב אבי בהתוועדות חסידים, וראה שמזגו לאחד המסובים 'משקה' בכוס שקודם לכן שתה ממנה חברו. נטל הלה את הכוס ושטפה, ורק לאחר מכן שתה ממנה. אבי הקפיד על כך, ובעקבות זאת אמר את המאמר המפורסם "החלצו".

חסידים יושבים יחד בהתוועדות חסידים. כל מהותה של התוועדות היא היכולת לפתוח את הלב. לשתף בקשיים ולדעת שאיש לא ישפוט אותי. אדרבה, עוד אנשים יגלו את ליבם שגם הם מתמודדים עם קשיים דומים. איש לרעהו יעזורו, לאחיו יאמר חזק. והנה, תוך כדי ההתוועדות, אחד החסידים שוטף כוס ורק אחר כך שותה ממנה. לכאורה מעשה פעוט – אך הרבי הרש"ב ראה בזה סימן לריחוק. חוסר מוכנות "להיכנס לכוס" של השני, לחייו, בלי לשטוף אותם קודם. בלי לנקות שאריות מחיי הזולת לפני שאני פוגש אותו. עבורו זו הייתה סיבה מספקת כדי לכתוב מאמר שלם ותקיף, מאמר "החלצו מאיתכם".[3]

קליפת מדין היא שנאת חינם ופירוד הלבבות, היפך האחדות ההורסת כל חלקה טובה. שנאת חינם היא שנאה ללא כל סיבה, ואינה תלויה בדבר או במי שגרם לו איזו רעה. שנאה חינם היא שנאה עיוורת למי שאינו יכול

3 משנת תרנ"ט, עם הקדמה מאת הרבי הריי"צ. מצוי ברשת.

לסובלו ולכן מתקוטט ורב עימו, אף אם אינו מכירו כלל ולא היה לו שום משא ומתן עמו.

לפעמים נותן תירוצים למה הוא שונא אותו, מחפש ומוצא תואנה ועלילה להצדיק עצמו אבל אין זו האמת. הסיבה האמיתית היא הישות שלו שחשוב הוא בעיני עצמו, ומרגיש עצמו מאוד ואינו נותן מקום לזולתו הממעט את מציאותו. עד שגורם להתרחקות ולפירוד למחלוקת ולריב. זהו היפך צד הקדושה שהעיקר בה הוא הביטול והענוה.

קליפת מדין (קליפה קשה ביותר) גוברת, אם זולתו הוא בעל מעלה ומדרגה בשכלו או במידותיו. אם זולתו בדרגת חסידות וטהרה וקדושה יתירה, דבר העשוי לאיים על הישות שלו באופן מיוחד, עד ששונא אותו שנאת חינם מרוב קנאה הקשה כשאול. הוא כועס עליו ורב אתו ועושה הכל כדי להשפילו.

שנאת־חינם נפוצה ביותר בין עובדי ה׳: כל אחד בונה במה לעצמו, בתורה ובעבודה, על־פי דעתו ושכלו דווקא, ואין אחד מתאחד ומתחבר עם רעהו. כל אחד מבטל את הטוב שבעבודת חברו, וכל חיסרון שימצא בה – יגדיל וירחיב עשרת מונים (אף אם אינו אלא חיצוני, שאינו נוגע בגוף ובעצם עבודתו). התנהגות זו מעידה ששונא הוא את חברו בליבו ואינו חפץ כלל בטובתו. ומהי הסיבה לשנאה זו? ישותו והרגשת עצמו, או בלשון אחרת: העדר הביטול והעדר הנחת עצמותו.

אם פתחנו ביכולת לצאת מעצמך אל עבר הזולת – כאן מגלה לנו הרבי הרש״ב עד כמה זה קשה. כי מה שמפריע ל׳קליפת מדין׳ אינו מה שהזולת עושה או לא עושה. מה שמפריע לה הוא עצם קיומו של זולת. עצם קיומו של מישהו שמצמצם את המרחב שלי. וכבר עוברת לי מחשבה: הלוואי, הלוואי שהוא לא היה כאן. הנוכחות שלו כאן מפריעה.

והסיבה המרכזית – ״ישותו והרגשת עצמו״, או ״העדר הביטול והעדר הנחת עצמותו״.

צא מעצמך! אומר לנו הרבי הרש"ב.

הזולת קיים כאן. הוא מקבל את חייו ישר מנותן החיים. ריבונו של עולם החליט לתת לו חיים – ולך זה מפריע?

אם כך רצה הבורא, לא רק שזה לא אמור להפריע, אלא זו מתנה. הנוכחות של הזולת לידנו היא תמונה מדויקת של הדברים שאותם אנחנו צריכים לתקן בעצמנו. ללמוד, להתרחב, להתפתח. אך כדי שדבר כזה יקרה צריך לצאת מעצמנו. מהתחושה הגסה והעבה שכל נוכחות אחרת לצידי מפריעה לי, מצמצמת אותי. לא צמצום יש כאן, אלא הרחבה. חלקים שלמים מהאישיות שלנו יכולים לבוא לידי ביטוי רק מתוך קשר אמיתי ועמוק עם הזולת, ועם מה שנוצר כתוצאה מהקשר הזה.

קליפת מדין, מלאת הדין, שופטת את הזולת כל העת ודואגת להנמיך את קומתו. היא כל העת דנה. שופטת. שמה את עצמי במרכז כמין קריטריון לכול – ומשם מביטה בעין צרה על כל הסובב. זוהי קליפה עבה ומסוכנת.

לעומתה, הקריאה "הֵחָלְצוּ מֵאִתְּכֶם" קוראת לנו לעין טובה. קוראת לנו להצליח לעזוב לזמן מה את עולמנו המוכר והבטוח, ולצאת למסע אחר, חדש, בעולמו של מישהו אחר. שם נהלך ברגש, נפגוש תמונות חדשות. כאבים. קשיים. אולי נתפעל, אולי נישאר בתימה – אך יצרנו קשר. פגשנו. התחברנו. נחלצנו מבית הכלא הגדול בעולם, הכלא של עצמנו, והצלחנו לרגע אחד ליצור מפגש אמיתי ופשוט עם נשמה אחרת.

ברגע המפגש הזה מסתתר ניצוץ אלוקי. שם, בתווך המפגש בין נשמות שונות, נמצא עומק כוונת הבריאה –

כי כך ברא השם יתברך **שיהיה לזה סיוע מזה וזה לזה יצטרכו** כדי שיבינו כולם כי הכל מהשם יתברך. ולא יהיה כל השלימות אצל א'. ולכן איזה חכם הלומד מכל אדם, שיש אצל כל אחד דבר מיוחד יותר מלאחרים מטעם הנ"ל.[4]

4 **שפת אמת** פרשת בהר תרמ"א.

ההזדקקות זה לזה, המפגש הנפשי, הם יסוד הבריאה. החבר שלידך אינו תקלה ואינו טעות. הוא שם כדי שתיפגשו, כדי שכל אחד יצא ויחלץ מעולמו הפרטי ויצליח לפגוש את האינסוף שנמצא אצל חברו.

> האדם צריך **להחלץ** תמיד ממסגרותיו הפרטיות, הממלאות את כל מהותו, עד שכל רעיונותיו סובבים תמיד רק על דבר גורלו הפרטי, שזהו מוריד את האדם לעומק הקטנות, ואין קץ ליסורים גשמיים ורוחניים, המסובבים מזה.[5]

ההיחלצות הזו היא עבודה מתמדת, והיא ראשית הצירים בעבודת הנפש ובעבודת השם במרחב החברתי. לא טוב היות האדם לבדו. ״לא טוב״ זה אינו רק לאדם, אלא כדברי רש״י שם – לא טוב לבריאה. האדם מצד עצמו אולי היה חפץ להיות לבדו. יחיד בתחתונים. אך זה לא טוב, זה לא מביא את הטוב.

הטוב מתגלה ויוצא אל הפועל דווקא ממפגש. מאינטראקציה. פעולת גומלין בין שתי נשמות, או יותר, שנפגשות מפגש אמיתי ופנימי ומגלות את השכינה השרויה ביניהן.

## מטבע לצדקה

בעיר ילדותי, ליד צומת מרכזי, שכן בית ספר גדול של הנוער העובד והלומד. בית הספר ״עמל״.

כשהיינו יוצאים מיום הלימודים בבית הספר הממלכתי־דתי ששכן בקרבת מקום, היינו רואים גם את תלמידיו הגדולים יותר של בית הספר ״עמל״ כשהם יוצאים וצועדים לביתם, לבושים חולצות כחולות עם סרט אדום ונושאים תיקים על גבם.

5 **אורות הקודש** ג עמ׳ קמז.

הרבה עבר מאז עליי ועל העיר שבה גדלתי. שנים רבות נעדרתי ממנה, מגיע רק מדי פעם לביקור בבית הוריי.

עד שבגלגול מופלא, בסיבוב הסיבות, נתגלגל הדבר וחזרנו חזרה לעיר. לא כאן המקום לספר איך ולמה. רק נאמר שהמעבר עצמו לא היה קל ופשוט. החיים בעיר היו זרים לנו, המהומה וההמולה נראו לנו מאיימים, מהירים מדי לקצב החיים הנעים שבו פעמנו בשנים האחרונות.

ואף על פי כן – מוח שליט על הלב. ידענו שאנו עוברים בגלל דבר חשוב, סיבה חשובה מאוד שיש בה כדי להביא ברכה רבה, לנו ולאחרים.

ועם כל זה, את הקושי קשה לטשטש. ואולי גם לא צריך.

אך משהו אחד בכל זאת עזר מאוד. נתן כוח, ואפילו יותר מזה.

באחת הנסיעות הראשונות שלי, שוב באותן דרכים מוכרות של עיר ילדותי שעתה הייתה לביתי, ראיתי שבית הספר "עמל" החליף את בעליו. כעת מתנוסס מעליו שלט, "תלמוד תורה צמח צדק", שמתחתיו תלויה תמונה ע-נ-ק-י-ת של הרבי מלובביץ'. תמונה בהירה וחדה, הבולטת ביום ומוארת בלילה.

בתחילה ראיתי אותה בחטף, תוך כדי נהיגה. אך המראה לא נתן לי מנוח. המבט. בדרך חזרה נסעתי שוב באותו כביש, אך הפעם עצרתי בצד הדרך, והתבוננתי שוב בפני הרבי ובעיניו.

בתחילה היה נדמה לי שהרבי מושיט ידו אליי לכוסית של "לחיים". אך כשהתבוננתי שוב, ראיתי שבקצה ידו הוא אינו אוחז כוסית, אלא מטבע של צדקה. הוא כאילו מושיט לי אותו, ומתבונן בי בעיניו החודרות.

קראתי הרבה על העיניים האלה, מאנשים שפגשו את הרבי בחיים חיותו. אבל עכשיו, בתמונה הגדולה הזו, הבהירה כל כך, חשתי שהמבט מופנה אליי. רך ונעים מצד אחד, תובעני ודורש מצד שני.

מבט רך ונעים, אכפתי ואוהב, יודע כל מה שקורה עם כל אחד, מרגיש בליבו את הצער והמצוקה של כל יהודי, מרוסיה האפלה ועד אמריקה השבעה.

ומבט תובע ודורש מצד שני. לא לנוח, להתקדם, לפרוץ, להיות שליח, לחשוב ולחיות גאולה באופן מתמיד, להיות מוכן למסירות נפש למעלה מטעם ודעת.

כך נתנה לי התמונה הזאת כוח. בכל פעם שאני עובר בדרך הזו, אני רואה את הרבי מושיט לי מטבע של צדקה ומביט בי בעיניו, החודרוֹת הכי פנימה שיש ומזכירות לי מה שצריך להזכיר -

שבאנו לעולם הזה כדי לעבוד. שאסור לעמוד. "ופרצת!". שכל יהודי הוא שליח, שהשליחות היא גם זכות וגם חובה, ותובעים ממך לעמוד בה ולהיות ראוי לה.

ועיקר השליחות – היא לצאת מעצמך. להקשיב לאחר, ולהעביר לו את מטבע הצדקה הזה – כלומר להעביר את השפע הלאה. להעביר ולהשפיע, עוד ועוד.

וכך, בכל פעם שאעבור בדרך, ארים את עיניי מן הכביש לרגע, העיניים שוב ייפגשו במבט החודר, במטבע המושט לצדקה, ותחושת חום ונעימות יחדרו פנימה ללב, שידע וירגיש מחדש את כוחה ועוצמתה של השליחות, וגם את השמחה הטמונה בה.

# לָצֵאת מִמִּדְבָּר צִן

## על ציניות ועל דיבור מתוקן

כמו שני קצות המעגל, שהכי קרובים זה לזה והכי רחוקים זה מזה בעת ובעונה אחת, עומדות להן יחד הציניות והשמחה במערך הקשר שבין אדם לחברו.

התוצאות נראות קרובות. צחוק מתגלגל. תחושת שחרור. הכול נראה טוב.

אך לאמיתו של דבר מדובר בשני הפכים גמורים.

השמחה מחברת – הציניות מרחיקה; השמחה פותחת – הציניות סוגרת; השמחה מעודדת – הציניות מחלישה.

השמחה יכולה להתרחש גם כשהאדם עם עצמו – והציניות לעולם מצריכה קהל.

במערכות יחסים של בין אדם לחברו יש נטייה לבלבל בין התאומים האלה. למראית עין הם נראים זהים, אך באמת אין הפוכים מהם. לכן חשוב כל כך להבדיל ביניהם.

הציניות מתמחה בזיהוי חולשות אצל החבר. כל חולשה תקבל יחס. יעצימו אותה, ינפחו אותה ויצחקו עליה לעיני כול.

גם מושא החולשה בעצמו נוטה להצטרף לצחוק. אך לאמיתו של דבר נפתח כאן קרב. קרב עקיצות וחולשות. "קרב" שבתוכו מסתתרת המילה "קר". מערכות היחסים נהפכות לקרות. אין חום, אין אמון, אין קרבה אמיתית.

השמחה היא על המפגש. על הקרבה. על כך שיש לי עם מי לשוחח ועם מי לדבר. השמחה פונה אל החוזקות ומנסה ללמוד מהן. המפגש הפשוט, הקרוב, האוהב – מעורר בלב שמחה.

גם כאן ראשית הצירים היא ביציאת מצרים. הקדוש ברוך הוא יוצר לעם שזה עתה יצא ממצרים מנהיגות משולשת: משה, אהרן ומרים.

משה – הוא נושא האידיאל האלוקי. המביא לנו את התורה מהר סיני. משה הוא איש האלוקים.

אך אין די בצד הזה של המנהיגות. על יד משה פועלים שני אחיו הגדולים, אהרן ומרים.

אהרן הכהן הוא העוסק בשלום חברתי. "אוהב שלום ורודף שלום, אוהב את הבריות ומקרבן לתורה".[1] אהרן הוא האדם היחיד שכתוב עליו שחובה להיות מתלמידיו. "הלל אומר – הוי מתלמידיו של אהרן".

ולידו מרים. זוהי מנהיגות נשית הנותנת מקום לרגש הטוב. לקרבה. לעדינות ולנעימות. בתוך המנהיגות של עם ישראל נמצא מרכיב נשי בדמות מרים שנועד לרכך, ליצור מערכות יחסים אחרות. קרובות. מקבלות זו מזו.

מרים מסתלקת במיתת נשיקה בשנה הארבעים, במדבר צין.

רבי נחמן רואה בזה סימן. מרים, המבטאת את הרגש הטוב – לא מצליחה לשרוד בתוך מדבר צין. את המילים "מדבר צין" קורא רבי נחמן קצת אחרת: דיבור מצונן.

> דע שיש נשמה בעולם, שעל ידה נתגלה ביאורי ופירושי התורה. והיא מסובלת ביסורין, פת במלח תאכל ובמים במשורה תשתה. כי כך דרכה של תורה. וכל מפרשי התורה, הן מקבלין מזאת הנשמה. וזאת הנשמה כל דבריה כגחלי אש, כי אי אפשר לקבל ולשאוב מימי התורה, אלא מי שדבריו כגחלי אש, בבחינת "הלא כה דברי כאש". וכשהנשמה הזאת נופלת מבחינת "הלא כה דברי כאש", ואין דבריה כגחלי אש, ודבריה נצטננין, אזי נסתלקת. וכשנסתלקת, אזי נסתלק ביאורי התורה הנמשכת על ידה. ואזי כל מפרשי התורה אין יכולין להשיג שום ביאור התורה,

1 מסכת אבות א, יב (וכן בהמשך).

ואז נתעורר מריבה על הצדיקים. כי עיקר המחלוקת שבעולם נעשה על ידי הסתלקות ביאורי התורה, כי הביאור הוא תירוץ על קושיות ומריבות.

וזה בחינת "מדבר צין", שהוא בחינת דיבור מצונן. ששם מתה מרים, בחינת הנשמה הסובלת מרירות השיעבוד על התורה. ואז נסתלק הבאר, היינו בחינת ביאורי התורה. ואז "וירב העם עם משה", היינו בחינות המריבה שנתעורר כנ"ל.

יש נשמות בעולם שעל ידן מתגלים ביאורים. המילה "בֵּאוּר" עצמה היא מילה כפולה, "ב־אור". בדיבור חם. דיבור חם, קרוב, חושף ומגלה רבדים חדשים בנפש. רבים ניזונים מהנשמה הזו. דיבור אחד קרוב יש בו כדי ליצור שינויים רבים. זוהי תופעה מדהימה, כיצד אדם אחד שמחליט לדבר דיבורים חמים, קרובים, יוצר השפעה רבה סביבו. רבים ניזונים מן העניין הזה. רבים שבסתר ליבם מבקשים מרחב כזה של שיח. נקי, מזמין, נעים. אבל צריך את האמיץ הראשון שיחליט שכך הוא מדבר, כך ולא אחרת.

וכאשר יש מרחב של דיבור מצונן, דיבור ציני – אז מרים, הרגש הטוב והקרוב, נכנסת למצוקה ואפילו מתה. אין לרגש הזה מרחב מחיה, ואז – או שהוא נאלם ומשתתק, או שבעל כורחו הוא מתחיל לקחת חלק בעניין הזה ומידרדר אף הוא לציניות.

מרים "מצטננת" – ומסתלקת. הדיבור הקרוב והנוגע, הדיבור החם בין בני אדם, הוא עניין רגיש. כל הערה צינית מגרשת אותו. מחזירה אותו אחורה. לוקח זמן לבנות מרחב אמון נקי ונעים שיש בו אפשרות להביע קשיים. לבקש בקשות. לשתף ממקום אמיתי של כאב ושל שמחה.

אין קשר אמיתי בין בני אדם שלא כולל בתוכו את הניקיון מן העניין הזה. כל עוד יש ציניות, הכול סובב סביב אותו מעגל נמוך ורדוד שבדרך כלל גם חוזר על עצמו. החולשות הן אותן חולשות, וממילא הבדיחות הן אותן בדיחות, ואיש לא מצליח לפרוץ את המעגל.

אבל אם יש אמיץ לב אחד שמחליט שהוא לא מעוניין ככה, והוא מצרף אליו עוד אחד – הנה הם כבר שניים שמדברים ביניהם אחרת. והדיבור החם הזה כבר מכה גלים, ועוד גלים. עוד אנשים מצטרפים אליו – והנה נוצר כבר מרחב. מרחב נקי של דיבור קרוב. דיבור חם. ומרים קמה לתחייה.

המריבות עם משה באות בעקבות הסתלקות מרים. במקום שבו אין דיבור קרוב – יש מתח ודינים. במקום שלא ניתן לומר את מה שמרגישים ללא פחד – מצטברים תסכול וכעס, המתפרצים במריבה.

מרים מתה במדבר צין. הדיבור המצונן הזה הורג וחוסם כל אפשרות לקשר חי.

ומה בסך הכול ביקשנו? אפשרות לשיחה קרובה. מקום בטוח שבו לא ישפטו אותנו ויתמקדו בחסרונותינו כל הזמן. מרחב שבו לא נצטרך להתגונן כל העת ולהשיב מלחמה שערה, אלא נוכל לפתוח את הלב בלי לחשוש שידקרו אותו.

מקום שבו יתאפשר לומר שבח למישהו מבלי להיחשד בחנופה, וגם לקבל שבח בלי להדוף אותו מייד חזרה, אלא פשוט להודות עליו ולשמוח.

המרחב הזה, הנקי מציניות מצוננת, הולך ונעשה נדיר. מרחבי הציניות הולכים ומשתלטים, נעזרים בפלטפורמות התקשורת המביאות אלינו כמויות של שיח מן הסוג הזה.

אך כדברי "השני למלכות" ממעשה באבדת בת מלך של רבי נחמן – "אני יודע שישנו בודאי".

יש אפשרות כזו. היא קיימת, ומאוד תלויה בנו. ליצור מרחב נקי של דיבור של אמת. דיבור שמביא איתו תקשורת אמיתית בין אדם לחברו, ומנכיח את נקודת החבר שעליה דיבר כל כך רבי נחמן.

חבר אמיתי הוא מי שניתן לשוחח איתו בכנות על הכול, וששמחה עוטפת את הקשר בינינו. שמחה, ולא ציניות. בחב"ד ידובר על 'משפיע', כלומר לראות בכל אחד את נקודות החוזק שיש בו ולרצות להיות מושפע ממנו באותה נקודה, שבה הוא ה'צדיק' עבורי.

המרחב המבטא את ההפך הגמור מן הציניות – הוא הדבר הנקרא התוועדות חסידים.

מה קורה בהתוועדות? מה מתרחש שם? יושבים כמה יהודים יחד, בדרך כלל עם משפיע. בתחילה מדברים דברי תורה. מנגנים ניגונים. יש גם 'משקה' על השולחן. וכשהמשקה מתחיל לתת אותותיו – המחיצות נעלמות. מתחיל דיבור של אמת, שבו כל אחד מספר על קשייו, על מאבקיו. ואיש לא נוזף בו, שופט אותו או נותן לו עצות חמורות. רק מעודדים זה את זה. מנגנים על זה ניגון. משתפים שהקושי הזה הוא לא רק שלו. "לפני התוועדות יש לגזור ציפורניים", היו אומרים בחב"ד. כלומר, לפני שמגיעים להתוועדות יש לבדוק שלא שורטים חלילה את ליבו החשוף של מי שמגלה בה את סגור ליבו.

המרחב הזה, למי שזכה להיות בו, הוא ההפך הגמור מכינוס הציניות המוציא את הנפש עייפה וסחופה. מבקשת לה מרגוע שאיננה מוצאת בתוך ים הלעג והשחוק המקיפים אותה. והוא ראשית התיקון.

את לימודי הנהיגה התחלתי דווקא ממש טוב. המורה שלי, שכבר לימד חצי מהכיתה בערך, אמר לי שכבר בשיעור ראשון הגעתי לרמה של שיעור שלישי. גם התאוריה עברה בקלות, והטסט הראשון הגיע ממש מהר. בשיעור התשעה־עשר כבר הייתי מוכן. אבל בטססטים – משהו התחיל להיתקע. בטסט הראשון קיבלתי בוחן חסר ביטחון, חדש כזה, שנבהל מעצמו אחרי שהכניס אותי לרחוב ללא מוצא והכשיל אותי. בטסט השני באמת הייתי אשם וקיבלתי ברקס. הטסט השלישי היה הזדמנות חיי. הבוחן היה אדיב וחביב כל כך: "אנא ממך, פנה בבקשה ימינה", הוא ביקש ממני. כל הטסט הלך חלק, עד ששתי דקות לפני הסיום מישהו "חתך" אותי, הבוחן נגע לי בהגה – והלך על הרישיון.

והטסט הרביעי – הוא היה אבוד מראש.

עניין כואב. כואב בכיס – כי כבר לא נעים מאבא, וגם אני משלם חלק. וכל פעם זה טסט, ואגרה, ושיעור כפול להכנה לפני. אבל יותר כואב בלב.

כי מייד אחרי הכישלון אני יודע מה יחכה לי מחר בכיתה. הכול ברוח טובה ושמחה בסך הכול, אבל לי כבר לא נשאר כוח לכל הבדיחות האלה, לזה שנהייתי הבקבוק שמסרב להיפתח.

אני מגיע לכיתה אחרי עוד טסט כושל. אפילו עכשיו אני לא מוכן לספר איזה מספר הוא היה. האדם הראשון שניצב מולי הוא בדיוק האחרון שרציתי לפגוש עכשיו. יוסי. אני מאוד אוהב אותו באופן כללי, אבל הלשון שלו חדה כתער, והוא לא יפספס הזדמנות לחדד אותה עוד, הפעם על חשבוני.

"נו, יש שמפניה?" הוא שואל אותי בכניסה.

"לא, אין" אני עונה.

"לא נורא, שמעתי שתחבורה ציבורית זה ממש יעיל היום. וגם יותר זול".

תודה. יצאתי בזול. כך נדמה לי.

אני גורר רגליים למקומי, מחייך לכולם חיוך מאולץ, כאילו שלא אכפת לי מכל הטסטים האלה. אבל מול העיניים כל הזמן עומדת שורת הבקבוקים, כמו מתריסה. אני כבר יודע: גם כשאעבור טסט, בקבוק שמפניה לא יהיה. אין מצב שירשמו עליו את המספר שלי.

על המקום שלי מונח דף נייר חלק, מקופל בקפידה לשניים, כתוב בכתב אומן. מבחוץ כתוב שמי, ומתחתיו "מדינת ישראל – משרד התחבורה".

אני פותח את הדף. בשורת הכותרת רשום: "רישיון להולך רגל". ומתחתיו מפורט: "נושא רישיון זה רשאי לנוע ברגליו בכל שעות היום, אינו זקוק למשקפיים. הרישיון תקף בארץ ובחוץ לארץ". למטה מתנוססות חתימותיהם של שר התחבורה, ועוד קשקושים שונים משונים ושנונים. אני מזהה ישר: כתב כזה יש רק ליוסי. רעיון גאוני.

אני מרים את הראש מהדף ורואה את כולם מסתכלים עליי. מחזיקים את הבטן כדי לא לצחוק.

חשבתי שהפעם יוותרו לי, אבל מתברר שהפעם דווקא השקיעו במיוחד.

אני יודע שאין לי ברירה אלא לשתף פעולה. ככה זה. ברגעים כאלה אסור לגלות שום סימן של חולשה. אסור להראות להם שבעצם אני פגוע

ועייף. שבכלל אין לי כוח לבדיחות האלה. שאני מאוכזב מעצמי שעוד פעם נכשלתי בטסט. שכבר אין לי פנים לבקש מאבא עוד כסף לעוד טסט. ושבסתר לבי ציפיתי שאולי הפעם יניחו לי, ושמישהו רק ישים לי את היד על הכתף ויגיד לי: "שטויות אחי, בסוף תעבור ואף אחד לא יזכור". את כל זה אסור לי להראות, אפילו לא לשנייה. כל סימן של חולשה יסמן את המטרה לחיצים מסביב. הברירה היא אחת ואחרת לגמרי: אני פונה אל אשפת החיצים שלי, המשוחים גם הם היטב ברעל, ומתחיל לירות אותם לכל עבר בסביבתי הקרובה.

[מתוך: עד שמצאה – סיפורים מהחיים]

# רֵעֵהוּ הָעֲדֻלָּמִי

## על חברות אמת

"קנה לך חבר", מורה לנו המשנה באבות. למרבה הפלא השתמשה המשנה בלשון יחיד, "חבר". ולמה לא חברים?

כנראה החבר שעליו מדברת המשנה הוא משהו ייחודי. ורבים כמוהו – אין.

מעגלים מעגלים יש מסביב לאדם. לכולם הוא קורא "חברים". אך יש חברים בשל צירוף מקרים: החברים מהגן. מהכיתה. רשימות שמות שנקבעו במזכירות כזו או אחרת ויצרו מעגלי חברות. חלק אכן נשארים כאלה לאורך שנים.

אך חברות אמיתית, יש בה צד שכלל לא תלוי בגורמים טכניים שיזמנו אותה. כאשר נפשות קרובות נפגשות משהו בפנים חש ומרגיש זאת. לחברות כזו – יש כוח לחצות מרחקים של זמן ומקום, והיא מצליחה לעבור הלאה משלב לשלב, למרות שלעיתים הסביבה משתנה. עוברים דירה, משנים מקום עבודה – ובכל אופן הקשר ממשיך הלאה. כי מדובר בחברות אמת.

אולי בשל כך מדברת המשנה בלשון יחיד. כי חברויות כאלה הן אכן נדירות יותר, נדירות ביותר. וכשזוכה אדם לחבר כזה – צריך להתאמץ ולקנותו.

טוב להיזכר בדברי הרמב"ם הידועים על משנה זו:

...**חבר הבטחון**, הרי הוא שיהיה לאדם חבר שתבטח נפשו בו, לא ישמר ממנו לא במעשה ולא בדיבור, ויגלה לו כל עניניו, הנאה מהם והמגונה, מבלי חשש ממנו שישיגהו בכל זה חסרון, לא אצלו ולא אצל זולתו. כי

אם יגיע לנפש בטחון באיש עד לזה השעור – תמצא רוב נחת בשיחתו ובחברותו.

**ואוהב המעלה**, הוא שתהיה תאות שניהם וכוונתם למטרה אחת, והיא: הטוב. וירצה כל אחד להעזר בחברו בהגיע הטוב ההוא לשניהם יחד. וזה הוא החבר אשר ציוה לקנותו, והוא כחברות הרב לתלמיד והתלמיד לרב.

"חבר הבטחון" ו"אוהב המעלה" הם אלה שעליהם אומרת המשנה "קנה לך חבר".[1] בעיקר אוהב המעלה. מישהו שהאינטראקציה המשותפת איתו מולידה טוב עלום, שהיה טמון במעמקי הנפש של שניהם אך כעת בעקבות המפגש גם מצליח להתגלות ולבוא לידי ביטוי.

בקיצור, חבר טוב – הוא חבר שעושה אותך טוב. שהמפגש ביניכם לא מסתכם רק בהנאה חברתית, שגם היא בעלת ערך, אלא מוליד טוב סמוי שנוצר כתוצאה מן המפגש דווקא.

עד כאן היעד.

אך יש ראשית צירים ליעד הזה. תנאי הכרחי לפיתוחה של חברות אמת שכזו.

כדי לגלות את התנאי הזה ננסה לעקוב אחרי החבר הראשון במקרא. זהו חירה, רעהו העדולמי של יהודה. הוא הראשון להיות מוגדר רֵע. חבר. קדמו לו ענר, אשכול וממרא – אך שם הכינוי הוא "בעלי ברית אברם". בעל ברית זה משהו אחר. מעורב בו צד של אינטרס, כלכלי או ביטחוני. ואילו חבר, רֵע – הוא בלי אינטרסים צדדיים מסוג זה.

ובכן, חירה הוא החבר הראשון במקרא.

אך ההקשר שבו מופיעה החברות הזו היא החידוש הגדול.

1 פירוש המשניות, מסכת אבות, על "וקנה לך חבר".

באותה העת יהודה נמצא באחד המשברים האישיים הגדולים ביותר בתורה. בעקבות מכירת יוסף יהודה יורד מגדולתו בקרב אחיו. הוא נפרד מהם, או נכון יותר: הם נפרדים ממנו.

וַיְהִי בָּעֵת הַהִוא וַיֵּרֶד יְהוּדָה מֵאֵת אֶחָיו וַיֵּט עַד אִישׁ עֲדֻלָּמִי וּשְׁמוֹ חִירָה.

ויהי בעת ההוא – למה נסמכה פרשה זו לכאן, והפסיק בפרשתו של יוסף? ללמד **שהורידוהו אחיו מגדולתו** כשראו בצרת אביהם. אמרו: אתה אמרת למכרו, אלו אמרת להשיבו היינו שומעים לך![2]

לאחר ההיפרדות הכואבת הזו, ממשיכה הטרגדיה לפקוד את יהודה. אשתו מתה עליו בחייו. ואז מת בנו הגדול, ער. ואז מסרב בנו השני, אונן, לייבם את אשת אחיו מטעמים אגואיסטיים – "כִּי לֹּא לוֹ יִהְיֶה הַזָּרַע". הילד שייוולד ייחשב כבנו של האח הגדול שמת, ובבוא היום יחלוק את ירושתו של יהודה כאחד מבניו, כלומר יגרע מירושת אונן אביו.

יהודה רואה בעיניו את האחווה בביתו מתפוררת. אח לא מוכן להקים שם לאחיו, והכול בגלל רכוש. בניו מחלקים את ירושתו בחייו. הוא ודאי לא נמנע מלהשוות את מה שקורה בתוך ביתו פנימה למה שהוא עצמו עשה בביתו הקודם, לאביו יעקב ולאחיו יוסף. ובעוד יהודה מהרהר בכל אלה – מת גם בנו השני, אונן.

אלמן, שכול משני ילדיו ומנודה מאחיו, מנסה יהודה בכוחו האחרון להגן על בנו הקטן, שלה, ומבטיח הבטחה שאין לו כל כוונה לקיים.

וַיֹּאמֶר יְהוּדָה לְתָמָר כַּלָּתוֹ: שְׁבִי אַלְמָנָה בֵית אָבִיךְ עַד יִגְדַּל שֵׁלָה בְנִי, כִּי אָמַר פֶּן יָמוּת גַּם הוּא כְּאֶחָיו, וַתֵּלֶךְ תָּמָר וַתֵּשֶׁב בֵּית אָבִיהָ.

2 בראשית לח, א ורש"י שם.

כעת נוסף גם השקר למערך הנפילות של יהודה.

ואז מגיעה הנפילה האחרונה, שלא ניתן להבינה אלא על רקע כל הנפילות הקודמות: יהודה הולך לזונה.

הדבר הכי אינטימי של האדם, הכי שלו, הקוד הגנטי הפנימי והעמוק – הוא זרעו. ולכן זרע זה צריך שיינתן רק באשת ברית. במי שכרתה ברית נאמנות לבעלה, ובעלה כרת איתה.

אך יהודה מרגיש שאין לו דבר בחייו. חייו נהרסו עד היסוד, ולכן הוא גם מפקיר את זרעו.

וכשאותה קדשה מבקשת ממנו עירבון – הוא נותן לה את פרטיו האישיים ביותר.

הרי זה דבר תמוה ביותר! כל כך קל יהיה לזהות אותו אחר כך. יכול היה יהודה לתת לה משהו אחר, בעל ערך אך חסר ייחוד וזהות. אך הוא מפקיד בידה, לבקשתה, את סימני הזיהוי הכי אישיים שלו.

וַיֹּאמֶר: "מָה הָעֵרָבוֹן אֲשֶׁר אֶתֶּן לָךְ?", וַתֹּאמֶר: "חֹתָמְךָ וּפְתִילֶךָ וּמַטְּךָ אֲשֶׁר בְּיָדֶךָ", וַיִּתֶּן לָהּ.

יחד עם הפקרת זרעו יהודה גם מפקיר את זהותו. כעת הוא שבוי בידיה של אישה שאפילו את שמה אינו יודע, המחזיקה במידע מפליל ומביש על אודותיו.

כעת מנסה יהודה לפדות את העירבון תמורת גדי העיזים שהבטיח. וברגע הזה הוא פונה לעזרת חברו, חירה.

יהודה מספר לו את כל נפילותיו, אחת אחרי השנייה, עד האחרונה והמבישה שבכולן. יהודה, המנהיג הגדול, ראש האחים בבית יעקב – הלך לקדשה באם הדרך.

כל כך לא מתאים. כל כך לא שייך.

אך יהודה בוטח בחירה. שישמע אותו, שלא ישפוט ולא ינזוף, לא יתמה ולא ירים גבה. אלא פשוט יהיה שם לצידו. כחבר. כאיש אמון.

הוא בוטח בחירה שלא יעביר את המידע הלאה, "פֶּן נִהְיֶה לָבוּז". אך בעיקר הוא בוטח בו שלא ישפוט אותו, אלא רק יהיה שם עבורו, יעזור ויסייע.

כמה יפים דברי **רבי שמחה בונים מפשיסחא** על קשר החברות הזה:

וישלח יהודה את גדי העזים ביד רעהו העדולמי, וכו'. הרבי רבי בונם זי"ע אמר, כל אדם צריך להיות לו חבר ואוהב נאמן, שיהיה ביכולתו לספר לו את כל נקודת לבבו, אפילו בגנות מעשיו. כמו שהיה ליהודה – חירה רעהו. והיה משלח על ידו את גדי העזים לידי תמר.

ובספר "חיי יצחק" (כת"י) כתב את דברי הרר"ב זי"ע בשינוי מעט. שאמר, שמענין יהודה ותמר, ואיך ששלח את גדי העזים על ידי חירה רעהו, יש ללמוד מה הוא ידיד נאמן. כי יהודה סיפר לו את העבירה הגדולה שעשה, וגם אחרי שסיפר לו, נשאר חירה ליהודה, ידיד נאמן. ולא ירד ערכו בעיניו אפילו בכי הוא זה.[3]

"אפילו בגנות מעשיו", אומר לנו רבי שמחה בונים. ההגדרה לחבר טוב, שאותה אנו מחפשים, קיבלה כעת תפנית מפתיעה: חבר טוב הוא חבר שאתה יכול לספר לו גם את כישלונותיך, ולהיות בטוח שיישאר חבר. חבר נאמן ומסור. ובעיקר שלא יחליף תפקיד ויהפוך פתאום למחנך.

יישום מעשי לאבחנה הזו נמצאת בדור השלישי לתורה הזו. היא החלה מרבי שמחה בונים, עברה לתלמידו הרבי מקוצק, וכעת מסופרת על ידי **הבית ישראל** מגור.

וישלח יהודה את גדי העזים ביד רעהו העדולמי, וכו'. איתא ממרן מקאצק בשם הרבי רבי בונם זצ"ל זי"ע, שלאדם צריך להיות חבר טוב שיוכל לספר לו הכל. וכפי שמצינו אצל יהודה שהיה לו חבר טוב כמו חירה, שיכול היה

3 **קול מבשר** פרשת וישב אות יג.

לספר לו ענין כזה. רבי שלמה מקארלין זצ"ל זי"ע, כשהיה בא לרבי, היה תמיד משתדל להראות את חסרונותיו, כדי שהרבי יתקן אותו. ולא כפי שנוהגים החסידים, שכשבאים לרבותיהם משתדלים בדיוק להיפך. להראות שהם בסדר, שהם בני תורה ויראי שמים, ואילו את הרע הם מסתירים.[4]

רבי שלמה מקרלין היה בטוח באהבת רבו אליו, ולכן לא חשש להראות לפניו את מגרעותיו. כדי שיתקן אותו, או יתפלל עליו. ואולי התיקון הזה הוא בעצם הביטחון שאם אראה לו, לחבר או לרב, את החסרונות שלי – הוא לא ישפוט ולא ידון, אלא יציע עזרה באמפתיה. באהבה ובשותפות בכאב.

החבר הראשון במקרא הוא חירה, רעו של יהודה. הוא מלמד אותנו איך נראה חבר ומה תפקידו.

כולנו זקוקים לחבר. חבר אמיתי. תחת המושג 'חבר' נכנסים אנשים רבים ממעגלים שונים וברמות קרבה שונות, אך כאן מגדירה לנו התורה מהו חבר. היא מחזירה אותנו למשנה שבה פתחנו, המורה לנו "קנה לך חבר" בלשון יחיד דווקא.

קנה לך חבר. התאמץ עליו. בקש אותו. זוהי מתנה שאינה מובנת מאליה. מישהו שתוכל לספר לו את הקשיים, ההתמודדויות, הכאבים, מתוך ביטחון שתקבל ממנו עזרה ותמיכה. ולעיתים, גם שתיקה מספיקה.

כך למדנו משלושה אנשים אחרים, שגם הם נקראים רעים. רעי איוב.

את איוב פוקדת טרגדיה כוללת. הוא מאבד את רכושו, את בניו ואת בריאותו.

שלושת הרעים עוזבים הכול ובאים להיות איתו בכאבו. בהמשך הם יאמרו לו דברים לא נכונים ויוכיחו אותו בתוכחות רבות, ועל זה יחרה בהם אפו של הקדוש ברוך הוא.

4 שם, אות יד.

אך תחילת הסיפור היא המעניינת, ואולי בגלל המסופר בה הם נקראים רעים.

> וַיִּשְׁמְעוּ שְׁלֹשֶׁת רֵעֵי אִיּוֹב אֵת כָּל הָרָעָה הַזֹּאת הַבָּאָה עָלָיו וַיָּבֹאוּ אִישׁ מִמְּקֹמוֹ, אֱלִיפַז הַתֵּימָנִי וּבִלְדַּד הַשּׁוּחִי וְצוֹפַר הַנַּעֲמָתִי, וַיִּוָּעֲדוּ יַחְדָּו לָבוֹא לָנוּד לוֹ וּלְנַחֲמוֹ. וַיִּשְׂאוּ אֶת עֵינֵיהֶם מֵרָחוֹק וְלֹא הִכִּירֻהוּ וַיִּשְׂאוּ קוֹלָם וַיִּבְכּוּ וַיִּקְרְעוּ אִישׁ מְעִלוֹ וַיִּזְרְקוּ עָפָר עַל רָאשֵׁיהֶם הַשָּׁמָיְמָה. וַיֵּשְׁבוּ אִתּוֹ לָאָרֶץ שִׁבְעַת יָמִים וְשִׁבְעַת לֵילוֹת וְאֵין דֹּבֵר אֵלָיו דָּבָר כִּי רָאוּ כִּי גָדַל הַכְּאֵב מְאֹד.[5]

רעי איוב באים אליו, וראשית הם כואבים יחד איתו. קורעים בגדיהם ושמים עפר על ראשם. איתו בכאבו.

ואחר כך, הם יושבים איתו שבעה ימים. יושבים ושותקים. פשוט שותקים. פשוט להיות, אפילו בלי מילים.

זוהי רעות. זוהי חברות. כזו שכל אחד מאיתנו צריך. אין אדם שלא נצרך לחברות הזו לאורך חייו.

זו החברות שעליה דיבר רבי נחמן וקרא לה 'נקודת' החבר:

> וגם צריך כל אדם לדבר עם חבירו ביראת שמים, כדי לקבל התעוררות בלבו מהנקודה שיש בחבירו יותר ממנו, כמו שכתוב ומקבלין דין מן דין. כי בזה הבחינה שיש בחבירו יותר ממנו, זאת הבחינה הוא בחינת נקודה. ושם בהנקודה הזאת, שורה האהבה, הנקרא כהן. והנקודה הזאת, הוא בחינת צדיק לגבי חבירו. והנקודה הזאת, מאיר ללב חבירו, הנקרא ואו...
>
> נמצא שעל ידי שלש בחינות אלו, היינו התקשרות הצדיקים, והם יאירו בו, כי הם הנקודה כלליות ישראל, ויעוררו את לבו. **וגם על ידי שידבר עם חבירו,** יכול גם כן כל אחד ואחד להאיר ולעורר לב חבירו. וגם על

5 איוב ב, יא-יג.

ידי עצמו, שמדבר בינו לבין קונו, יכול גם כן לעורר את לבבו, על ידי פי
ידבר חכמות. ויסיר ממנו ערלת לב.[6]

רבי נחמן מזכיר בתורה הזו שלוש אפשרויות לביטול עורלת הלב. 'עורלת הלב' היא מצב של אוטם רוחני. כאשר אדם לא פתוח, תקוע בתוך עצמו, שבוי בעולם המושגים שלו ומתקשה להתקדם. הדברים נאמרים לו, אך לא חודרים לתוכו. אוטם שריר הלב הרוחני.

האפשרות הראשונה היא הליכה לצדיק. המפגש עם דמות מוארת, שאור הנשמה זורח בה – יכול לסייע לאדם לצאת ממצרי עצמו ולהתקדם. המפגש או ההתקשרות עם הצדיק דומה להיטהרות במעיין – זה פועל גם כשלא מבינים איך.

אך לא תמיד אפשר ללכת אל הצדיק. ולכן מוצגת כאן אפשרות נוספת ומיוחדת ביותר: ללכת אל החבר.

החבר הוא הצדיק, שהרי נאמר – "וְעַמֵּךְ כֻּלָּם צַדִּיקִים".[7] בכל אחד מישראל קיימת נקודת צדיק. נקודה שהיא מתוקנת אצלו בשורש, לכתחילה, ודרכה הוא יכול להאיר לאחרים.

לשיחה עם החבר סביב הנקודה הזו קורא רבי נחמן "לדבר עם חבירו ביראת שמים". הקשר הנוצר עם החבר הוא סביב הנקודה הזו. זיהוי שבדבר מסוים זה – החבר שלי יכול להיות הצדיק עבורי. ממנו אוכל לקבל עצה טובה ומתוקנת. זה הופך את קשרי החברות לקשרים בעלי ממדי עומק אחרים. לא רק תלויי נעימות חברתית כזו או אחרת, אלא בעלי עומק שבו מסתתרת תובנה. התיקון שלי נמצא אצל החבר שלי. לא לחינם גלגל הקדוש ברוך הוא את הקשר הזה.

6 **ליקוטי מוהר"ן** (קמא) תורה לד, ה.

7 ישעיה ס, כא.

אם כך, "חבר בטחון" זהו חירה. זו המדרגה הבסיסית – של אמון, ופשטות, וידיעה שיש מישהו בעולם שלא ישפוט אותי. לא ידון אותי, לא ייתן לי שיחות מוסר, אלא פשוט יהיה.

ו"חבר המעלה", זוהי נקודת החבר שביחס אליה הוא עבורי 'צדיק' – 'משפיע' בשפה החב"דית. אני מקבל ממנו בצד מסוים, ואולי הוא או אחרים מקבלים ממני בנקודה שבה אני הצדיק עבורם. עמך כולם צדיקים.

בנקודה הזו, שבה מתחוללת הקבלה ההדדית מאיש לרעהו או מאישה לרעותה, מתחוללת האהבה. רבי נחמן קורא לה "ואו" – ו"ו החיבור. האות ו"ו היא אות של חיבור והמשכה: חיבור, כי היא מחברת בין מילים. והמשכה, כי צורתה נמשכת מלמעלה למטה. נקודת הצדיק של החבר נמשכת ממנו אליי – ובכך יוצרת חיבור. חיבור אמיתי. חיבור נצחי. חיבור של חברות שכולנו כל כך צריכים.[8]

8 לאפשרות השלישית שעליה מדבר רבי נחמן – התבודדות – הקדשנו פרק נפרד בתחילת הדרך, כאשר עסקנו בדמויות של החיצון, הפנימי והעצמי.

# וּמָטָה יָדוֹ עִמָּךְ:

## על סף גבוה של רגישות חברתית

במרחב של 'בין אדם לחברו' דומה שעיקר העבודה הוא ביכולת של כל אחד מאיתנו לצאת מעצמו. "אדם בתוך עצמו הוא גה, בתוך עצמו הוא גר" – ותכלית עבודת המידות בדרך החסידות היא שיצא האדם מעצמו לעבר הזולת כמה שרק יוכל. לראות את העולם מתוך עולמו של האחר, מתוך צרכיו ומתוך נקודת המבט שלו.

וזה קשה.

כי בכל רגע קופץ למרחבי התודעה שלנו משהו מתוך עולמנו, ומפריע לצאת מעצמנו ולראות את העולם של הזולת. אכן עבודה קשה.

כמו שהבאנו לעיל, משל טוב לעניין הזה הוא נסיעה לטיול בחוץ לארץ. כשאנחנו מתעניינים בזולתנו המטרה היא להיות כתיירים בארץ זרה. לראות, להכיר, ללמוד. לא מתכוון לעבור לגור שם, וממילא לא לעסוק בהשוואות אל המקום שממנו יצאנו. רק להתבונן, להתפעל ולהכיר. בסוף חוזרים חזרה לארץ המוצא.

כאשר משוחחים עם הזולת צריך 'להחתים דרכון'. כרגע עוברים לטייל בארץ שלו, שיש בה נופים אחרים מארצי שלי. עמקים והרים אחרים. אני לא עסוק בהשוואה, אלא בהיכרות. בלמידה. ככה זה כאן. זה הנוף. זו הארץ.

וכך הולכת ומתפתחת הרגישות החברתית אל הזולת, כשהתורה מציבה לנו יעד גבוה להגיע אליו, רגישות מיוחדת:

**וְכִי יָמוּךְ אָחִיךָ וּמָטָה יָדוֹ עִמָּךְ וְהֶחֱזַקְתָּ בּוֹ גֵּר וְתוֹשָׁב וָחַי עִמָּךְ.**[1]

צמד המילים הללו, "ומטה – עִמָּךְ", מה משמעותן? במבט ראשון הן נראות כסותרות זו את זו. הרי אם זה נופל מטה – אין הוא עוד עימך. ואם הוא עימך – כנראה לא נפל מטה.

רש"י בדרכו פותח לנו פתח מדהים לסף הרגישות לזולת שהתורה דורשת מאיתנו:

> והחזקת בו – אל תניחהו שירד ויפול ויהיה קשה להקימו, אלא חזקהו משעת מוטת היד. למה זה דומה? למשאוי שעל החמור. עודהו על החמור אחד תופס בו ומעמידו, נפל לארץ – חמשה אין מעמידין אותו.

הולכים שני אנשים יחד. מחזיקים ידיים. והנה יש איזה רגע שבו אחיזת האחד נעשית רופפת. זה הרגע שעליו מדבר רש"י כנקודת ההתערבות הכי טובה. מטה ידו – בעוד שהוא עימך. הוא לא נפל, וממילא אין כאן צעקות של כאב או קושי. יש כאן רק התרופפות האחיזה. רפיון שאחז בו. זה הזמן להתערב.

הרבה לפני הדיכאון – מופיעה ההימנעות. ההסתגרות. חוסר הרצון ליצור קשר, ולפניו – העדר חיוך.

למה החבר שלך לא מחייך? מה קרה לו? מדוע לא בא אתמול ושלשום, או בשבת האחרונה ובזו שלפניה, אל בית הכנסת? שמת לב לזה? זהו השלב של "מטה ידו". התערבות בשלב הזה היא משמעותית מאוד, אפקטיבית ביותר. החמור הזה, רגע לפני שנפל – סיוע קטן מחזק אותו לזמן ארוך. אפילו אדם אחד יכול לעשות את הסיוע הזה. אך לאחר שנפל, ונשמע כבר קול החבטה – הרבה יגיעו לסייע, אך כבר יהיה קשה מאוד להקימו.

1 ויקרא כה, לה.

המדרש מתאר היטב את הקו הזה:

וכי ימוך אחיך ומטה ידו עמך והחזקת בו – כתיב "אשרי משכיל אל דל". אמר ר' יונה: "אשרי נותן אל דל" אין כתיב כאן, אלא "אשרי משכיל אל דל" – הוי מסתכל בו היאך לזכות עמו.

יש כאן צורך בהשכלה, בהתבוננות: "היאך לזכות עִמו", כיצד להושיט את הסיוע הנכון ובזמן הנכון.

לא די לעשות. צריך שהעשייה תהיה מותאמת לנצרך, לאדם, ותיגע בו בזמן הנכון.

הרגע המתואר כאן בפסוק הוא רגע מכונן. רגע כל כך רגיש, כל כך חמקמק, שבאמת קשה לשים אליו לב, אבל התורה מבקשת מאיתנו לא לוותר. לפתח רגישות כזו ששמה לב לדברים לא רק כשהם צועקים ובולטים, אלא גם כאשר הם שקטים ורוחשים. כשהם רמזים עדינים, לעיתים קלושים. אבל אם שמים אליהם לב בשלב הזה ונותנים להם מענה, שפעמים רבות הוא קל ביותר – חיוך, התעניינות, הודעה, מכתב קטן – יכולים ליצור שינוי גדול.

בתוך מסע הרגישות הזה לוקח אותנו **השפת אמת** עוד קומה:

וממשמע שנאמר "והחזקת בו", שיש בכח איש להחזיק ביד חבירו שמטה ידו "וחי עמך" – כי הנקודה חיות יכול להתפשט עד אין שיעור. והקדוש ברוך הוא וברוך שמו משפיע בכל יום לכלל הבריאה כל הצטרכות שלהם הן בנפש הן בגוף, ועל זה מברכין הזן את העולם כולו דייקא. רק שהמקבלים צריכין להתאחד ולתת זה לזה באחדות אחד. ואז אין מחסור דבר. **וכיון שימוך אחיך ומטה ידו עמך, בוודאי נמצא העזר אצלך**. ואם כי אינו רואה שיהיה בכחו כל כך, על זה נאמר "מאיר עיני שניהם ה'", שעל ידי התאחדות ישרה עליהם ברכה... שכך ברא השם יתברך, שיהיה

לזה סיוע מזה וזה לזה יצטרכו כדי שיבינו כולם כי הכל מהשם יתברך, ולא יהיה כל השלימות אצל אחד. ולכן איזה חכם הלומד מכל אדם, שיש אצל כל אחד דבר מיוחד יותר מלאחרים מטעם הנ"ל.[2]

התמונה החברתית שלנו היא מכוונת. עולם ההשגחה האלוקית אינו רק המקרים שקורים לנו, אלא גם האנשים שמקיפים אותנו. גם הם שם לא במקרה.

ואם נזדמן הדבר, ושמת לב לקושי של חברך – הרי זה מפני שהמפתח שלו נמצא אצלך. מה שחסר לו מונח אצלך, אתה הפתרון למצוקתו. אחרת לא היו מראים לך את הקושי שלו.

ואם מקבלים את ההנחה הזו – אז "מֵאִיר עֵינֵי שְׁנֵיהֶם ה'".[3] נפתחות לאדם הארות חדשות. הוא מקבל סיוע לדעת איך לתת לזולת את מה שהוא צריך באמת, את העזרה האמיתית.

כך ברא הקדוש ברוך הוא את עולמו – שכולנו נצטרך סיוע זה מזה, ואין איש שלם שלא נזקק לסיוע. גלגל חוזר הוא בעולם. פעמים שאתה עוזר למישהו אחר, ויום יבוא והוא יעזור לך. הכלל שאותו אומר השפת אמת הוא חשוב מאין כמוהו: כשעוזרים לזולת – לא עושים לו טובה. פשוט מחזירים לו את מה ששייך לו והופקד אצלי. הוא בא לקחת את הפיקדון. האם נהיה רגישים מספיק כדי לתת לו אותו בזמן, בנקודה המכרעת? ברגע הגורלי שבו היד מתרופפת, שהאחיזה מתחילה להישמט?

צריך להתפלל על הרגישות הזו. שלא נפספס ולא נדלג. לעיתים מראים לו לאדם סימנים רבים, והוא עסוק בתוך עצמו ולא שם לב בכלל. צריך לבקש על הארת העיניים הזו, שנזכה לה בזמן ובאופן הראוי – "רָשׁ וְאִישׁ תְּכָכִים נִפְגָּשׁוּ, מֵאִיר עֵינֵי שְׁנֵיהֶם ה'".

2 **שפת אמת** פרשת בהר תרמ"א (בסופה).

3 משלי כט, יג.

## יש שישים ריבוא אותיות לתורה

את הנוטריקון הזה אני מכיר כבר שנים רבות. מספר אותיותיה של תורה הוא שישים ריבוא – מספר בני ישראל ביציאתם ממצרים ומספרם בארץ ישראל בעת קום המדינה – ולכן ישראל הם הם אותיות התורה. אות לכל יהודי.

אות לכל יהודי... מעניין. זה נשמע יפה, אבל קצת מופשט. מה פירוש הדבר, שכל יהודי הוא אות בתורה? ומה זה אומר לי?

לפני כמה שנים ועידנים, כשהמכשיר הסלולרי שלי היה נוקיה פשוט, הבנתי לרגע אחד את המשמעות של יהודי כאות. אות אחת.

מה קרה אז? לא משהו קריטי. בסך הכול התקלקל לי לחצן אחד בטלפון הנייד. לחצן הספרה 7. רק הוא החליט פתאום לא לעבוד. לוחצים ולוחצים – והוא איננו נלחץ.

לא נורא, חשבתי לעצמי. עד שנגיע לתחנת שירות נסתדר בלי 7. גם ככה רוב המספרים שמורים בזיכרון, וכמעט אין צורך להשתמש במקש הקטן והסורר. הוא לא יוכל לשבש את כל מערך התקשורת שלי.

ובאמת, הכול היה טוב ויפה – עד לרגע שהייתי צריך לשלוח מסרון.

פתאום התברר לי שלא רק הספרה 7 חסרה לי, אלא גם האותיות ר־ש־ת, הרשומות על גבי הלחצן התקול.

נו טוב, חשבתי לעצמי. בסך הכול אלה אותיות לא מאוד מרכזיות. הן די בסוף. לא ה־א' הראשונה, של האהבה והאמונה; לא ה־י' שהשימוש בה רב כל כך; לא ד' המשמשת לציון שם השם, וגם לא ו' החיבור. מדובר באותיות יקרות וטובות, אך בינתיים, עד שיהיה זמן לתקן, נראה שאפשר יהיה להסתדר בלעדיהן.

ניסיתי. ההודעה הראשונה הייתה בסדר. הייתי צריך רק לענות "כן". וגם בזו שאחריה הסתדרתי, עם "לא" קצר וקולע.

אבל אחר כך, החיים התחילו להסתבך. כמה מילים חשובות אנחנו יוצרים בעזרת האותיות האלה!

בברכה, בשמחה, בעזרת ה׳, אשתדל, להתראות. תודה, רציתי, בסדר, שלחתי, שמחתי, הצטערתי. לבריאות, רפואה שלמה, קראתי, שמעתי, ראיתי. וזו רק טעימה קטנה.

ופתאום התברר לי שמצבי גרוע הרבה יותר ממה שחשבתי. כי כאשר אינני יכול להשתמש באותיות האלה, ר־ש־ת, אני לא מסוגל לכתוב כמעט בכלל! גם האותיות הרבות שנשארו לי איבדו הרבה מערכן בעקבות אחיותיהן האבודות. וכך נשארתי בלי יכולת לכתוב הודעות כתובות – מצב בלתי נסבל בתקופתנו.

יש שישים ריבוא אותיות לתורה – ראשי תיבות ישראל. אות לכל יהודי. ואם חסרה אות אחת? אם יהודי אחד פשוט חסר? האות של יהודי אחד נפקדת, ובמקום אות מלשון הקודש שתאיר על פניו הוא מכוסה, נפקד, נעלם או חסר – מה זה אומר על האות שלי, שאותה טיפחתי וצחצחתי והברקתי? ובכן, לפי מה שלמדתי מהסלולרי שלי, זה אומר שגם האות שלי לא ניתנת לשימוש. אם אחד חסר – הכול חסר! ואפילו אם האחד הזה הוא בסוף, לא הכי מרכזי, לא אותיות אהוי אלא סתם רי״ש או שי״ן. אי אפשר לזוז בלעדיהן.

עדיין, כל יהודי הוא אות. אות של השם יתברך. ואי אפשר, פשוט אי אפשר, בלי האות שלו. חייבים לכתוב אותה, חייבים לעזור לו להאיר את האות שלו לעצמו ולנו, כדי שלא נהיה כולנו חסרים, נכים ומגמגמים.

# רֵיחַ טוֹב בַּנְּשָׁמוֹת

## על תוכחה מתוקנת

'תוכחה' היא מילה קצת מרתיעה. בדרך כלל, בהקשר שלה מייד קופצת לנו הברייתא במסכת ערכין:

> תניא, אמר רבי טרפון: תמה אני אם יש בדור הזה שמקבל תוכחה. אם אמר לו "טול קיסם מבין שיניך", אמר לו "טול קורה מבין עיניך". אמר רבי אלעזר בן עזריה: תמיהני אם יש בדור הזה שיודע להוכיח.[1]

ואם כן, המצווה הזו שוב אינה שייכת אלינו. אפשר להמשיך הלאה.

אך מעניין שאותה גמרא עצמה ממשיכה ומספרת את ההפך הגמור:

> ואמר רבי יוחנן בן נורי: מעיד אני עלי שמים וארץ שהרבה פעמים לקה עקיבא על ידי, שהייתי קובל עליו לפני רבן גמליאל, וכל שכן שהוספתי בו אהבה, לקיים מה שנאמר: "אל תוכח לץ פן ישנאך הוכח לחכם ויאהבך".

כלומר, למרות ההוראות שנאמרו לפני כן, רבי יוחנן בן נורי הוכיח את רבי עקיבא, בפניו ובפני רבן גמליאל, ורבי עקיבא קיבל את התוכחה.

איך ניישב בין שני חלקי הגמרא? שמא יש הבדל בין תוכחה לדור לתוכחה ליחיד.

1 ערכין טז ע"ב.

תוכחה לדור היא עניין כללי. מי יכול לומר לדור כולו במה הוא לוקה? אלה הם עניינים המסורים למשה רבנו ולנביאים.

אך תוכחה ביחיד, באחד על אחד – אפשרית ואף נצרכת. כי חברות נעדרת תוכחה היא חסרה. היא חלולה. היא משייטת במרחב הנעים והבלתי־מזיק. גדלה לרוחב בשטחיות, בלי שיהיה בה עומק.

עצם האפשרות לבטא תוכחה מעיד על האהבה, על הקרבה ועל הרצון להתקדם יחד. חברות שאין בה מקום לתוכחה חסרה ממד משמעותי.

ובכל אופן, גם במרחב מאפשר שכזה – יש לדעת כיצד מוכיחים.

רבי נחמן קורא למוכיח טוב מוכיח ש"נותן ריח טוב בהנשמות". אך כאשר אין הוא יודע להוכיח כראוי, קורה להפך חלילה.

אף על פי שתוכחה הוא דבר גדול, ומוטל על כל אחד מישראל להוכיח את חבירו כשרואה בו שאינו מתנהג כשורה, כמו שנאמר "הוכח תוכיח את עמיתך" – אף על פי כן לאו כל אדם ראוי להוכיח, כמו שאמר ר"ע תמה אני אם יש בדור הזה מי שיכול להוכיח. ואם ר"ע אמר זאת בדורו, כל שכן בדור הזה של עכשיו. כי כשהמוכיח אינו ראוי להוכיח, אזי לא די שאינו מועיל בתוכחתו, אף גם הוא מבאיש ריח של הנשמות השומעים תוכחתו. כי על ידי תוכחתו, הוא מעורר הריח רע של המעשים רעים ומדות רעות של האנשים שהוא מוכיחם. כמו כשמונח איזה דבר שיש לו ריח שאינו טוב, כל זמן שאין מזיזין אותו הדבר, אין מרגישין הריח רע. אבל כשמתחילין להזיז אותו הדבר, אזי מעוררין הריח רע. כמו כן, על ידי תוכחה של מי שאינו ראוי להוכיח, על ידי זה מזיזין ומעוררין הריח רע של המעשים רעים ומדות רעות של האנשים שמוכיחם, ועל כן הוא מבאיש ריחם. ועל ידי זה הוא מחליש את הנשמות שלהם.[2]

2 ליקוטי מוהר"ן (תניינא) תורה ח, א.

תוכחה לא טובה לוחצת על החולשות של המוכח ומדגישה אותן. ממילא, היא מעצימה את החולשה ונותנת לה מקום ויחס. במקום להתייחס לחולשה כאירוע מקומי המצריך טיפול מקומי – באה התוכחה ומדגישה את הרע. צובעת אותו בצבעים עזים. מדברת עליו, מספרת עליו ומעניקה לו ממשות וכוח.

כמו בפרי רקוב – כל עוד לא נגעו בו, הוא הזיק בעיקר לעצמו. אך כאשר נגעו בו והזיזו אותו, התחילו חיידקי הריקבון להתפשט לכל עבר ולהזיק עוד. כך גם האדם המוכח. תוכחה לא טובה עלולה לשכנע את האדם שלא מדובר בנפילה שנפל בה, אלא שאלה הם קווי האישיות שלו. שהוא כזה. בדרך כלל זה מגיע עם תוספת 'נו"ן הגנאי'. מעשה של חוצפה יגדיר את הילד כ"חוצפן". נפילה בשקר נהפכת על ידי המוכיח לתכונה קבועה של "שקרן". מעשה עצלנות הופך את המוכח ל"עצלן". הנו"ן הנוספת הופכת מעשה לתכונה, אירוע מקומי לעניין מתמשך.

אך יש גם תוכחה אחרת. שונה: תוכחה מעצימה, מגדלת, שמולידה ריח טוב בנשמות. כמו שממשיך רבי נחמן בדבריו:

> אבל כשהמוכיח ראוי להוכיח, אזי אדרבא הוא מוסיף ונותן ריח טוב בהנשמות על ידי תוכחתו. כי התוכחה צריכה להיות בבחינת התוכחה של משה, שהוכיח את ישראל על מעשה העגל, שעל ידי תוכחתו נתן בהם ריח טוב. בבחינת "נרדי נתן ריחו", הנאמר על מעשה העגל. עזב לא נאמר, אלא נתן, כמו שפירש"י שם וכמו שאמרו רז"ל בגמרא. כי על ידי תוכחה של משה על מעשה העגל, הוסיף ונתן בהם ריח טוב, שהוא בחינת מזונא דנשמתא. כי עיקר יניקת הנשמה היא מהריח כנ"ל. כי על ידי קול המוכיח שהוא ראוי, על ידי זה הוא נותן ריח טוב בהנשמות, שהוא בחינת מזונא דנשמתא כנ"ל.

כשהמוכיח יודע להוכיח, נוצר כאן תהליך מעניין: תהליך טוב של ריח טוב.

כיצד? רבי נחמן נותן כאן דוגמה מתוכחת משה רבנו לעם ישראל לאחר חטא העגל. זוהי דוגמה מעניינת מאוד, מפני שלא מצינו כלל בתורה שמשה הוכיח את ישראל בחטא העגל. הוא מוכיח את אהרן, אך לא את כלל ישראל. כשהוא מגיע לישראל הוא ניגש מייד למעשה – שורף את העגל, קורא לבני לוי והורג את המשתחווים. אם כן, לאיזו תוכחה מתכוון רבי נחמן?

אולי הכוונה לתוכחה הגדולה מכולן, שהיא המולידה "ריח טוב". רבי נחמן רומז לה כשהוא מדבר על ה'קול' הנכון שנצרך לתוכחה. שמא הכוונה לתפילה שהתפלל משה רבנו לפני ה' על עם ישראל במשך ארבעים יום כדי שיסלח להם, ואז ארבעים יום נוספים כדי שתחזור האהבה ויינתנו להם לוחות שניים.

אין תוכחה גדולה מזו. משה רבנו בתפילתו מזכיר לקדוש ברוך הוא את מעלתם של ישראל. את הברית ואת ההבטחה האלוקית. את העובדה שאין מי שיספר את כבוד מלכותו יתברך בעולם חוץ מעם ישראל. הוא נלחם עליהם תוך כדי הזכרת מעלתם הגדולה: "לָמָה ה' יֶחֱרֶה אַפְּךָ בְּעַמֶּךָ אֲשֶׁר הוֹצֵאתָ מֵאֶרֶץ מִצְרַיִם בְּכֹחַ גָּדוֹל וּבְיָד חֲזָקָה".[3]

התפילה הזו נכתבת בתורה. ועם ישראל קוראים ולא מאמינים. זה מה שהוא חושב עלינו אחרי שחטאנו? הרי אכזבנו אותו. הפרנו את האמון. וככה משה מוסר עלינו את הנפש – לא אוכל ולא שותה ארבעים יום? בשונה מארבעים הימים הראשונים, שם היה נתון משה בעונג רוחני עליון של לימוד תורה מפי השכינה, כאן אלה ארבעים יום של התנפלות ותפילה. של מאמץ אדיר לכפר, לבקש סליחה – ועבור מי? עבורנו, שבזה הרגע הכי ציערנו את משה בעולם, וגרמנו לו לשבור את הלוחות שעליהם עמל במשך ארבעים יום שלמים?! אין לך תוכחה גדולה מזו.

משה נלחם עליהם. לא מפסיק לתאר את גודלם, את שבחם ואת מעלתם. בעת ובעונה אחת הוא גורם להם לתחושה עצומה של חשיבות – וללב נשבר. כך מולידים ריח טוב בנשמות. מזכירים את המעלות, את התכונות הטובות,

3 שמות לב, יא.

מגבירים את האור עד למצב שבו נקודות החושך רוצות להיעלם מעצמן מרוב בושה.

תוכחה שמולידה ריח טוב בנשמות היא כזו שנותנת כוח לחבר. שמזכירה לו מי הוא ולמה הוא מסוגל. שהעניין הנקודתי שבו הוא נפל כעת כלל לא מייצג אותו, וממילא לא מתאים לו, ועדיף לו שייעלם.

יש בתוכחה כזו מרכיב של בושה – אך היא תוצאה של הגדלת האור ולא של צמצומו.

אולי רבי נחמן מדבר על עניין הקול בשל חשיבות האינטונציה בסוג כזה של תוכחה: האם היא נאמרת בטון מאשים ומקטרג, או בטון מחבר ואוהב, עמוק ומלמד זכות?

> וזהו בחינת "מושכין עליו חוט של חסד" הנאמר במוכיח הראוי, כמו שאמרו רז"ל "המוכיח את חבירו לשם שמים מושכין עליו חוט של חסה, שנאמר מוכיח אדם אחרי חן ימצא". כי חוט של חסה, זה בחינת שנקלע ונשזר ונעשה חוט מהנימין. שעל אלו הנימין (שקורין סטירינים) יתנגן הניגון והשיר הזה של לעתיד... נמצא שעל ידי קול המוכיח הראוי, הוא נותן ריח טוב בהנשמות.

תוכחה טובה מושכת חוט של חסד מן המוכיח אל המוכח. החוט בא להאיר נקודה עיוורת. להסב תשומת לב. לתת עצה טובה של תיקון מתוך אהבה ואמון. חוט של אור נמשך מהמוכיח אל המוכח והם נקלעים ונשזרים יחד לחוט אחד של אור.

תוכחה טובה יוצאת מנקודת המוצא שהמוכח הוא אדם טוב, הרוצה בתיקון, אלא שבנקודה מסוימת הוא לקה בכתם עיוור. אם רק נאיר את עיניו – הוא כבר ימצא את הדרך להוליך את הטוב שנמצא בו אל המקום שצריך לתקן.

תוכחה טובה פותחת אפשרות. לעיתים רומזת. לא נשארת לבדוק אם אכן נעשה תיקון, אלא משחררת מייד אחרי התוכחה ומאפשרת למוכח מרחב תיקון עצמי. תוכחה מתוקנת נעשית בעוצמה המתאימה. לא באופן בוטה מדי או חזק

מדי, שרק יעורר את המוכח לגונן על עצמו ובכך להתחפר עוד בבוץ. התוכחה הטובה מותחת חוט של אור בין הלבבות ומאירה את שניהם, את המוכיח ואת המוכח, על העומק והכנות הנוכחים ביניהם.

בעקבות הריח מגיע הניגון. מערכת היחסים בין המוכח למוכיח מעמיקה ומתקרבת. נוצר ביניהם ניגון, שיש בו הרבה מעבר למילים שנאמרו. והנה חזרנו לתחילת דברינו, ולרבי עקיבא שככל שהוכיח אותו רבי יוחנן בן נורי – כך הלכה וגדלה אהבתם.

אפשר להימנע מתוכחה. להתרחק מאזור הסכנה הלא־נעים. אך אז אנו גוזרים על עצמנו חברויות שטחיות, חסרות טעם, הנעות סביב החלקים החיצוניים של החיים.

ואפשר להגביר אמון ואהבה, ולהיכנס למרחב התוכחה בצורה נכונה ומתוקנת. באופן שיעורר ריח, קול וניגון, ויהפוך את קשרינו למשמעותיים ועמוקים. למערכות כאלה שאור אלוקי עובר בתוכן, ושכינה שרויה בהן.

## פסולות מעיקרא...

עיניו הטובות היו מתמלאות בדמעות מהר.

כשהיה מלמד מאמר חסידות, במיוחד של הרבי מפיאסצנא, היו מתערבבים אצלו יחד השואה, החסידות והגעגועים.

במבט ראשון הוא נראה כמו יהודי שנקטף מהעיירה מז׳יבוז של לפני מאתיים שנה. נמוך קומה, נמרץ, ועיניים... עיניים טובות, צוחקות ושמחות, ההופכות בן רגע לעצובות, נושאות בתוכן את כל צער העולם.

נפשי נקשרה בנפשו.

ר׳ נתן סיגל. זכר צדיק לברכה.

יום אחד שמעתי אותו מעביר שיעור בקדמת בית המדרש, בתורה של ה״אש קודש״, ופשוט נעצרתי וישבתי. ללא אומר ודברים הוא הושיט לי דף

ונתן בי את עיניו החומות, העמוקות, שכעבור רגע או שניים התמלאו בדמעות כאשר לימד. את התורה של האש קודש על הכ"ף הקטנה שנכתבה כאשר אברהם בא לספוד לשרה ולבכותה. כ"ף קטנה, כי יש אומרים ששרה גרמה לעצמה את המוות הזה. הרבי מפיאסצנא אומר שם, ששרה מחתה כלפי שמיא ואמרה – "ריבונו של עולם – עד הילדים! עמדתי בכל הניסיונות הקשים לכל אורך החיים – אך עד הילדים, אל תיגע בילדים!".

כמה ימים אחר כך הביא לי ספר מתנה. "בני מחשבה טובה", עם הקדשה חמה ממנו.

וככה הייתי חוטף. על הדרך. ווארט חסידי כאן. שיעור קצר שם. פעם הזמין אותי לבוא איתו להתוועדות 'זאת חנוכה' אצל הרבי מפינסק־קרלין. ראיתי כמה היה שם אהוב ובן בית.

פעם אחרת ראיתי אותו הולך ברחוב, שמח וטוב לב, ובידיו כתובה מתנופפת. "תראה! הכתובה של הבת שלי... היא מתחתנת היום, ואני כתבתי לה את הכתובה". ידעתי שהוא סופר סת"ם, אך לא ידעתי שאייר וכתב כתובות יפות להפליא. זה התאים לו כל כך – לכתוב את שטר האהבה, שטר ייסוד הבית.

פעם אחרת זכיתי להשתתף בחופה שערך. חופה שנמשכה שעה ארוכה. כבר שמעתי בעבר סיפורים על החופות המיוחדות שערך ר' שלוימה קרליבך, אבל עכשיו ראיתי בעיניי אחת כזאת. וכולה מלאה באהבה.

אבל את השיעור הכי גדול למדתי ממנו בסתם יום של חול.

התכנסנו, צוות המכון, לסדנה לקראת פתיחת הזמן. זה היה ערב ראש חודש אלול, זמן של תיקון ותשובה, ולכן ביקשתי מהחברים לספר על כישלון שהיה להם, ומה הם למדו ממנו.

בתחילה היה רחש ושתיקה של היסוסים מובנים, אבל אז הרים ר' נתן את ידו ואמר: "אני חושב שיש לי סיפור טוב".

בקולו הנעים הוא סיפר לנו סיפור מדהים. על תוכחה, ועל אהבה, ועל רגישות וכאב.

"אתם יודעים שאני סופר סת"ם, ובעיקר מגיה". כן, ידעתי. פעמים רבות הייתי רואה אותו במכון עם לוח פוליגל שעליו מתוחה פרשיית תפילין, כשהוא מגיה אותה ואז חותם "נתן".

הרב נתן המשיך.

"ובכן, אז לפני כמה זמן הביא לי תלמיד מהמחלקה שלנו, של דוברי האנגלית, את התפילין שלו לבדיקה. עכשיו, כשאתה מגיה תפילין, אתה נמצא במין מצב משונה. אתה מחפש טעויות, ואם אתה מוצא טעות... יש לך מין שמחה בלב, שעשית את מלאכתך נאמנה וגילית את הטעות, ועכשיו אפשר יהיה לתקן ומי שהביא לך את התפילין יניח מעתה תפילין כהלכתן. ובתפילין האלה, שהביא לי התלמיד הזה, לא הייתי צריך להתאמץ הרבה. הן היו ישנות מאוד, מבהמה דקה. ולמעשה היו פסולות מעיקרא. הייתה חסרה מילה. כך שסיימתי את הבדיקה די מהר, חזרתי אל התלמיד ואמרתי לו, וכמעט הייתה לי שמחה בקול שלי – 'תשמע, התפילין שלך פסולות. צריך להזמין חדשות. הן היו פסולות מעיקרא'.

"ברגע שאמרתי לו את זה – ראיתי שהוא ממש נפגע. אני מכיר את הצער שיש לאנשים כשהם מגלים שהתפילין שלהם פסולות. אך כאן זה היה משהו אחר. הוא כאילו נפגע ממני אישית.

"ואז הוא אמר לי: אתה יודע רבי... התפילין האלה, הן היו של סבא שלי. הן היו הקשר הראשון שלי ליהדות. ועכשיו כשאמרת לי שהתפילין פסולות מעיקרא, אז הרגשתי שבעצם פסלת לי את סבא שלי".

העיניים של הרב נתן כבר היו מלאות דמעות בשלב הזה, והוא הוסיף: "אמרתי לעצמי – הרי יכולת להגיד לו שהתפילין האלה עברו הרבה, שהן כבר ישנות מאוד, וכדאי להחליף. שבגלל השנים חלק מהאותיות כבר דוהות, או משהו כזה. למה הייתי צריך לומר לו שזה פסול מעיקרא? למה לא הייתי מספיק רגיש להבין שלא את התפילין שלו פסלתי, אלא את סבא שלו, ואת החלון שדרכו הוא נכנס חזרה לתורה ומצוות? רציתי יותר מדי, ואז קלקלתי".

ר׳ נתן שתק, ואנחנו הבטנו בו. מרגישים את החץ ישר ללב.

שאלה היא אף פעם לא רק שאלה. היא קשורה בשואל. לעיתים הקשר הולך כמה דורות לאחור. רבי נתן לימד אותנו בסיפור הזה את חוכמת הלב הנצרכת כדי לדעת מה להשיב, מה לא להשיב ואיך להשיב. לדעת מיהו העומד מאחורי השאלה, ואיך לפסול תפילין בלי לפסול את היהודי שהניח אותן.

שנה עברה. ור׳ נתן חלה. חיוניותו ניטלה ממנו, וביום השישי לחודש אלול, חודש של תשובה ואהבה, ליווינו אותו מבית הכנסת באפרת למנוחת עולמים בבית העלמין שבכפר עציון.

# הַמְאַסֵּף

## על הנכונות ללכת מאחור

המבנה החברתי של עם ישראל במדבר יכול לשמש עבורנו דגם להתבוננות על מבנה חברתי מתוקן.

ראשית, הסדר המדויק של המחנות והדגלים מהווה כבוד עצמי לעם של עבדים, שכבודם ניטל מהם במשך שנים כה רבות. הנה כעת יש להם דגלים, סדר תנועה, חצוצרות ותרועות. כשאדם מכבד את עצמו, זוהי תחילתה של חירות. הכרת הערך והמשמעות שיש בכל אחד מאיתנו.

אך מעבר לכך, התורה ממשיכה ומתארת את אחד התפקידים החברתיים המשמעותיים ביותר. זהו תפקידו של שבט דן.

> וְנָסַע דֶּגֶל מַחֲנֵה בְנֵי דָן מְאַסֵּף לְכָל הַמַּחֲנֹת לְצִבְאֹתָם, וְעַל צְבָאוֹ אֲחִיעֶזֶר בֶּן עַמִּישַׁדָּי.[1]

להיות מאסף. זה התפקיד של דגל מחנה דן. שבט דן הוא נשיא מחנה המאספים, ואיתו נפתלי ואשר.

מה המשמעות של היות דן מאסף?

רש"י מביא את הירושלמי:

1 במדבר י, כה.

מאסף לכל המחנות – תלמוד ירושלמי, לפי שהיה שבטו של דן **מרובה באוכלוסין** היה נוסע באחרונה **וכל מי שהיה מאבד דבר היה מחזירו לו.** יש אומרים כתיבה היו מהלכין, ומפיק לה מן "כאשר יחנו כן יסעו", ויש אומרים כקורה היו מהלכין, ומפיק לה מן "מאסף לכל המחנות".

אם כן, שבט דן הוא משיב אבדה. מי שאיבד דבר־מה – היה מקבלו חזרה דרך שבט דן.

אלא שהמושג אבדה הוא רחב מאוד. אפשר לאבד חפצים, ואפשר לאבד דרך, ואפשר גם לאבד בני אדם. וגם האדם עצמו יכול ללכת לאיבוד. ולעיתים, כשדבר כזה קורה ומישהו מרגיש שהוא הולך לאיבוד, כל מה שצריך זה מישהו שימצא אותך. שישים יד על הגב או על הכתף ויאמר לך: "אחי, צריך עזרה?".

מן הסתם לאדם כזה יקראו "אחיעזר"... כשמו של נשיא שבט דן.

ואולי הוא רק ישים יד ויסמוך את מי שנפל לרגע לאחור. כמו אח גדול שניתן לסמוך עליו בעת צרה. מן הסתם יקראו למישהו כזה "אחיסמך". הוא אביו של אהליאב בן אחיסמך למטה דן, בונה המשכן יחד עם בצלאל.

בני אדם יכולים ללכת לאיבוד בגלל כל מיני סיבות.

לעיתים פשוט לא מכירים את הדרך. זה מקום חדש ולא מוכר, ולא יודעים לאן לפנות בו. אך לעיתים – הדרך מוכרת, אלא שהקצב מהיר מדי. הקבוצה מתקדמת מהר, ומישהו נשאר מאחור. לאט לאט הוא מאבד את התקווה שיוכל להדביק את הקצב, והוא מאט ומשלים עם העובדה שהוא כבר לא חלק מן הקבוצה.

זה מה שקורה פעמים רבות לזקנים בחברה המודרנית. החברה רצה ומתקדמת בקצב מהיר מהיר, שלא לומר מסחרר, ולזקנים שבתוכה קשה להתרגל לקצב החדש. הם מנסים, אך אט אט מרפים, משחררים. נשארים מאחור, בסוג של בדידות.

וכאן בא שבט דן.

> מאסף לכל המחנות – לפי שהיה אחרון, וכל מי שהיה מתאחר בשביל שום דבר **היה מתעכב עמהן**, לכך נקרא מאסף.[2]

"כל מי שהיה מתאחר בשביל שום דבר" – שבט דן מוכן להמתין עבורו. אנשי שבט דן הם המוכנים להתעכב עם המאחרים, המתקשים, מאיטי הקצב מסיבות שונות. הם המאסף לכל המחנות. הם דואגים שאיש לא יישאר מאחור.

ההישארות הזו מאחור יוצרת תחושה של בדידות. של נחשלות. של חוסר מסוגלות. אנשי שבט דן מחזירים את תחושת המסוגלות לאלה שהתעכבו מאחור, ומוציאים אותם מהבדידות החברתית שנגרמה להם.

> מאסף לכל המחנות לצבאותם – מי שנחשל ולא יכול ללכת עם מחנהו, והיה **נשאר יחידי** אחורי המחנה, נאסף למחנה בני דן. ומחנה בני דן היו הולכים לאט עם הנחשלים עד שהביאום לצבאותם.[3]

בני שבט דן הולכים איתם, מתקדמים איתם בקצב שלהם – עד שמחזירים אותם לצבא ולמחנה שלהם. במילים שלנו – אנשי דן הם מורי שילוב. יש להם את כל הסבלנות שבעולם עד שהם מחזירים למתעכב את היכולת להצטרף שוב למחנהו.

שבט דן מספר את סיפורם של המוכנים להתעכב עבור אלה שקשה להם. זהו סיפורם של המורים לחינוך מיוחד. של העובדים הסוציאליים. של הפיזיותרפיסטים שבחרו לעסוק בריפוי זקנים. זהו סיפורם של המוכנים להתעכב עבור האחרים. של הדואגים שהפערים בחברה לא ילכו ויתרחבו אלא ילכו ויצטמצמו.

זהו סיפורם של כל ההולכים מאחור ודואגים שאיש לא ילך לאיבוד. הם יודעים להניח יד תומכת על מי שלפתע החל להאט את הקצב, ולהציע

2 פירוש **דעת זקנים**.

3 פירוש **העמק דבר**.

לו עזרה. הם הולכים כמו תיבה, קולטים לתוכם את כל מי שהענן – הענן החברתי או הענן הדתי – פלט אותו. הם שמים לב לאלה שקצב החיים המהיר השאיר מאחור.

לשבט דן יש מסירות נפש מיוחדת. מסירות נפש על עם ישראל. אין זו מסירות נפש מן הסוג המוכר, שיש בה צד הרואי של גבורה ומוכנות למסור חיים. כאן מדובר על מסירות של אהבה. על מוכנות להתעכב. על מסירות נפש בעניין "הֱוֵי דן את כל האדם לכף זכות".[4] "הֱוֵי דן" – הרוצה להיות משבט דן – צריך להתאמץ להיות מאלה שרואים "את כל האדם לכף זכות". כך דורש **התפארת שלמה** מרדומסק:

> דן ידין עמו כאחד שבטי ישראל, יהי דן נחש עלי דרך וגו' לישועתך קויתי ה' – הנ"ל על פי מ"ש בפירוש המשנה **הוה דן את כל האדם לכף זכות.** להורות דרכי הצדיקים ההולכים תמיד במסירות נפש עבור כלל ישראל ומקבלים עליהם יסורים ודנים את עצמם עבור כלל ישראל, כמו שכתוב "ונשא אהרן את משפט בני ישראל על לבו". וזה שכתוב "דן ידין עמו כאחד שבטי ישראל". **פירוש, הצדיק הדן את עצמו עבור עמו בני ישראל ומצפה לטובתם** הוא העושה היחוד למעלה כאח"ד. פירוש, כמו שצריך להיות במסירות נפש בשעת היחוד בקריאת שמע כו' ה' אחד, כן גם כן צריך מסירות נפש עבור בני ישראל, כי כן הוא שקול אהבת הבורא ברוך הוא ואהבת ישראל, והכל צריך להיות במסירות נפש.[5]

"דָּן יָדִין עַמּוֹ כְּאַחַד שִׁבְטֵי יִשְׂרָאֵל".[6] דן וההולכים בדרכו יוצרים בנפשם השוואה בין "אחד" לבין "שבטי ישראל". כפי שיש צורך במסירות נפש עבור קיום מצוות

4 אבות א, ו.

5 **תפארת שלמה** פרשת ויחי.

6 בראשית מט, טז.

"שמע ישראל ה' אלוקינו ה' אחד", כך צריך מסירות נפש עבור קיום מצוות אהבת ישראל.

האהבה הזו, כפי שאמרנו, באה לידי ביטוי בתשומת הלב והמוכנות להתעכב ולהתמסר עבור אלה שנותרים מאחור. בין אם בגלל נתוני פתיחה שונים, בין אם בשל הקצב המהיר של החברה, בין אם בשל קושי ארגוני כזה או אחר. כל מה שהם צריכים זה מישהו שיהיה איתם. שיסכים להתעכב עבורם. שיניח עליהם יד אוהבת וסומכת ויציע עזרה. מישהו משבט דן.

דן בודק את עצמו כל הזמן. מה הוא יכול לעשות כדי לשפר את רמת החיבור שלו לאלה שאיתם הוא רוצה להיות בקשר? הוא דן את עצמו לפני שהוא דן את האחרים, ואת האחרים הוא דן תמיד לכף זכות.

אם דן הולך מאחור, יוצא שהוא הנלחם העיקרי בעמלק. עמלק מזנב בנו את "כָּל הַנֶּחֱשָׁלִים אַחֲרֶיךָ",[7] ושם – הרי נמצא שבט דן.

עמלק – היינו כוחות הייאוש והספק, המחפשים את מי שהמערכת החיסונית שלו נחלשה. שהענן פלט אותו. הענן הוא המקום המוגן, השמור, היכן שכולם נמצאים. המיינסטרים. אך יש כאלה שהענן פולט אותם. האם יש מי שיקלוט אותם? כן. שבט דן הוא שנמצא שם מאחור. קולט את הנפלטים ונלחם בעמלק הייאוש והספק.

נמצא שמחנה דן היו משיבין כל האבדות, כי הם בחינת מאסף לכל המחנות דקדושה. שכל מה שנאבד ויוצא ונדח מן הקדושה הם מגביהין ומשיבין למקומו ושרשו. **ועמלק היה רודף את מחנה דן דיקא**, כי הוא רוצה חס ושלום שיישארו אצלו חס ושלום כל האבדות, כי הוא מתגבר על בחינת האבדות דיקא, כמו שכתוב "ויזנב בך כל הנחשלים אחריך", שהם אותן שהיה הענן פולטן, שהם בחינת נאבדים ונדחים מן הקדושה.[8]

7 דברים כה, יח.

8 **ליקוטי הלכות** חושן משפט, הלכות אבדה ומציאה ב, ב.

עמלק רודף אחר הנחשלים והמיואשים ורוצה אותם אצלו. אך בדיוק עליהם נלחם שבט דן. לא לתת להם להתייאש. לא לתת להם להרפות אחיזה. לתמוך אותם ולדאוג שיצליחו להתחבר חזרה למחנה.

הכרתת זרעו של עמלק מתחוללת דרך תשומת הלב הזו. דרך המוכנות להתעכב. דרך ההתבוננות על מי שלא עומד בקצב, על מי שנותר מאחור. אולי הוא תלמיד מתקשה. אולי איש זקן. אולי מי שלא דובר את השפה – עולה חדש, בעל תשובה, או כל מי שמרגיש את עצמו מחוץ לענן החברתי.

עבורו אנחנו צריכים להיות משבט דן, ההולך בדרכו של הקדוש ברוך הוא. כמו שביאר ר' צדוק הכהן מלובלין את הפסוק "וּמְאַסִּפְכֶם אֱ־לֹהֵי יִשְׂרָאֵל"[9] – "שהוא מאסף לכל המחנות, היינו שלא יאבד שום נפש מישראל חס ושלום".[10] והלכת בדרכיו – מה הוא מאסף, אף אתה היה מאסף. מה הוא ממתין לכולם כדי שכולם ייגאלו – אף אנחנו צריכים להיות מן הממתינים. מן המאספים.

דן חשוב כמו יהודה. המנהיגות הנסתרת, המאספת, היא חשובה ומשמעותית לא פחות מן המנהיגות המוכרת והמובילה. "כאחד שבטי ישראל".

## גם אתם תהיו פעם זקנים

זו הייתה חופה מיוחדת שנחקקה בליבי, ודווקא בגלל מה שקרה לפני שהתחילה.

תלמיד שלי התחתן. תלמיד שהוא מסוג האנשים שאוהבים זקנים. קודם כול את סביו, שהיה יהודי שעבר כבר את גיל שמונים. ניצול שואה שהחיוך לא מש מפיו. ודרכו גם את כל חבריו של הסבא. וכולם הגיעו לשם, לחופה.

זקנים מגיעים בזמן. או לפני הזמן. יוצאים מהבית עם המונית שמחכה, ומגיעים בשעה שכתובה בהזמנה. מתיישבים בנחת על הכיסאות שמונחים לפני

9 ישעיה נב, יב.

10 **פרי צדיק** פרשת שופטים (בסופה).

החופה, המקל בין הרגליים. לעיתים תראו עובד זר עומד מאחור ובמרחק קטן ממנו ההליכון או הכיסא. הם הגיעו בזמן. הם מוכנים.

עד שהחופה תתחיל הם משוחחים ביניהם. מחייכים ושמחים. הנכד מתחתן, ברוך ה׳.

החופה מתחילה. מובילים את החתן בריקודים מלאי עוצמה. כל החברים הצעירים מקפצים כתף אל כתף, כל אחד מהם לבוש חולצה לבנה המכסה גב רחב וספורטיבי. מייד אחרי החתן מובילים את הכלה. והנה כל המשפחה מסודרת מתחת לחופה. והחברים... החברים נעמדים כמין טבעת מסביב לחופה.

חומה צפופה ולבנה. גב ועוד גב ועוד גב. זה מה שרואים הזקנים. החיוכים נשמטים באחת. אין להם קול ולא יכולת לנסות להזיז את החומה הלבנה הניצבת לפניהם. הם אומנם טרחו והתאמצו, הגיעו ראשונים ותפסו כיסא – אך כנראה לא סיפרו להם שהכיסאות שליד החופה הם סוג של בדיחה. תפאורה. לא באמת מתכוונים שמי שישב שם יראה משהו...

אבל, אז קרתה תפנית בעלילה. הפתעה של ממש. הרב שערך את החופה, תלמיד חכם גדול שזקנו לבן, פנה אל הקהל ואמר: ״אני מבקש מכל החברים של החתן לזוז הצידה, ולאפשר לאנשים שיושבים – לראות גם כן״.

החומה זזה קצת ימינה, ואז קצת שמאלה, אבל בסך הכול נשארה במקומה. הרב לא ויתר: ״אנחנו לא נתחיל בחופה עד שלא תזוזו... אני מבקש לתת למבוגרים לראות״.

הפעם החומה זזה מעט יותר... אך עדיין עמדה שם. יציבה, לבנה, וצעירה.

ואז הרב שינה טון, והחל לנזוף בחברי החתן: ״זוזו! למה אתם עומדים? אתה – שב על הארץ. כן כן. שב. וגם אתה. שניכם – זוזו הצידה״.

ואז אמר את המשפט שנחקק בליבי: ״למה אתם מסתירים לאנשים זקנים? גם אתם תהיו פעם זקנים. תרצו שיסתירו לכם?״.

החומה נפרצה סוף סוף, ושדה ראייה אל החופה נפתח. החיוך חזר לפניהם של הזקנים שעל הכיסאות, והרב החל בסידור החופה.

הלכתי עם מחשבות רבות מהחופה הזו. מחשבות על ההכחשה שבה אנו חיים. כאילו תמיד נהיה צעירים ומגניבים. אבל, יום אחד גם הקצב שלנו יואט ונהפוך לזקנים. ואז... האם יחכו לנו? האם יהיה שם מישהו שידאג שלא יסתירו לנו? האם מישהו יהיה מוכן להתעכב עבורנו? אלה שאלות נוקבות, שהביאו אותי בעיקר לשים לב יותר כבר כעת.

ומאז, בכל חופה שאני נוכח בה, אני משתדל לדאוג שלא יסתירו ליושבים. ניגש, שם יד על כתף ואומר: "אחי, אתה מסתיר כאן למבוגרים". ובן שיחי עונה מייד: "אה... בטח, בטח. סליחה", וזז ממקומו. וכשאני מביט לאחור, אני תמיד רואה שם עיניים עצובות שלפתע מוארות בשמחה, ואומרות: תודה.

# אָסֻרָה נָּא וְאֶרְאֶה

## על היות האדם גואל

חלק משמעותי ממערכות היחסים שלנו קשורות ליכולת הנהגה והובלה. אלא שאין אדם נולד מנהיג. מנהיגות איננה רק תכונה מולדת, אלא גם נרכשת. אפשר לחנך למנהיגות, לכוון אליה.

ההבדל בין אדם שרואה בעצמו מנהיג לבין זה שלא הוא הבדל גדול. הוא למעשה ההבדל בין חברה פעילה ומתקדמת, שבה אנשים מגדילים ראש ונעים קדימה, לבין חברה הדורכת במקום.

אלא שגם כאן יש עבודה פנימית בדרך החסידות. הוספת מילה ליד המילה ׳מנהיג׳: המילה ׳גואל׳.

האדם נוצר להיות גואל. לגאול את המציאות שסביבו מבדידותה, מדממתה ומחוסר ההקשר שהיא נתונה בו.

התנועה הזו, של היות האדם גואל, נוגעת בכל המעגלים. בבסיסה עומדת מצוות השבת אבדה, הדורשת מאיתנו להשיב כל דבר שאיבד את דרכו אל מקורו, ולגאול אותו מן האובדן.

לא רק כלפי בני אדם נדרשת גאולה. גם מדרגות החיים הנמוכות־יותר מצפות לגאולתן דרך עבודת האדם. כך מתאר המדרש את המבחן של הקדוש ברוך הוא למנהיגות.

ה׳ צדיק יבחן – ובמה הוא בוחנו? במרעה צאן. בדק לדוד בצאן ומצאו רועה יפה, שנאמר ״ויקחהו ממכלאות צאן״. מהו ״ממכלאות צאן״? כמו ״ויכלא הגשם״. היה מונע הגדולים מפני הקטנים והיה מוציא הקטנים

לרעות כדי שירעו עשב הרך, ואחר כך מוציא הזקנים כדי שירעו עשב הבינונית, ואחר כך מוציא הבחורים שיהיו אוכלין עשב הקשה. אמר הקב"ה: מי שהוא יודע לרעות הצאן איש לפי כחו יבא וירעה בעמי, הדא הוא דכתיב "מאחר עלות הביאו לרעות ביעקב עמו". ואף משה לא בחנו הקב"ה אלא בצאן. אמרו רבותינו, כשהיה משה רבנו ע"ה רועה צאנו של יתרו במדבר ברח ממנו גדי, ורץ אחריו עד שהגיע לחסות. כיון שהגיע לחסות נזדמנה לו בריכה של מים, ועמד הגדי לשתות. כיון שהגיע משה אצלו אמר: אני לא הייתי יודע שרץ היית מפני צמא. עיף אתה! הרכיבו על כתיפו והיה מהלך. אמר הקב"ה: יש לך רחמים לנהוג צאנו של בשר ודם כך? חייך, אתה תרעה צאני ישראל. הוי "ומשה היה רועה".[1]

המאמץ לא לוותר אפילו על שה אחד, אלא לרדוף אחריו ולהשיבו – נובע מנקודת האחריות של האדם המרגיש עצמו גואל. המציאות מתנהלת בעיוורון מסוים, ורק ליצור אחד בה יש את האחריות והיכולת לתקן שיבושים: האדם. כל דבר שאינו במקום, כל דבר שהשתבש – מהווה בעצם סוג של קריאה לאדם העובר לידו או הנפגש איתו: תקן אותי. גאל אותי. האר עליי את אור המשמעות.

דומה שהמקרה המפתיע מכולם הוא מה שארע עם משה רבינו. המנהיג הכי גדול שלנו, בין רעיית צאן אחת לאחרת.

וּמֹשֶׁה הָיָה רֹעֶה אֶת צֹאן יִתְרוֹ חֹתְנוֹ כֹּהֵן מִדְיָן וַיִּנְהַג אֶת הַצֹּאן אַחַר הַמִּדְבָּר וַיָּבֹא אֶל הַר הָאֱ־לֹהִים חֹרֵבָה. וַיֵּרָא מַלְאַךְ ה׳ אֵלָיו בְּלַבַּת אֵשׁ מִתּוֹךְ הַסְּנֶה, וַיַּרְא וְהִנֵּה הַסְּנֶה בֹּעֵר בָּאֵשׁ וְהַסְּנֶה אֵינֶנּוּ אֻכָּל. וַיֹּאמֶר מֹשֶׁה: **אָסֻרָה נָּא וְאֶרְאֶה אֶת הַמַּרְאֶה הַגָּדֹל הַזֶּה, מַדּוּעַ לֹא יִבְעַר הַסְּנֶה.**[2]

1 שמות רבה ב, ב.

2 שמות ג, א–ג.

ראשית כדאי לשים לב שמבחינת משה – הסנה הבוער הוא "מראה גדול". אך לא מדובר כאן על ארז שעולה באש, אלא על סנה. קוץ, נמוך. הוא אומנם עולה באש ואיננו אוכל, אך בכל אופן זה בסך הכול קוץ. ובכל זאת, מבחינת משה זה "מראה גדול".

כי היות האדם גואל – מזמינה אותנו לגאול לא רק אירועים גדולים, אלא גם סיטואציות הנראות פעוטות אך זקוקות לגאולה.

בתקופה שבה גרנו בנגב, היו מצויות ליד ביתנו חיפושיות רבות, המכונות 'חיפושיות זבל', שהיו מתחפרות בחול. לעיתים, מחמת הרוח, הן היו מתהפכות על הגב – הרגליים שלהן נעות באוויר, והן תקועות. כשהייתי עובר ליד אחת כזו, הייתי דוחף אותה קלות עם הרגל, ומחזיר אותה למצבה הרגיל. גם זו גאולה – להשיב חיפושית למקומה...

המבחן הזה, של היות האדם גואל, מתנקז בסופו של דבר לנקודה אחת: המוכנות לעזוב לרגע את הדרך שתכננתי, ולצאת מעצמי אל עבר הזולת. זה מה שאומר הפסוק: "אָסֻרָה נָּא".

רש"י בדרכו מדגיש את המהלך הנפשי הזה:

אסורה נא – אסורה מכאן להתקרב לשם.

וכי לא ידענו שמשה זז מכאן כדי להתקרב לשם? מה בא רש"י להשמיענו? אלא שלא על תנועה פיזית מדבר רש"י, אלא על התנועה הנפשית. לזוז מכאן ולהתקרב לשם – פירושו לצאת מעצמי ולנוע לעבר הזולת. במקרה הזה הזולת הוא מראה פעוט, של קוץ עולה באש. אך יש למשה רבנו את עצם המוכנות לזוז, לצאת מעצמו לעבר מקום אחר.

התגובה האלוקית מגיעה מייד:

וַיַּרְא ה' כִּי סָר לִרְאוֹת וַיִּקְרָא אֵלָיו אֱ־לֹהִים מִתּוֹךְ הַסְּנֶה, וַיֹּאמֶר מֹשֶׁה מֹשֶׁה, וַיֹּאמֶר הִנֵּנִי.

כל גילוי השכינה הגדול שבא במעמד הסנה – מעמד שהפך את משה מרועה צאנו של יתרו למנהיג ולגואל ישראל – נבע מהתנועה הזו של "סָר לִרְאוֹת". של היכולת לצאת מעצמך, אפילו לזמן קצר. מבחינה איכותית, המעט הזה הוא מה שצריך גואל. מי שיש לו את התכונה הזו כלפי הסנה – יש לו אותה כלפי כל דבר.

המדרש מעבה עוד את התנועה הנפשית הזו:

ויאמר משה אסורה נא ואראה – רבי יוחנן אמר: ה׳ פסיעות פסע משה באותה שעה, שנאמר "אסורה נא ואראה". רבי שמעון בן לקיש אמר: הפך פניו והביט, שנאמר "וירא ה׳ כי סר לראות", כיון שהביט בו הקב"ה אמר נאה זה לרעות את ישראל. אמר רבי יצחק: מהו "כי סר לראות"? אמר הקב"ה: סר וזעף הוא זה לראות בצערן של ישראל במצרים, לפיכך ראוי הוא להיות רועה עליהן. מיד "ויקרא אליו אלהים מתוך הסנה".

משה הוא "סר וזעף" לראות בצרת ישראל במצרים. הצרות של אחרים מצערות אותו באמת. נוגעות לו. ולכן הוא יכול להיות מנהיג ורועה עליהם.

לסור מכאן – משמעו לסור מהתכנונים שלי, מעולמי המוכר לי היטב, שבו אני מצוי ואותו אני מכיר – ולצאת לשם. והשם הזה הוא האחר. השונה. זה שבתוכו נמצאים נופים אחרים ממה שהכרתי או שידעתי.

לכן, כאשר רבי נחמן בא להגדיר את התכונה המרכזית למנהיג – הוא לא מדבר על גבורה, הובלה או יכולת לצעוק "אחריי". גם אלה הן תכונות חשובות למנהיגות, אך רבי נחמן מדבר על הרחמנות:

"כי מרחמם ינהגם". היינו מי שהוא רחמן, הוא יכול להיות מנהיג. וצריך לידע איך להתנהג עם הרחמנות, כי על רשעים או על רוצחים וגזלנים אסור לרחם. וכן מי שאינו יודע איך להתנהג עם הרחמנות, אזי יוכל לרחם על תינוק של ד׳ ימים, ליתן לו מאכל הצריך לגדול ולא לקטן כזה. כי קטן

כזה צריכין לזונו רק על ידי חלב דווקא. על כן צריך לידע איך להתנהג עם הרחמנות, שלקטן כזה צריכין לרחם ליתן לו חלב דייקא, ולגדול מאכל הצריך לו, וכן על כל אחד ואחד צריכין לרחם במה שצריך לו.

ורחמן כזה, הוא רק משה רבינו. כי הוא היה מנהיג ישראל, והוא יהיה המנהיג לעתיד, כי מה שהיה הוא שיהיה וכו'. כי משה רבינו היה לו רחמנות באמת על ישראל, ומסר נפשו בשביל ישראל, והשליך נפשו מנגד, ולא היה חושש על עצמו כלל. כי השם יתברך אמר לו "ואעשך לגוי גדול", והוא לא השגיח על זה כלל, רק אמר "אם תשא חטאתם וכו'". כי הוא היה רחמן ומנהיג אמתי, והיה עוסק בישובו של עולם, שיהיה העולם מיושב מבני אדם. כי עיקר האדם הוא הדעת, ומי שאין לו דעת אינו מן היישוב, ואינו מכונה בשם אדם כלל, רק הוא בחינת חיה בדמות אדם. ומשה רבינו היה לו רחמנות, והיה עוסק ביישוב העולם, שיהיה העולם מיושב וממולא מבני אדם, היינו בני דיעה כנ"ל. כי הוא פתח לנו אור הדעת, כמו שכתוב "אתה הראת לדעת כי ה' הא-להים". כי משה פתח את הדעת, וגילה לנו כי יש אלוהים שליט בארץ.[3]

כמה מפתיע. בעולמנו אנחנו רגילים שהתכונות הנדרשות ממנהיג הן נחישות, כריזמה, ראייה למרחק, חזון ועוד. אך רבי נחמן מדבר על רחמנות. רחמנות במובן של אמפתיה. תחושת הזדהות, יציאה מעצמנו לקראת האחר. המנהיג הוא זה שמצליח לחוש את מונהגיו ברמה העמוקה ביותר. ככל שהתחושה הזו עמוקה יותר, כך הוא ראוי יותר למנהיגות. משה רבנו הוא גואל במהות, מפני שהוא מלא רחמים על מציאות אטומה, חסרת מודעות וחסרת דעת, וכל כולו מבקש לבקוע אותה. להעניק לאנשים דעת. שיבינו את מקומם, את שליחותם, את המיקום שלהם על הגרף ההיסטורי. משה רבנו הוא גואל בגלל שהוא יוצא מעצמו אל עבר הזולת ומעניק לו דעת.

3 **ליקוטי מוהר"ן** (תנינא) תורה ז, א-ב.

הגדרת הרחמנות כתכונה המרכזית למנהיג ולגואל היא חידוש. והיא גם פותחת לנו פתח להיות גואל. כל אחד מאיתנו צריך להסתובב בעולם ולחפש את הרגעים האלה, שבהם מזדמן לו להיות גואל. כך, כמו שהזכרנו לעיל, מצוות השבת אבדה היא גאולה – גם לחפץ וגם לאדם המאבד. זמן האיבוד של החפץ הוא רגע של פרדה וגלות, ובהשבת החפץ לבעליו יש שמחה גדולה של מציאה. של דיוק.

משה הגואל הוא רחמן. בפרשת שמות הוא מוקף בשש נשים שמגינות עליו ומצילות את חייו: המיילדות העבריות שמצילות אותו בלידה. אחותו המגינה עליו ביאור. בת פרעה המצילה אותו מן היאור. אימו שמניקה אותו בשנות חייו הראשונות. ואשתו ציפורה המצילה אותו בדרך. משה הגואל עטוף באימהות רבות, ולכן מתפקד כך, כגואל, גם בהמשך: רחמן, נושא את סבלם, מצר בצרתם.

גם כשקשה לו – אופי תלונתו הוא אימהי:

הֶאָנֹכִי הָרִיתִי אֵת כָּל הָעָם הַזֶּה, אִם אָנֹכִי יְלִדְתִּיהוּ, כִּי תֹאמַר אֵלַי שָׂאֵהוּ בְחֵיקֶךָ כַּאֲשֶׁר יִשָּׂא הָאֹמֵן אֶת הַיֹּנֵק עַל הָאֲדָמָה אֲשֶׁר נִשְׁבַּעְתָּ לַאֲבֹתָיו?[4]

פסוק שלם שכולו אימהות. מנהיגות מרחמת, מרגישה ומקשיבה.

לימוד גדול יש כאן: גם כאשר לא ניתן לסייע – ההקשבה והאמפתיה הן גדולות בפני עצמן. עצם הבעת הרחמים כשותפות היא הופעה של מנהיגות.

בכל יום יכול האדם להיות גואל. יש שיזדמן לו לגאול דברים קטנים, ויש שיזכה לחולל גאולה גדולה. אך הכול מתחיל ממצב הנפש – הבקשה להיות גואל.

ללכת בתוך מציאות דוממת, שאין לה פה לדבר, אך היא מבקשת שהאדם, נזר הבריאה, יחיל עליה משמעות. יצבע אותה בצבע חי, ויגאלה גאולה שלמה.

4 במדבר יא, יב.

# עַל כָּל דְּבַר פֶּשַׁע

## על אבות הנזיקין שבנפש

האדם הוא יצור מדיני, כלומר חברתי.

המערכת החברתית שלנו מורכבת גם מ'עשה טוב' – חברות, רעות, אהבה, ביטחון; וגם מ'סור מרע' – זהירות מפגיעה, מציניות, מעין רעה ומשאר דברים הגורמים לפירוד. בשם אדמו"ר הזקן מובא שהדרך ל"וְאָהַבְתָּ אֵת ה' אֱ־לֹהֶיךָ" עוברת ב"ואהבת" אחר – "וְאָהַבְתָּ לְרֵעֲךָ כָּמוֹךָ".

וצריך לדייק, להגדיר ולאתר את אבות הנזיקין שבנפש, העלולים לגרום לנו לפגוע באנשים שסביבנו. לזהות את העיקרים השליליים, שאם נדע מָהֵם ונימנע מֵהֶם – יהיו בכלל גם פרטים רבים שנינצל מליפול בם. כך הדרך: ברגע שאוחזים בכללים – הרבה יותר קל לתקן גם את הפרטים.

בתורה מיוחדת, הכתובה בשפת קוד של ממש, מבאר האדמו"ר השלישי של חסידות חב"ד, רבי מנחם מנדל שניאורסון המכונה "אדמו"ר הצמח צדק", את אבות הנזיקין הללו.

התורה בנויה כביאור על הפסוק בפרשת משפטים:

עַל כָּל דְּבַר פֶּשַׁע עַל שׁוֹר עַל חֲמוֹר עַל שֶׂה עַל שַׂלְמָה עַל כָּל אֲבֵדָה אֲשֶׁר יֹאמַר כִּי הוּא זֶה עַד הָאֱלֹהִים יָבֹא דְּבַר שְׁנֵיהֶם אֲשֶׁר יַרְשִׁיעֻן אֱלֹהִים יְשַׁלֵּם שְׁנַיִם לְרֵעֵהוּ.[1]

1 שמות כב, ח.

הפסוק הזה כולו אומר דרשני. לכאורה הוא מדבר על נזקי בהמה, שור וחמור. אך האמירה הדרמטית בפסוק – "עַד הָאֱלֹהִים יָבֹא דְּבַר שְׁנֵיהֶם" – כמו רומזת שיש כאן רבדים אחרים, עמוקים יותר, של נזק. נזקי נפש האדם.

ואם כך, רצף הבהמות המוזכרות כאן ירמוז לרצף הופעותיה של הנפש הבהמית שנמצאת באדם, ולנזקים שהן עלולות לגרום לסביבה שבה הן חיות.

כאמור, הדברים כתובים בתמצות מרבי. כמעט כשפת קוד. נביא במלואם, ואחר כך ננסה לפענח על פיהם את 'אבות הנזיקין שבנפש'. וכה לשון אדמו"ר הצמח צדק, בספרו **אור התורה**.

> משפטיך תהום [רבה, אדם] ובהמה תושיע. לכן משפטי התורה בדיני בהמה "על כל דבר פשע, על שור" – שנפש הבהמית בשרשה בפני שור, התלהבות, וכשנשתלשלה למטה שור נגח הוא שופך דם האדם באדם, וכן כל הכועס. "על חמור" קרירא לו, אי נמי על דרך בשר חמורים וזרמת כו'. "שה" פזורה... שמבחינת דאחד גוי אחד מפוזר ומפורד בין רבות מחשבות כו', וההפך מבחינת ואגודתו כו'. ו"על שלמה" – וריח שלמותיך, ריחא דלבושייכו ריח בגדיו, אבל ההפך בגד בוגדים בגדו כו' לבושים צואים כו', וכתיב ופרשו את השמלה כו'. "על כל דבר פשע" ודבר שפתים אך למחסור, בחינת מדבר העמים. "אשר יאמר כי הוא זה" על דרך שמים אור לחושך וחשך לאור... "הוא" היינו חשך, הוא היה גבור ציד הוא עשו אבי אדום, מה שאין כן "זה", בחינת אור וגילוי.[2]

לפנינו סוג של כתב חידה, הכתוב בשפת קוד פנימית ומתומצתת. ננסה לפענח אותה יחד.

2 **אור התורה** שמות חלק ד, עמ' א, עו.

הצמח צדק מבאר שפסוקי התורה ביחס לנזקי בהמה מהווים שיקוף לתנועות השונות של הנפש הבהמית. נפש זאת נמצאת בתוך כל אחד מאיתנו, ויש לה פנים שונים ומשונים.

הראשון הוא **פני שור**. השור הוא רב עוצמה, ומבטא התלהבות מן העוצמה הזו. כביכול השור מודע לעוצמה שבו ונהנה ממנה. כאשר ההתלהבות הזו מתעבה – היא עלולה להפוך לכעס. ואם כך, הכעס הוא אב נזיקין ראשון. אך יושם לב: הכעס הוא הביטוי הגס ביותר של השור. אך ביטוי נוסף יכול להיות התלהבות לא מותאמת, שגם היא דורסנית ולא לוקחת בחשבון את כלי המקבל. גם אדם העושה חסד עם חברו, אם הוא עושה זאת בהתלהבות יתרה ומוגזמת – יש בזה מן הפגיעה הדורסנית של השור. התלהבות יכולה לפגוע מצד עצמה, עוד לפני שמתעבה והופכת לכעס של ממש. אלה הם "פני השור".

השני הוא **החמור**. הגמרא במסכת שבת אומרת שהחמור, אפילו בימי תמוז קר לו.[3] בנזקי הנפש מרמז החמור לאדישות שלנו כלפי החבר. ליחס הקר, האדיש, שאינו מתעניין באמת. אותם הנהונים שלא באמת מתכוונים לשמוע מה יש לזולת לומר. הלב שנאטם ונחסם. החסידות רואה באדישות הזו אב־נזיקין נפשי. לכאורה אדישות לא עושה כל רע לאיש – אך הצמח צדק מצביע עליה כאחד מאבות הנזיקין. אכן, אדישות היא נזק. חוסר הבעת עניין הוא בעיה. האדם נברא כיצור פנימי, שצריך להביע עניין בקורה סביבו. להתייחס לסביבתו, בחום ובהתעניינות.

השלישי – **השה**. השה רומז לפי הצמח צדק לפיזור הדעת, על פי הכתוב "שֶׂה פְזוּרָה יִשְׂרָאֵל".[4] זהו חוסר הריכוז שבנפש. המעבר מדבר לדבר ללא העמקה, ההתפזרות השטחית לכל עבר. התנועה של "רבות מחשבות" – מחשבות מרובות ומפוזרות במקום מחשבה אחת מעמיקה. בחב"ד מחשיבים מאוד את ההתבוננות – זו היכולת לקחת נושא מסוים ולהעמיק בו. להתבונן

3 שבת נג ע"א.

4 ירמיה נ, יז.

בו עוד ועוד, עד שמאירים בו אורות חדשים, ובממד העומק דווקא. התפזרות המחשבה, חוסר סדר פנימי, מהווה נזק מתמשך. בלוח "היום יום" מובא בשם הרבי השישי, אדמו"ר הריי"ץ:

> אחר כל זה העיקר הוא סדר... הבעל שם טוב היה מסודר, המגיד ממזריטש דקדק על סדר, ורבינו הזקן לימד חסידים שיהיו מסודרים, זאת רואים במאמריו, מכתביו, ניגוניו. החסידים שהיה להם זמן קבוע לבוא לליאזנא – אחר כך לליאדי – לא היה להם רשות לשנות את הזמן ללא רשיון של הרבי, על קבלת הרשיון היה צריך שיהיה טעם.[5]

פיזור הדעת וחוסר הריכוז מוליד חיים שטחיים, העוברים במרוצה מנושא לנושא בלי להתמקד ולהעמיק חקר בדבר אחד ולהגיע בו לחידוש, להבנה ולהפנמה.

הרביעי – **שַׁלְמָה**. כאן זועק הצמח צדק את זעקת הזיוף. הפער ההולך וגדל בין פנים לחוץ. היכולת של האדם לתעתע בסביבתו על ידי לבושים או מעשים חיצוניים שאותם יאמץ לעצמו, כאשר ליבו ונפשו רחוקים מאוד ממה שנראה כלפי חוץ.

הבגדים מאפשרים בגידה. בגידה של האדם בעצמו. נוצר פער בין מה שהאדם באמת לבין איך שהחברה תופסת אותו. והפער הזה צריך להיות מתוחזק – שוב על ידי מעשים ולבושים חיצוניים. העובדה שאנו מתאמצים מאוד להציג דמות אחרת כלפי חוץ, שבינה ובין מה שבאמת קורה בפנים קיים פער גדול מדי – היא בעיה. הגמרא במסכת שבת שואלת: מדוע תלמידי החכמים שבבבל מצוינים (מקושטים) בלבושם? ועונה: "מפני שאינן בני מקומן".[6] מי שנמצא במקום שלו, אין לו צורך להתהדר בבגדים כלפי חוץ.

5 **היום יום** ז' תמוז.

6 שבת קמה ע"ב.

ניסיון להתהדר כלפי חוץ בבגדים שאינם הולמים, בחזות חיצונית שאינה מותאמת למהלך הפנימי, לעיתים מקדימה אותו ולעיתים כלל לא מתאימה אליו – יוצרת אווירה של זיוף. את הפער שבין הפנים והחוץ צריך לצמצם, וודאי שלא לתחזק ולהגדיל אותו באמצעים חיצוניים. המצב האופטימלי הוא של "וּפָרְשׂוּ הַשִּׂמְלָה"[7] – שאין כל פער בין מי שאני בפנים לבין מה שנראה ממני כלפי חוץ.

החמישי – **דבר פשע.** הצמח צדק מבאר זאת כדיבורים שופעים מדי. דיבור יתר, ריבוי מוגזם של מלל. הדיבור נתפס כאוצר יקר שחורג הרבה מעבר לכללי איסור או היתר. גם דיבורים מותרים עלולים להיות אבות נזיקין בנפש, כאשר הם מרובים יותר מדי. יש למעט בדיבור. לדייק אותו, להתייחס אליו כאוצר יקר שאין לבזבז אותו, אלא להשתמש בו ברצינות ובמשקל. דיבור מיותר, מבוזבז, מרובה – מוזיל את עצמו. המרווח שבין המילים, השתיקה שבין הדיבורים, משולה ללבן שבין אותיות ספר התורה. זהו זמן עיכול והפנמה, הנותן משמעות לדיבור עצמו.

והשישי – **אשר יאמר כי הוא – זה.** זוהי מחאה כללית על היפוך ערכים וסדר. בני אדם אומרים על "הוא" – כאן זו מילת קוד לנמרוד, שעליו נאמר "הוּא הָיָה גִבֹּר צַיִד לִפְנֵי ה'",[8] או לעשו שעליו נאמר "הוּא עֵשָׂו אֲבִי אֱדוֹם".[9] הטיפוסים הללו מכונים בשם "הוא" – גוף שלישי נסתר, מתוך רצון להרחיקם מתודעתנו. והנה עליהם אומרים אנשים בדיוק את ההפך: "זה". כזה ראה וקדש, כך צריך להיות. החברה מעריכה ולעיתים מעריצה את הכוח, את העוצמה, את הניצחון ואת התחרות. כולם בנויים ונשענים על שלוש התאוות – קנאה, תאווה וכבוד – ואותן מעריצים. וזאת במקום להעריך את החוכמה, את הצניעות ואת הענווה. את השיתוף ואת הנתינה. את האיכויות הנובעות מן האור ומן הטוב.

7 דברים כב, יז.

8 בראשית י, ט.

9 שם לו, מג.

אם כך, תנועת הנפש החסידית מזהה את אבות הנזיקין שבנפש עם מכלול רחב של תכונות, שבחלקן הן עדינות ביותר, ועדיין מוגדרות כ'אבות נזיקין': התלהבות יתר, שהיא שלב מקדים לכעס. אדישות וחוסר עניין בזולת. פיזור הדעת וחוסר ריכוז. זיוף והגדלת הפער בין פנים לחוץ. הפיכת סדר העדיפויות הראוי ומתן מקום יתר לחוץ על פני הפנים. כל אלה, לפי דרשתו החסידית של הצמח צדק, הם אבות הנזיקין שבנפש, ותשומת לב אליהם תעזור לנו להיות אנשים מדויקים יותר בהתנהלותנו החברתית.

## ולכפרת פשע

### להיות אדר ראשון

"חדש עלינו את החודש הזה לטובה ולברכה, לששון ולשמחה... [בשנת העיבור מוסיפין: ולכפרת פשע]"

כך נכתב בסידורים, בסדר תפילת מוסף של ראש חודש. בשנה המעוברת יש המוסיפים את המילים הללו: "ולכפרת פשע".

מדוע? על פי פשט הטעם הוא לכפר על מקרה שעיבור השנה לא היה מוצדק. במקרה כזה יוצא שכל ישראל יאכלו חמץ בזמן שהיה ראוי להיות בו פסח – ולכן, כנגד פר העלם דבר של ציבור, נוספו המילים "ולכפרת פשע".

אך אולי יש טעם נוסף...

הרבה אני חושב על חודש אדר הראשון. איך זה להיות תחת הכותרת "כמעט". כמעט פורים, כמעט שושן פורים... ואם לא הייתה שנה מעוברת כבר היינו לקראת פסח. חודש שלם עובר, ומה שחושבים עליו זה שאם הוא לא היה – כבר היינו עכשיו במקום אחר.

חודש אדר ראשון הוא חודש של "יש לך פוטנציאל, רק חבל שאתה לא מממש אותו". חודש שלם החוסה בצילו של אחיו השני, קצת כמו תאומים זהים שהגדול שבהם הוא המוצלח והשני הוא קצת פחות, וכל הזמן מתבלבלים ביניהם. "אה, אוי, אתה לא הוא... סליחה, טעות. תמסור לו ד"ש...".

איך זה להיות כמעט? איך זה להיות אדר ראשון?

אולי, אולי על היחס הזה שלנו לחודש הזה, אנו צריכים לבקש מהקדוש ברוך הוא את הבקשה "לכפרת פשע".

כפרה היא ניקוי, אבל גם כיסוי. כמו הכפורת שעל ארון העדות. הכפורת הזו מסתירה לנו את השפע, והופכת אותנו קצת לפושעים – פושעים במובן של בגידה בייעוד, כמו המושג "לפשוע בשמירה" שבהלכות שומרים.

אנו זקוקים לכפרה על הכיסוי שכיסינו בו את השפע הקיים ועומד בחודש אדר הראשון כשלעצמו. על שלקחנו שפע והפכנו אותו לפשע, כי כפרנו מבית ומחוץ בכפור של השוואה לאחיו השמח והמבדח – אדר השני.

קשה להיות בצֵל. בצל של חודש שמח כל כך כמו אדר השני. נדמה שכל השפע והכישרונות נמצאים רק שם.

אך כשאנו מברכים את החודש, כבר מתחילת השנה, אנו מתחילים להתאמן. הנה מגיע חודש אדר הראשון, ויש בו שפע מיוחד שאסור שנפספס. חודש של הכנה מעמיקה יותר לפורים. זמן משמעותי של התכנסות והמתנה, יכולת להריח את ימי הפורים מבלי להיות בהם עדיין, יכולת להודות על חודש נוסף שפתאום נולד לנו...

ברוך הבא, אדר הראשון! ברוכים הבאים כל החוסים בצילם של אחים, הורים, מנהלים טובים ומוכשרים מהם! זה הזמן שלכם – לבדוק פנימה מה מופיע בכם, מה שלכם, מה השפע המיוחד הזורם דרככם. המקום פונה, חודש שלם נוסף, והוא שלכם.

הפעם כל המוצלחים של כל השנה יהיו איתכם – מתפללים להצלחתכם, וגם מבקשים סליחה על מה שלא ראו בכם עד כה, על השפע שלכם שנעלם מעיניהם.

וכשנתבונן, נראה שמעלתו של חודש אדר הראשון גדולה מאוד. כל כולו אינו עבור עצמו אלא כדי לחבר את אדר השני לניסן, כדי שפסח יחול באביב. זוהי תכלית הענווה: להיות כאן – עבור מישהו אחר. לתת מעצמך – כדי שמשהו אחר יקרה, לא אצלי. זו תכונת הביטול הבאה לידי ביטוי באדר הראשון.

אך אל הביטול הזה צריך לשים לב. ואם מדלגים עליו, אם לא רואים אותו – זוהי פשיעה, כמו שומר שפשע ולא שם לב למה שנמצא תחת ידו.

חדש לנו את החודש לטובה ולברכה, לששון ולשמחה – ולכפרת פשע. הפוך לנו פשע לשפע, ונזכה לראות לא רק את הפירות, אלא לדעת להבחין גם בשרף העולה מהאילנות של חודש שבט, לזהות את התנועה הפנימית המרחשת במעבה הגזע, מתחילה תהליכים שיבשילו מאוחר יותר אך נותנת כבר כעת דחיפה משמעותית לאדר הראשון, להתייצב ולומר בפה מלא: הנני כאן, ויש לי מה לתת – אם רק תרצו לקחת.

# כְּשֶׁאַתָּה בֶּן חֲמִשִּׁים

## על בן חמישים לעצה

השלב הזה הוא מפתיע תמיד. מגיע מהר מדי. למרות שאולי היה נראה רחוק בתחילת הדרך, הנה מגיע השלב שבו צריך לעזוב. לפרוש.

בן-לוי צעיר התחיל את חינוכו לעבודת המקדש בגיל עשרים וחמש. חמש שנים למד ושימש את אחיו הלוויים ומגיל שלושים התחיל לעבוד. השנים חולפות, ולפני שהוא שם לב – הנה הוא בן חמישים. עדיין בשיא כוחו, עדיין יכול לתרום – אך התורה עוצרת אותו.

> זֹאת אֲשֶׁר לַלְוִיִּם: מִבֶּן חָמֵשׁ וְעֶשְׂרִים שָׁנָה וָמַעְלָה יָבוֹא לִצְבֹא צָבָא בַּעֲבֹדַת אֹהֶל מוֹעֵד. **וּמִבֶּן חֲמִשִּׁים שָׁנָה יָשׁוּב מִצְּבָא הָעֲבֹדָה** וְלֹא יַעֲבֹד עוֹד. וְשֵׁרֵת אֶת אֶחָיו בְּאֹהֶל מוֹעֵד לִשְׁמֹר מִשְׁמֶרֶת וַעֲבֹדָה לֹא יַעֲבֹד, כָּכָה תַּעֲשֶׂה לַלְוִיִּם בְּמִשְׁמְרֹתָם.[1]

הלב נחמץ. גם ליבו וגם ליבנו. הרי הוא עדיין בשיא כוחו, ומדוע התורה מפרישה אותו מן העבודה?

המדרש מדייק את העניין הזה. הלוי אכן פורש, אך לא מכל העבודות:

> ומבן חמשים שנה ישוב מצבא העבודה – שומעני כל עבודה במשמע? תלמוד לומר "ולא יעבוד עוד, ושרת את אחיו באהל מועד". מגיד שחוזר **לנעילת שערים.**

1 במדבר ח, כד-כו.

כלומר יש כאן מעבר מעבודת הנשיאה הקשה, לעבודת נעילת השערים, שהיא קלה ופשוטה יותר.

אך יש עבודה שלישית ללוויים – עבודת השירה. מה איתה?

לשון הזהר הקדוש מפתיעה:

צהלי קולך,[2] האי קרא לכנסת ישראל אתמר, בגין דאיהי משבחת ליה לקב"ה בקלא משבחא, ועל דא "צהלי קולך". מהכא אוליפנא, כל מאן דבעי לשבחא לקב"ה בקלא, בעיא ליה קלא נעימותא, דיערב לאחרנין דשמעין ליה, ואי לאו, לא יקום לארמא קלא. תא חזי: ליואי דאתיין מסטרא דא, דכתיב "ומבן חמשים שנה ישוב מצבא העבודה וגו'", מאי טעמא? בגין דקליה נמיך, ולא יערב לאודנין כשאר חברוי, כדין מעברין ליה מהאי צבא העבודה דלעילא, דקיימין לנגנא לגבי האי עבודה, וליקרא שמא קדישא כדקא חזי, ובגיני כך "ישוב מצבא העבודה".[3]

[תרגום: צהלי קולך, זה הפסוק על כנסת ישראל נאמר. מפני שכשהיא משבחת לו לקדוש ברוך הוא, בקול היא משבחת לו, ועל כן "צהלי קולך". מכאן למדנו, כל מי שרוצה לשבח את הקדוש ברוך הוא בקולו, צריך שיהיה לו קול נעים, שיערב לאחרים השומעים אותו. ואם לא – לא יקום להרים את קולו. בא וראה: הלוויים שבאים מן הצד הזה, שכתוב בהם "ומבן חמישים ישוב מצבא העבודה" – מה הטעם? מפני שקולו נעשה נמוך, ולא יערב לאוזניים כשאר חבריו. לכן מעבירים אותו מצבא העבודה שלמעלה, העומדים לנגן באותה עבודה, ולשבח את השם הקדוש כראוי. ולכן "ישוב מצבא העבודה".]

2 ישעיה י, ל.

3 זוהר חלק א רמט ע"ב.

במילים פשוטות, הזוהר אומר שמגיל חמישים חל שינוי מסוים בקולו של הלוי. הוא נעשה נמוך מדי, ושוב אינו יכול להשתלב היטב עם קולות אחיו הלוויים. לכן, הוא נאלץ לוותר גם על העבודה היקרה הזו. עבודת השירה.

מי שאוהב לשיר יודע היטב איזה ויתור ענק זה. על אחת כמה וכמה שירת הלוויים, שהייתה השירה היפה בעולם. גם ממנה צריך הלוי בן החמישים לפרוש.

אם כך – הלוי פורש מנשיאה ומנגינה, ועובר לתחום הנעילה. וכל זה קורה בהגיעו לגיל חמישים, גיל שעליו אומרת המשנה "בן חמישים לעצה".[4]

האם הקווים הללו מתחברים לתמונה אחת?

על המשנה הזו אומר הברטנורא:

> בן חמשים לעצה – שנאמר בלוים "ומבן חמשים שנה ישוב מצבא העבודה ולא יעבוד עוד ושרת את אחיו וגו'". **ומהו השירות שיתן להם? עצה.**

זהו פירוש מרתק. המשנה מודיעה לנו שהלוי עובר לעבודה אחרת, שאותה לא הכרנו עד כה: הוא הופך ליועץ. השירות שהוא נותן הוא מתן עצות לאחיו הלוויים.

על אילו עצות מדובר?

המהר"ל בפירושו **דרך חיים** מבאר זאת כך:

> בן חמשים לעצה – **פירוש, עצה עמוקה,** שעומד על הדברים הנעלמים. וזה נקרא בן חמשים לעצה. והעצה היא עמוקה, דכתיב "עצה עמוקה בלב איש". וזה נאמר על הדברים הנעלמים לגמרי, כי אף אם הבינה, שמוציא דבר מתוך דבר, כמו שאמרו איזה נבון המוציא דבר מתוך דבר, מכל מקום אין אותו הדבר מן הדברים הנעלמים. ודבר זה מדריגה בשכל בפני עצמו.

4 אבות ה, כא.

ובכן – לא מדובר על סתם עצה אלא על "עצה עמוקה". עצות עמוקות קשורות בדרך כלל לעניינים שבנפש, לתנועות נסתרות בנפש שלא ניתן להבחין בהן בעין רגילה.

נמצא שיש כאן רצף המצריך עיון: הלוי עובר לנעול שערים, אך המשנה מלמדת שהוא עובר לתת עצות. האם אלה שני תפקידים שונים או חופפים?

נפתח כאן פתח שלם של היחס לגיל חמישים. מה קורה בגיל הזה? דומה שהזוהר לא עושה הנחות ביחס לקביעה שמגיל חמישים משהו מהעוצמה פוחת. בית המקדש מבקש את האנשים המשרתים בו בשיא כוחותיהם. בשיא הלהט. ואילו מגיל חמישים ואילך – משהו בלהט הזה נרגע. כך אומר הזוהר הקדוש:

> כיון דאיתחלש שלהובא דבחרותא דיליה, וגומרין דנירא מתדעכין בגויה, הא אתחלש תוקפיה, וקלא שארי לאתתברא. כדין כתיב, "ומבן חמשים שנה ישוב מצבא העבודה ולא יעבוד עוד".[5]
>
> [תרגום: כיוון שנחלשת שלהבת הבחרות שלו, ומיתרי הקול דועכים בתוכו, הרי נחלש כוחו, וקולו מתחיל להשבר. לכן כתוב "ומבן חמישים ישוב מצבא העבודה ולא יעבוד עוד".]

יסוד האש, ההתלהבות והבעירה הפנימית, "שלהבת הבחרות" – נחלשת. ולכן הלוי מסיים את שירותו הפעיל.

אך דווקא התכונה הזו פותחת לו פתח אחר ומרתק. הנה הקווים מתחילים להתחבר – בין הנעילה לבין העצה.

כך אומר **השפת אמת**:

> בשם מורי זקני ז"ל בפסוק "ומבן חמשים ישוב מצבא העבודה", אבל חוזר הוא לנעילת שערים. ודקדק, מה זה הלשון נעילת שערים ולא

5 זוהר חדש מגילת רות לח ע"א.

פתיחת שערים? ופירש דכתיב ״מה יפו פעמיך בנעלים״. פעמיך, הוא התעוררות התלהבות לבות בני ישראל, מלשון פעמון זהב. בנעלים, הוא שזה התלהבות צריך שמירה ומנעול שלא יתפשט בו פסולת. ושבח הזקנים הוא בזה שיש להם ישוב הדעת שלא להתפשט ההתלהבות יותר מדאי. וזהו נעילת שערים, ודברי פי חכם חן. ולהוסיף ביאור הענין, דכתיב ״והחיות רצוא ושוב״ הוא שתי בחינות אלו. כן כתיב ״ישוב מצבא העבודה״. וכן הלשון חוזר לנעילת שערים, שצריכין בימי הזקנה לחזור ולתקן עבודת ימים הראשונים לבררם מכל פסולת. ופסוק הנזכר ״פעמיך בנעלים״ הוא לכללות ישראל, שהקטנים מתבטלין להגדולים. ובמעשה הנערים הוא פעמיך, התלהבות ותשוקה, בחינת רצוא. בנעלים הם הזקנים, בחינת ושוב. ומתאספין כל מיני עבודות של בני ישראל בשמים, ונגמר מכולם סדר עבודה הנכונה, ״פעמיך בנעלים״. וזה שכתוב ״ושרת את אחיו לשמור משמרת״. כי הזקנים נותנים כחם לציבור לסייע להנערים שלא יתערב פסולת בעבודתם.

בגיל חמישים אדם ממוצע סיים כבר להוכיח את כל מה שיש לו להוכיח. המתח על ביסוס המקום בחברה נרגע מעט. הלחץ הזה – להוכיח את עצמי, למלא את שליחותי – מקבל איזו נינוחות חיובית.

את הרגע הזה רוצה התורה לנצל לכך שהלוי הזה יהפוך ליועץ. יועץ פנימי. יועץ לענייני התלהבות.

עבודת המקדש כוללת בתוכה גם מרכיבים של הופעה מול קהל. הרי אנשים באים, המקדש מלא והלוויים שרים. שם, ברגע הזה, עלול איזה לוי צעיר להתלהב מעט יותר מדי. לסטות ולו כחוט השערה מהרצון הפנימי למלא את שליחותו כלוי בבית האלוקים, לרצון חיצוני של מציאת חן בעיני שומעיו ורואיו. זו דרכה של צעירות, שהיא לוהטת ובוערת ועלולה לעבור את הגבול. ואז, ברגע הזה, מגיע הלוי בן החמישים, שם את ידו על כתפו של אחיו הצעיר ואומר לו: ״אחי... אתה מתלהב יותר מדי. שמור על ההתלהבות שלך במינון

הנכון, ובעיקר בכיוון הנכון". "פה הגזמת בקולך, ידידי הצעיר. כאן היית נוכח יותר מדי. פה לא היית מכוון לשליחות, ועבדת יותר את הקהל מאשר את הבורא. שים לב. דייק".

כמה עצה כזו שווה? הרבה מאוד.

זו עצה של מי שנמצא בנקודה מיוחדת, בין שני העולמות. מצד אחד הלוי המבוגר עדיין מחובר. הרי עד לא מכבר הוא עצמו עבד ושירת. לא מדובר באדם בן תשעים שנמצא לגמרי מחוץ לעניין. אך מצד שני הוא כבר מספיק מרוחק כדי לתת עצה טובה. לדייק את הצליל ולהפוך אותו למשמעותי הרבה יותר.

הלוי הזה חוזר לנעילה. ליכולת לנעול את הדברים כדי שיופיעו בצורה פנימית ולא חיצונית.[6]

הזקנים שומרים על הצעירים שלא תתערב פסולת בעבודתם. הפסולת – היא תחושת הישות והנוכחות המוגזמת. לא צריך הרבה כדי לסלקה. מספיקה עצה פנימית אחת. מילה מדייקת. מילה משמעותית כל כך, שיש בה כדי לצבוע את כל אופי העבודה בצורה שונה.

האיכות הזו, של נתינת עצה – היא איכות מיוחדת מאוד. על המשיח נאמר שיהיה יועץ טוב:

> כִּי יֶלֶד יֻלַּד לָנוּ בֵּן נִתַּן לָנוּ, וַתְּהִי הַמִּשְׂרָה עַל שִׁכְמוֹ וַיִּקְרָא שְׁמוֹ פֶּלֶא יוֹעֵץ אֵל גִּבּוֹר אֲבִי עַד שַׂר שָׁלוֹם.[7]

כאשר נותנים למישהו עצה טובה, ממקום מחובר אך מדויק יותר – נעשים לגביו משיח וגואל. כאשר נותנים כלים ל'רצוא' לחזור ולהיות 'שוב', כלומר להיכנס חזרה למציאות בכלים טובים וראויים, זהו עניין של מועט המחזיק את המרובה.

6 ראו בחלק הראשון על 'חיצוני, פנימי ועצמי'.

7 ישעיה ט, ה.

במקום שימשיך להיות פועל וסוחב, או אפילו שר ומזמר, הנמצא בתהליך של ירידה ודעיכה – מעבירה התורה את הלוי להיות יועץ טוב. העצות הללו שוות המון, והן הסגולה המיוחדת של בן החמישים, שכבר עשה מה שעשה ונרגעה אצלו התחושה המובנת להוכיח את עצמו. מהמקום הזה הוא יכול לתת עצות טובות, שידייקו מאוד את העבודה של אחיו.

יועץ טוב. יועץ פנימי. יועץ של גיל חמישים.

"חמישים" – אותיות "משיחים". עצות של משיח, שיש בהן גאולה ואור.

# כִּי אֵיךְ אֶעֱלֶה אֶל אָבִי

## בין צער לאידאולוגיה

בין אידאולוגיה לחברות יש מתח מובנה. חברות מחברת, ואידאולוגיה מגדירה ולכן מפרידה.

כדרכנו, נתעניין במקומות שבהם שני הצירים האלה מתנגשים ואף מתעמתים.

האם תיתכן חברות כאשר יש פער אידאולוגי מובנה? האם זה אפשרי? האם זה ראוי? האם זה טוב?

האם נכון לוותר על המרכיב הרעיוני למען החברות והקשר, או שמא חברות באה והולכת אך האידאולוגיה לעולם עומדת וחשובה מהכול?

לדילמה הזו יש כל כך הרבה מקרים. לדוגמה, יישוב שהגדיר עצמו כדתי, והנה חלק מבניו אינם כאלה, אך הם רוצים להמשיך ולגור ביישוב לאחר שנישאו והקימו את ביתם. התנגשות הצירים כאן היא מוחלטת: מצד החברות והקשר, אין דבר יותר טבעי מזה, שבני היישוב רוצים להמשיך להתגורר בו כבעלי משפחות. הרצון הזה עצמו הוא חשוב כל כך. אך הסכמה לקשר הנפשי הזה – תבוא באופן ישיר על חשבון הרעיון הבסיסי של היישוב, ועל צביונו כיישוב דתי.

ושוב מתעורר הקול: הייתכן לא לקבל את החברים שלנו? את בני המשפחה? את האחים?

אחד מהפערים החריפים ביותר על רקע אידאולוגי היה במחלוקת שבין יוסף לאחיו.

הדברים ידועים: האחים חושדים את יוסף שהוא מין עשו קטן שהתגנב לתוך בית יעקב. איש שדה, מסלסל בשערו, מתעניין וחולם על שלטון וכלכלה, קוראים לו יוסף והוא רוצה כל הזמן להוסיף. כמה זה מזכיר את עשו – איש שדה, שעיר, החפץ כל הזמן בעוד ועוד הישגים. ה'עשו' הזה, כלומר יוסף, חייב לעזוב את בית יעקב. ההכרעה היא אידאולוגית.

האם המחלוקת הזו נפתרה? האם משהו השתנה לאורך המשך הפרשות? כלל לא בטוח.

כשהאחים מגלים את יוסף הוא נקרא 'צפנת פענח'. משנה למלך מצרים, היא ערוות הארץ. לכאורה כל חששותיהם התאמתו. אומנם יוסף חזק מהם כעת, ויכול לפגוע בהם. אומנם הוא לא משתמש ביכולת הזו, אך שמא יעשה בה שימוש בהמשך.

ויוסף עצמו – גם לו יש את כל הסיבות לפגוע באחיו על רקע אידאולוגי. מראש הם דחו אותו, לא הבינו אותו וגזרו עליו שנים רבות של ניתוק ובדידות. הוא לא פוגע בהם – אך האם משהו מהותי השתנה, או שרק הפוזיציה הטכנית החליפה מקום?

את השאלה הזו מציף **השפת אמת**, ודרך תשובתו הוא מאיר לנו עיקר גדול במערכות היחסים של בין אדם לחברו:

בפסוק "איך אעלה אל אבי פן אראה ברע אשר ימצא את אבי" – וקשה, תיפוק ליה מצד הערבות. אכן באמת יותר צער היה ליהודה מצערו של אביו מכל הערבות של ב' עולמות. וזה עצמו הראה גם לאדון זה לראות איך גדלה צערו של אביו בעיניו, כדי לעורר רחמנות גם בלבו על צער אביו. **והאמת כי במדה זאת נענה יהודה כי תיכף אחרי זה כתיב "ולא יכול יוסף להתאפק" על ידי שכבר נסתלק כל נגיעתו של יהודה.** ואם כי ההתפעלות מתחלה היה על ידי הערבות, אף על פי כן הביאו ממדרגה

למדרגה עד ששכח כל צער שלו בעבור צערו של אבא. וכל זה משל לתהלוכות בני ישראל עם אביהם שבשמים, ודו"ק.[1]

הזעקה שמשמיע יהודה כלפי המשנה למלך מעוררת שאלה אצל השפת אמת: מה עניין הצער של האב הזקן? הרי העיקר הוא שיהודה התחייב וערב כלפי אביו להשיב את בנימין. הערבות היא חלק משיקול הדעת השכלי: תן את בנימין, אני אשמור עליו, וכך נינצל כולנו מגזרת הרעב. זהו הסכם, חוזה, ויהודה מחויב לעמוד בו.

אך ברגע הזה – יהודה מצליח לראות משהו מעבר לחוזה. אכן, החוזה מחייב. חוזה הערבות הוא אולי הקצה הכי מחודד של משפחה אידאולוגית מאוד, שמגיעה למחלוקת עמוקה בתוכה מכוח השוני האידאולוגי. משפחה כזאת דואגת לחזק את ההתחייבויות הערכיות בחוזה ערבות כפול, בעולם הזה ובעולם הבא.

אבל כאן, ברגע הזה, יהודה מצליח לראות משהו מעבר לערבות, להתחייבות ולכללים. יהודה רואה את הצער. הצער של אביו. "כִּי אֵיךְ אֶעֱלֶה אֶל אָבִי וְהַנַּעַר אֵינֶנּוּ אִתִּי?".[2]

זוהי התשובה הגדולה. אם לפני עשרים ושתיים שנה מישהו היה מצליח לשמוע, מעבר לחומת האידאולוגיה הנוקשה, את קול צערו של הנער המושלך לבור – לא הייתה מתבצעת המכירה כלל. הנוקשות ההולכת אחר המבנים המחשבתיים והרעיוניים שהצבנו לעצמנו, מבלי לשמוע ולהקשיב לקול הצער, הקושי, הכאב – היא שהביאה את בית יעקב לסף פירוק.

1 **שפת אמת** פרשת ויגש תר"מ.

2 בראשית מד, לד.

והנה כאן, עשרים ושתיים שנים אחר כך – מישהו מקשיב לקול הכאב. מעבר להתחייבויות, שאולי ניתן להשתחרר מהם בטענת 'אונס' כזה או אחר, נמצא הכאב. נמצאים בני אדם.

השפת אמת ממשיך ואומר שהמקום הזה, שיהודה נמצא בו – מהדהד בעוצמה רבה אצל יוסף. גם יוסף מונע על ידי רעיון מסדר. הוא צריך להביא את האחים לתיקון. לצורך כך הוא לוחץ אותם, מכניס אותם למצבי קצה. מדי פעם הוא בוכה, אך מצליח להתאפק ולהשליט את המוח על הלב ולהמשיך. נראה שיוסף תכנן ללחוץ עוד, לא להפסיק באמצע.

"וְלֹא יָכֹל יוֹסֵף לְהִתְאַפֵּק".[3] מכאן שרצה להמשיך להתאפק, להמשיך את מסע התיקון שתכנן להעביר את האחים. אך משהו השתנה. ויוסף נשבר. מה שבר אותו?

יהודה. העובדה שיהודה זעק את זעקת הכאב שחוצה את חומת הערכים הנוקשה – עוררה אותה נקודה אצל יוסף. ערבות, תיקון, תשובה – אך מה עם הצער האנושי הפשוט? מי שומע אותו? הוא לא נשמע בבית יעקב שנים רבות, אך כעת הוא נשמע.

יהודה שוכח מצרת עצמו, מההתחייבות שהתחייב – ומה שנוכח אצלו כעת הוא צער אביו.

יש באידאולוגיה משהו כל כך חזק וצודק, עד שהיא עלולה להחריש את האוזניים מהרעשים שמשמיעים האנשים שנמצאים מתחת לגלגליה. גם כשהיא מוצדקת ונכונה, בסוף – יש שם אנשים. והכאב שלהם, והצער שלהם, צריך להישמע.

אם כך, זוהי נקודת התיקון. דווקא חברה אידאולוגית היא העלולה ביותר לחירשות מן הסוג שהצגנו. גלגלי הרעיון המסדר, הנעים בתנופה, עלולים לבלוע ברעשם הרועם את קולם של האנשים הנפגעים או המצטערים.

יהודה לימד אותנו לשמוע את הקול הזה.

3 שם מה, א.

האם שמיעת הקול הזה מכתיבה ויתור על הרעיון המסדר? לא בהכרח. יש הרבה גוונים באמצע, בין ויתור על האידאולוגיה לחלוטין לבין נוקשות אידאולוגית חסרת קשב. גם כאשר מסרבים למישהו מחמת שיקול ערכי, עדיין יש משמעות לדרך שעושים זאת – איך מתווכים את הדבר, אם יש קשב לקושי ולצער ואם מציעים פתרון אחר. כשמקשיבים לצער ולכאב מתגלות להן דרכים חדשות שיכולות לכלול גם וגם.

> מִזְמוֹר לְדָוִד: ה', מִי יָגוּר בְּאָהֳלֶךָ? מִי יִשְׁכֹּן בְּהַר קָדְשֶׁךָ? הוֹלֵךְ תָּמִים וּפֹעֵל צֶדֶק וְדֹבֵר אֱמֶת בִּלְבָבוֹ. לֹא רָגַל עַל לְשֹׁנוֹ, לֹא עָשָׂה לְרֵעֵהוּ רָעָה, וְחֶרְפָּה לֹא נָשָׂא עַל קְרֹבוֹ. נִבְזֶה בְּעֵינָיו נִמְאָס וְאֶת יִרְאֵי ה' יְכַבֵּד, נִשְׁבַּע לְהָרַע וְלֹא יָמִר. כַּסְפּוֹ לֹא נָתַן בְּנֶשֶׁךְ וְשֹׁחַד עַל נָקִי לֹא לָקָח, עֹשֵׂה אֵלֶּה לֹא יִמּוֹט לְעוֹלָם.[4]

על הפרק הנפלא הזה אומרים חכמים: "לא עשה לרעהו רעה – שלא ירד לאומנות חבירו".[5]

זהו פירוש נפלא. ברור שפרק התהילים לא בא לשבח מישהו ששמר על ההלכה עצמה, אלא מי שעשה משהו מעבר לכך. יש הלכות הקשורות לתחרות בין עסקים קרובים או זהים. באופן כללי התורה מאפשרת את התחרות החופשית, תחת מגבלות מסוימות. אך חז"ל באים להשמיע לנו כאן משהו נוסף: מעבר להיתר כזה או אחר שניתן להשיג בכזה מקרה – עומד גם הצער. מישהו בנה את פרנסתו בעמל, והנה כעת יורדים לחייו, ועוד מנפנפים מולו בהיתר כזה או אחר. גם כאן אפשר לשאול: אם כך, לא תהיה תחרות? וגם כאן התשובה: יש דרכי ביניים רבות שיכולות גם ליצור תחרות אך גם להשאיר את הרגישות לכאב, להתחשב בו ולא לעשות רעה.

4 תהילים פרק טו.

5 מכות כד ע"א.

אך דוגמה נוספת מביא המדרש על מילים אלה: "'לא רגל על לשונו' זה בנימין, שהיה יודע במכירתו של יוסף ולא גילה לאביו. 'לא עשה לרעהו רעה' זה יוסף, שהיה יכול לעשות לאחיו רעה ולא עשה".[6]

יוסף לא עושה רעה בדומה לאותו אחד שלא יורד לאומנות חברו. הוא מצליח לראות את הצער הכבד ואת הכאב של יהודה והאחים מבעד למסך האידאולוגי המוצדק והמוצק שהוא נמצא בתוכו, שרוצה להביא את האחים לכלל תיקון אך בדרך לשם גורם לכאב וצער גדולים.

במפגש הצירים שבין אידאולוגיה לאנושיות יש צורך ליצור חיבור. אפשר שהוא יאט את הקצב מעט, אפשר שהדברים לא יהיו חדים עד הסוף, ואפשר שגם נשלם מחירים מסוימים. אך בני האדם, לבבות פועמים שמרגישים וכואבים ושמחים – יהיו איתנו.

יהודה פרץ את הדרך, ויוסף הדהד אחריו. אך מאז ועד עתה לא חלפה הסכנה של חברה אידאולוגית שבשם הרעיון לא שומעת את האנשים, את הפרטים. שלא מקשיבה לכאב שלהם.

השמיעה הזו נצרכת במיוחד כשאתה צודק. במיוחד כשברקע ניצב רעיון אמיתי. שם הסכנה הכי גדולה לחירשות ולעיוורון. הרי אנחנו צודקים. הרי הכול ברור. ומכוח הצדק הזה הגלגלים נעים ולעיתים דורסים.

אך בבסיס כל רעיון – נמצאים אנשים. הם העיקר. להם צריך להקשיב ולשמוע, ומשם להתפתח.

ברגע אחד ומיוחד יהודה הצליח לשמוע את צער אביו מעבר לחומת ההתחייבויות, הערבויות, הצדק העצמי והרצון להגן על עמדתו. והרגע היקר הזה – הוא תמצית התיקון.

6 מדרש תהילים טו, ו.

# התשמע קולי?

### סיפור מהדרך

ימים נוראים שבין כסה לעשור תשס"ג.

את ראש השנה עשינו בפעם הראשונה בנצרים, מתחילים להתרגל למציאות החדשה. לפצצות המרגמה שנחתו פה ושם. למתח הדק, הסמוי, שתמיד נמצא, מרחף באוויר מאז אותו הפסח שבו נרצחו שני הסבים. הרבה דברים חדשים קרו לנו השנה. כמעט בלי להתכוון מצאנו את עצמנו עוברים מבית שמש לנצרים. מהרוגע והשלווה הפסטורליים של הרי יהודה ונחלת שבט דן לאווירת המלחמה, היריות והפיצוצים שבנצרים אשר בנחלת שמעון הבלועה ביהודה.

גם בית המדרש חדש לי. תלמידים חדשים, שרשמי שנת ה'שמינית' האחרונה עדיין חקוקים היטב על פניהם, עם החיוך החצי־נבוך ועם מטעני ציניות הרבה מעבר לנדרש. עוד יעברו כמה וכמה חודשים עד שירגישו מספיק בטוחים בעצמם כדי להניח את כלי המלחמה ולהתחיל לדבר אחד עם השני מבפנים, באמת, בלי מסכות.

מתרגלים. עדיין נשארו לי כמה סידורים בבית שמש, ואני מוצא עצמי עושה את הדרך הזו פעמים רבות.

"את יודעת כמה מועצות אזוריות אני חוצה מנצרים ועד בית שמש?", שאלתי פעם את אשתי.

לא, היא לא יודעת. גם אני לא ידעתי עד שספרתי.

חמש מועצות אזוריות: גוש קטיף, שער הנגב, יואב, לכיש, יהודה. דרך מעניינת, מתפתלת, שומרת אותי מחובר לאנשים הטובים שאיתם גרנו ברמת בית שמש, אך מבינה שתקופה הסתיימה, ועכשיו אנו בתקופה חדשה, עם כללים וחוקים משל עצמה. חלק גדול מהם – חוקים מיוחדים ובלעדיים למקום שלנו.

בנצרים יוצאים החוצה בשיירות, שזה אומר שלא תמיד יוצאים. אם יש שיירה תהיה יציאה, ואם אין – אז לא. כל יציאה היא גם תפילה קטנה, והכול במין עירבון מוגבל כזה.

הערב אני צריך לצאת לבית שמש לעוד כמה סידורים. אצא בליווי של שבע בערב, משם במונית מצומת סעד לכיוון מבשרת, ומשם אוטובוס לבית שמש.

החוליה החלשה בתכנון היא המונית מצומת סעד. המוניות האלה יוצאות מנתיבות, עיתים מלאות מאוד. כבר יצא לי לעבור נסיעה שלמה כשאני ישוב על צידנית בין המעברים. והנהג, שמח ובטוח בעצמו, אומר לי – "תשב תשב, זה בסדר גמור כאן". על כל פנים, כדאי להזמין מקום מראש. ככה יש סיכוי גדול יותר שבאמת יהיה מקום, ושהמונית גם תגיע לאסוף אותי מהצומת.

התקשרתי למוקד המוניות, שעל פי רעשי הרקע אינו אלא ביתו של אחד מבעלי התחנה. "אני צריך מקום אחד, מסעד למבשרת, במונית של שבע וחצי". האישה מהעבר השני של הקו חוזרת אחריי ומאשרת. המונית תגיע, ויהיה לי בה מקום. על מושב מרופד, לא על צידנית.

אני מכין את התיק ועוד כמה דברים, מספיק לאכול משהו לפני היציאה לדרך – ואז, בעשרה לשבע בערך, כשאני כבר בדרך לכיכר ול'ספארי' שממתין שם, הכריזה זועקת: "הציר סגור, הציר סגור". אחרי בירור קצר מתברר שיש חשד למטען על הציר. כרגע בודקים, וזה ייקח זמן. זמן. זמן זה מצרך מעניין בנצרים. יש לך ממנו שפע, אך לא תמיד במקומות שהיית רוצה. שעות ההמתנה הארוכות במנחת בדרך פנימה, שעות ההמתנה הארוכות בנצרים בדרך החוצה – אין לאן למהר. ובכלל, מושג הזמן בנצרים נעצר בצומת סעד. עד לשם השעון מתקתק כמו אצל כולם, אך משם מתחיל ממד חדש של זמן שיכול להימשך... אחר, גמיש, סבלני – ולפעמים מאתגר וגם מעצבן.

טוב, הציר סגור עכשיו, וזה לא הזמן להרהורים פילוסופיים. צריך להחליט מה עושים. אני מחשב את דרכי ומגלה שגם אם אצא בליווי הבא, של השעה תשע, יש עוד סיכוי להספיק משהו. ננסה. אבל בינתיים צריך להודיע למונית שאני לא בא. אני מצלצל שוב למוקד ההזמנות, והפעם שומע שהם באמצע ארוחת ערב. יש שם גם קטנים שעושים רעש ובלגן. "שלום, אני מתנצל, רציתי לבטל את המקום שהזמנתי למונית הקרובה, אני כאן בנצרים והציר סגור, סליחה".

"מה רצית? לבטל? בסדר, אני אומר לנהג. חמודי, שב כאן ותאכל יפה ואל תזוז עד שתגמור, סליחה אני איתך, מה אמרת? לבטל מקום? של איזו מונית? שבע וחצי? טוב אני אגיד לו. תהיה בריא".

תודה. השעון מתקדם בעצלתיים ואני שומע את נהמת ה־D9 העושה את דרכו על הציר הסובב את היישוב, לכיוון המטען אם ישנו. יופי. זה אומר שתכף יפתחו, ויש סיכוי לצאת בליווי של תשע.

עכשיו כבר רבע לשמונה. אני עושה את דרכי מלמטה, מהיישוב הישן, עולה במעלה הכביש השחור שמחבר את שני חלקי היישוב במין חוט דק, מוקף עצי קציות מסביב.

הנייד שלי מצלצל, ואני עונה.

"שלום. זה צדוק, הנהג של המונית. איפה אתה?"

"אה, שלום... אני מצטער, אני תקוע כאן, בנצרים וסגרו את הציר. כבר התקשרתי להודיע למוקד".

שום דבר לא הכין אותי למבול הכעס ששטף ועלה גועש ורועש דרך הנייד שלי.

"מה הודעת? מי הודעת? שקרן! רמאי! הבטחת שתהיה כאן".

'סליחה, אדוני. אני הודעתי. ואני מסביר לך שזו לא אשמתי, ואני פשוט תק..."

"זה לא מעניין אותי כל התירוצים שלך. תדע לך, זה גזל! גזל גמור! ואני לא מוחל לך! לא מוחל! אין מחילה לרמאים ושקרנים! אל תענה לי בכלל, הלוואי שבכסף הזה תשתמש לתרופות!"

זה כבר היה קצת יותר מדי בשבילי. הרגשתי את הגפרור נדלק. גפרור הכעס. מי הוא בכלל? ומה הוא צועק עליי? מי מכיר אותו? ושנייה לפני שהגפרור הזה בוער יותר מדי, אני מחליט לנתק מגע ומנתק את השיחה.

"סליחה, אני לא מכיר אותך. תהיה בריא ולילה טוב". ניתקתי.

חוצפן! מה הוא חושב לעצמו? ואיזה קללות! שילכו הוא וכל המונית שלו לכל הרוחות.

הלב שלי קצת דופק. זו הייתה ממש מתקפה. מזמן לא צעקו עליי ככה. טוב מאוד שניתקתי לו בפרצוף, אני מעודד את עצמי. עם חצופים כאלה אין מה לדבר.

הציר נפתח ואיתו גם אני יוצא, מגיע לצומת סעד ועולה על מונית שהזמנתי, מחברה אחרת, ליתר ביטחון.

הכביש נעשה חשוך מהר מאוד, ומסביב אורות היישובים.

תחושה לא טובה מתחילה לבעבע שם בפנים. מטפסת ועולה ומצליחה לעקוף בעוצמתה את קול ההיגיון.

ימים נוראים עכשיו. בין ראש השנה לכיפור. איך קרה שבתוך הימים האלה אני מקבל כזה "מי שברך" מיהודי?

והשכל מנסה לענות – אבל זו בכלל לא אשמתך. מה יכולת לעשות? זו הבעיה שלו, של הנהג האלים והחוצפן הזה.

אבל זה לא מצליח. התירוץ טוב, אך הקושיה בפנים חזקה ממנו. לפתוח את השנה, בין כסה לעשור, בכאלה דיבורים? צער מילא את ליבי, ורוחי נפלה.

ואז, בתוך ענֲנת הצער, התחלתי לשחזר את השיחה הרעה ההיא. פתאום מבעד לרעשים, לצעקות ולקללות, הצלחתי לשמוע קול אחר אצל הנהג ההוא. הקשבתי עוד פנימה, מדמיין את השיחה, מנסה גם לדמיין את פניו שלו ומצליח לבודד את הצליל. לא רק כעס היה שם, ולא רק זעם. הייתה שם גם פגיעה. צער. כאב. אני בטוח בזה עכשיו. פתאום אני נזכר שהקול היה של אדם מבוגר, ולא של איש צעיר. גם המילים "גזל", "גזלן", שדופקות לי בראש, פתאום

מקבלות גוון אחר – בית מדרשי כזה, עם ריח של משהו מוכר. ואני כבר יודע מה צריך לעשות.

באחת עשרה וחצי אני יורד מהמונית. לחות של חוף הים התחלפה באוויר הצונן של ירושלים, שאין כמוהו בכל העולם. אני שואף שאיפה עמוקה, ממלא את הריאות באוויר הקריר, ואז מוציא את הנייד. שיחות נכנסות, שעת שיחה – ולוחץ על הכפתור.

כמעט לא הייתי מאמין שזה אותו אדם שענה לי. מהעבר השני נשמע קול רך, כמעט הייתי אומר עדין, עם חי"ת ועי"ן. קול עמוק וקצת עייף.

"שלום צדוק. מדבר אייל, זה שצעקת עליו לפני שעתיים..."

ובלי שאנסה להסביר ובלי להתנצל, סכר קטן נפתח וקול כואב התחיל מדבר.

"אה, זה אתה. אתה יודע מה קרה לי? אני יצאתי מנתיבות מהתחנה, ושבעה אנשים קבעו איתי בצומת סעד. כל נתיבות אני לא לוקח אף אחד כדי לשמור לכם מקום, אני יודע שאתם יוצאים מנצרים, מחכים בתחנה, אימהות, ילדים – אז אני, אפילו שיש לי נוסעים בעיר, אני שומר לכם את המקום. הגעתי לסעד – ואף אחד לא חיכה. אתה שומע מה שאני אומר לך? אף אחד! עליתי ריק לירושלים והפסדתי מאתיים חמישים שקל. אתה היית הראשון ברשימה, אז עליך נפלתי".

הכאב בקולו מסגיר יהודי שנאבק על פרנסה. שעובד קשה על מונית, אולי שתים־עשרה שעות ביום ואולי יותר, וצריך לכסות הוצאות ודלק וביטוח וזמן. הקול גם מספר לי על פגיעה של מי שדאג לנו, שמר לנו מקום, אבל אנחנו לא דאגנו לו מספיק, והנה אחרי יום שלם של עבודה כל הרווח הלך.

"אני ממש מצטער. אני לא ידעתי, וגם הודעתי, אבל אני חושב שאתה צודק. אולי תגיד לי את הכתובת שלך ואני אשלח לך את הכסף? אתה לא צריך להינזק בגלל שהציר נסגר".

"חס וחלילה! פרנסה מהשמיים. אל תשלח לי כלום, אני מוחל לך".

הוא מוחל לי על הכסף, אבל הדבר האחרון שמטריד אותי עכשיו זה העשרים שקלים הללו.

"תראה, לא נעים לי, אבל אתה אמרת לי דברים ממש קשים. אתה יודע, עכשיו ימים נוראים, ואני רוצה שתחזור מהדברים האלה, שתמחל גם עליהם".

מהצד השני שתיקה.

"אתה יודע מה? זה מה שנעשה. הנסיעה הייתה אמורה לעלות לך עשרים שקלים. ביום שישי, אתה תיקח עשרה שקלים ותשים בצדקה, ואני אקח עשרה שקלים ואשים בצדקה, וכל אחד ימחל לשני. אתה תמחל לי על איך שדיברתי אליך ואני אמחל לך על הנסיעה שלא הגעת".

"מסכים. אבל יש לי עוד בקשה. אני רוצה שתברך אותי לשנה החדשה".

אני שומע חיוך מהצד השני. "בשמחה! שתהיה לך שנה טובה ומתוקה. ותיכתב לחיים טובים. וכל הברכות, אמן".

"ותברך גם את הילדים שיהיו בריאים. בלי תרופות...".

"בטח! רק בריאות לך ולילדים, ולכל המשפחה. תהיה בריא, אייל".

"תודה. תודה לך. ושנה טובה גם לך, צדוק".

השיחה הסתיימה, ואני מתחיל לקבל מושג על לימוד זכות, ועל קושי והתמודדות. וגם על הקשבה לקול סמוי, שמציץ לשנייה ומייד נעלם, וצריך לכוון את הלב כדי לשומעו.

ערב שבת לפני הדלקת נרות, עומד מול קופת הצדקה הפשוטה מפלסטיק שהקטנה עשתה בגן, מחזיק ביד עשרה שקלים. מסביבי שתי הבנות, מסתכלות בעיניים גדולות. אתמול בלילה, הסיפור לפני השינה היה הסיפור הזה. העיניים שלהן התרחבו והתכווצו מרותקות, וכשהגיע הסוף הן ביקשו לתת יחד איתי את הצדקה.

צליל מטבע נופל מרשרש. "זהו אבא, עכשיו הוא מחל לך בטוח. נכון?"

"נכון, מתוקה. שבת שלום".

# וַיְהִי בִּנְסֹעַ אַהֲרֹן

## להיות תלמיד של אהרן

האדם היחיד בכל התנ"ך כולו שתאריך הפטירה שלו כתוב במפורש – הוא אהרן הכהן:

> וַיַּעַל אַהֲרֹן הַכֹּהֵן אֶל הֹר הָהָר עַל פִּי ה׳ וַיָּמָת שָׁם בִּשְׁנַת הָאַרְבָּעִים לְצֵאת בְּנֵי יִשְׂרָאֵל מֵאֶרֶץ מִצְרַיִם בַּחֹדֶשׁ הַחֲמִישִׁי בְּאֶחָד לַחֹדֶשׁ.[1]

זהו גם האדם היחיד שיש עליו הוראה מפורשת שכולם צריכים להיות מתלמידיו. דרך כלל, אין אדם לומד אלא במקום שליבו חפץ וממי שליבו חפץ. אך אצל אהרן – כולם צריכים להיות תלמידיו. "הלל אומר: הוי מתלמידיו של אהרן. אוהב שלום ורודף שלום, אוהב את הבריות ומקרבן לתורה".[2]

אם כן, יש לתת את הדעת היטב על עניין זה: כיצד נהפכים להיות תלמיד של אהרן, אף מעבר למה שכתוב במשנה עצמה.

בעיניי, להיות תלמיד של אהרן מתחיל מהתפקיד שלו בעולם. מהשליחות שלו.

אחד הפסוקים המרכזיים המתארים את תפקידו של אהרן הוא הפסוק:

1 במדבר לג, לח.

2 אבות א, יב.

וְנָשָׂא אַהֲרֹן אֶת שְׁמוֹת בְּנֵי יִשְׂרָאֵל בְּחֹשֶׁן הַמִּשְׁפָּט עַל לִבּוֹ בְּבֹאוֹ אֶל הַקֹּדֶשׁ לְזִכָּרֹן לִפְנֵי ה' תָּמִיד.[3]

מה אומרת כאן התורה? אהרן נושא את השמות. בפשט – מדובר על השמות החקוקים על אבני החושן. אך האוזן הרגישה קוראת כאן משהו אחר, נוסף. אהרן נושא את השמות של בני ישראל. הוא זוכר כל אחד ואחד. זוכר ומזכיר – "לִפְנֵי ה' תָּמִיד".

הרי כולנו זוכרים כך וכך שמות, של בני משפחה וחברים, ללא כל מאמץ. אך יש שמות הנשכחים מאיתנו. אנשים שחלפו לנו לרגע אחד או שניים בחיים, אולי ליותר, אך לא נוצר עימם מפגש משמעותי. ומשכך – השמות הלכו ונתעמעמו עד שנשכחו. הזיכרון הוא, אם כך, תוצאת האהבה. ובליבו של אהרן יש מקום לכולם, ולכן הוא זוכר את השמות של כולם.

נסו לדמיין זאת. מגיע יהודי למשכן. אחד ממיליונים. אבל אהרן מקבל את פניו ושואל אותו בשמו: "אליאב היקר! מה שלומך?". מייד הכול ברור. מייד מובן שאהרן אוהב אותו. זוכר, מחכה ומצפה. ללכת בדרכו של אהרן משמעו להגדיל ולהרחיב את מעגל זכירת השמות שלנו – כביטוי לשייכות, לאהבה, לקשר עמוק. כפי שיש מילים רבות של שירים שאנו זוכרים בעל פה, ללא כל קושי, מחמת האהבה והחיבור – כך אמור להיות הקשר שלנו עם הנפשות הסובבות אותנו. זכירה ללא כל קושי – אם אנחנו באמת אוהבים.

אהרן זוכר כי הוא קודם כול אוהב. השמות חקוקים על ליבו תמיד. וזה לפני ה' – כל יהודי הוא נשמה מאת ה', ואהרן זוכר את כולם.

התובנה הזו טלטלה אותי – ומאז אני משתדל לזכור שמות. כמה שיותר. מנסה לדמיין את המפגש הזה עם אהרן, שראה יהודי פעם אחת, לפני שנים רבות, ובמפגש הבא איתו הוא פונה אליו בשמו הפרטי כאילו רק אתמול נפגשו. מחמת האהבה יש בליבו מקום לכולם. ואין בו שכחה.

3 שמות כח, כט.

אהרן אוהב את הבריות. אהבת הבריות היא קודם כול התעניינות בהן ובמעשיהן. משם הכול מתחיל. התעניינות של אמת.

אהרן מתעניין. אכפת לו. כל יהודי מסקרן אותו והוא מעוניין ללמוד ממנו. זוהי ראשית האהבה.

חז"ל מלמדים אותנו שענני הכבוד שליוו את בני ישראל במדבר היו בזכות אהרן.[4] ענני הכבוד היו אלה שהורו את אופי המסע ואת כיוונו. הם האחראים על הדרך.

האם יש חיבור בין תכונת אהרן כאוהב את הבריות לבין ענני הכבוד?

רבי נתן קושר עבורנו את החוטים:

"ויכתב משה את מוצאיהם למסעיהם על פי ה'"... היינו שהאדם צריך לצאת מביתו לילך או לנסע למקום אחר כדי שיוכל להתועד עם אדם אחר או עם כמה אנשים לדבר עמהם מהתכלית האמתי והנצחי שיעוררו זה את זה אל האמת לאמתו, כי זה כל האדם. וכל אדם צריך לדבר עם חברו ביראת שמים בכל יום ובכל עת ועל כן מסבב ה' יתברך שילך ויסע האדם הכל רק בשביל זה...

על כן צריך כל אחד לשום לב להאמין שעקר נסיעתו וטלטולו כדי שיתוועד עם בני אדם, אולי יוכל לדבר עמהם דברי אמת או שיקבלו הם ממנו או שיקבל הוא מהם או שיקבלו ויאירו זה בזה בבחינת ומקבלין דין מן דין, כי בכל אחד מישראל יש נקדה טובה וצריכין לקבל הארה ממנו להאיר בנפשו לבל יישן את ימיו שנת עולם חס ושלום וכו' וזה עקר שרש כל הנסיעות שבעולם...

וזה בחינת "בהתהלכך תנחה אותך", שצריך האדם בנסיעתו לקדש מחשבתו לקשרה אל התורה לכוון בנסיעתו שנוסע בשביל אהבה ושלום להתוועד עם בני ישראל לעסוק בדברי תורה באמת, כדי שהתורה תלך

4 הבאר הייתה בזכות מרים, ועליה למדנו לעיל בפרק 'לצאת ממדבר צין'. והמן – ירד בזכות משה.

לפניו ותנחהו בחינת "בהתהלכך תנחה אותך" שזהו בחינת הארון עם לוחות האבן שהיה נוסע לפני בני ישראל, בחינת "ויהי בנסוע הארון" כנ"ל... ועל כן הסוכה בבחינת אהרן הכהן, שבזכותו הלכו הענני כבוד כמו שאמרו רבותינו זכרונם לברכה וכמבואר בזהר הקדוש, כי אהרן עסק בזה ביותר כמו שאמרו רבותינו זכרונם לברכה הוי מתלמידיו של אהרן אוהב שלום ורודף שלום אוהב את הבריות ומקרבן לתורה, כי זה עקר האהבה והשלום כנ"ל.[5]

מהי תכלית המסעות של האדם בעולם? נסיעותיו וטלטולו? כלפי חוץ הסיבה היא בדרך כלל ענייני פרנסה כאלה ואחרים, או צורך טכני לעבור מקום. אך חוויית הנסיעה, למרות שאנחנו חיים בעידן שבו כולם נוסעים כל היום לכל מקום, מהווה מבחינה פנימית חוויה משמעותית של גלות. של יציאה מהמקום. ואם אדם יוצא ממקומו, זה רק על מנת לפגוש מישהו או משהו שלא קיימים במרחב הרגיל שלו.

ענני הכבוד הם בזכות אהרן. הטלטול והמסע הם כדי לפגוש בריות שונות ממך, להתעניין בהן באופן שייצוֹר מהמפגש משהו חדש, משהו שונה. זה יכול לקרות רק אם לא תופסים את הבריות ככאלה שמפריעות לי בתוכניות שלי, מין תפאורה בעולם שבו אני הכוכב המרכזי, אלא כהזדמנות למפגש עם אור אינסוף אלוקי שבא לידי ביטוי במגוון הבריות אותן ברא הקדוש ברוך הוא בעולמו.

זוהי תכלית המסע. תכלית הטלטול. אולי זו נסיעה במונית, או באוטובוס, או הגעה למקום אחר, לקהילה אחרת. אהרן מתעניין, שואל. רוצה להכיר. ומכאן הוא אוהב, מכאן הוא זוכר.

5 **ליקוטי הלכות** חושן משפט, הלכות פיקדון וארבעה שומרים ה, לט.

רבי נתן משתעשע כאן בפסוק "וַיְהִי בִּנְסֹעַ הָאָרֹן",[6] והופך את אותיותיו ל"**ויהי בנסוע אהרן**". נסיעותיו של אהרן דומות לנסיעות הארון. לגלות אורות של קודש במציאות הנפשית והאנושית שאותה הוא פוגש תוך כדי מסעיו.

אהרן מקבל כבוד. הוא האדם היחיד בתורה שיש מצווה לכבד אותו ולעשות לו בגדי קודש לכבוד ולתפארת.

גם כאן רבי נתן מפתיע בפירושו לכבוד הזה:

> ועל כן זכה אהרן באמת לכבוד גדול זה שהוא קדושת הכהנה, בחינת "כי מכבדי אכבד ובזי יקלו" שהם המבזים את בני אדם ומוצאים חסרונות בכל אדם. וכשרואים את אחד שרוצה להתקרב לה' יתברך מבקשים ומחפשים למצא בו מומין וחסרונות ומבזין אותו והרי הם כאילו מבזין, כביכול, את ה' יתברך שכל כבודו על ידי מעשה התחתונים... אבל המכבד את הבריות ומקיים אל תהי בז לכל אדם וחותר ומשתדל לדבר עם כל אחד מהתכלית להכניסו אל הקדושה שזה עיקר הכבוד, בוודאי הוא מכבד את ה' יתברך, ועליו נאמר "כי מכבדי אכבד".[7]

אהרן מכבד את בריותיו של הקדוש ברוך הוא. כל כבודו של הקדוש ברוך הוא עולה מבריותיו שברא, ואהרן מבין זאת. אהרן לא מביט על האנשים רק כמות שהם. הוא מבין שיש בכל אחד מהם ניצוץ אלוקי של ממש, שממנו עולה כבוד הבורא יתברך. ולכן הוא מתעניין. סקרן. צמא למפגש. ודווקא עם הרובד הפנימי של האדם, עם חלק הנשמה שבו, שאותו לא ניתן למחוק או לבטל, אלא רק להסתיר. דווקא החלק הזה מעניין את אהרן הכהן. הוא מכבד כבוד עמוק את בריותיו של הקדוש ברוך הוא – ולכן זוכה לענני כבוד, ולבגדי כהונה לכבוד ולתפארת.

6 במדבר י, לה.

7 **ליקוטי הלכות** אורח חיים, הלכות נטילת ידים לסעודה ובציעת הפת ו, נט.

אהרן זוכה לכבוד כי הוא מכבד כל אחד. "איזהו מכובד? המכבד את הבריות".[8] בריות דווקא. מספיקה הסיבה שהם בריותיו של הקדוש ברוך הוא – על מנת לכבדם.

וכבוד – איננו דבר חיצוני, כמו פנייה בגוף שלישי ודיבור בנחת. כבוד אמיתי הוא מתן ערך. יש ערך לזולת שלידך. הוא שוקל. הוא 'כבד'. יש לו משקל פנימי. ולכן, אם יש בו ערך – כדאי להתעניין בו, בערך שלו. התעניינות אמיתית.

ואז גם נוצרות קרבה ואהבה. וכשאוהבים משהו, או מישהו, זוכרים את שמו ללא כל מאמץ.

להיות תלמיד של אהרן, להביט בעין טובה על בריותיו של המקום, לרצות בחברת כל אחד ואחד. לכבד באמת – לא במניפולציה פטרונית, אלא באמת. בגובה הלב. להתעניין בהם, לאהוב אותם, ולשאת את שמותיהם על הלב, לזיכרון, לפני ה' תמיד.

## בסוד שיח לב ומוח

**מוח:** אתה יודע, לב יקר, שאני שליט עליך. בטח למדת בספר התניא – מכיר? "מוח שליט על הלב"...

**לב:** נכון, מוח. אתה באמת השליט. אבל תגיד לי, אפשר להסתדר בחיים רק מכוח שליטה? המילה שליט לא מזכירה לך שליטים רודנים? בסוף הם נופלים, אתה יודע. צריך גם הזדהות, חיבור, חום, קרבה. צריך לדעת גם קצת לאבד שליטה...

**מוח:** אחי הלבבי, אי אפשר לבנות עליך... אתה לא יציב, לא שיטתי מספיק. עולה ויורד. עבודת ה' זה דבר רציני, שמצריך שיטה, עקביות, בירור שכלי. אם אין אתכפיא, בסוף הכול יכול לקרוס.

8 אבות ד, א.

**לב:** ולא חסר לך מדי פעם ללכת עד הסוף? עד כלות? להתאהב? ומה תאמר, אחי, על זה שמשה רבנו דיבר דווקא על הלב במקומות הכי פנימיים? "וְאָהַבְתָּ אֵת ה' אֱלֹהֶיךָ – בְּכָל לְבָבְךָ". "וְיָדַעְתָּ הַיּוֹם וַהֲשֵׁבֹתָ אֶל לְבָבֶךָ"... לב, לב, לב.

**מוח:** אני רץ למרחקים ארוכים, אחי. ואת האהבה שאתה מדבר עליה – אני מקבל דווקא מהלימוד. "על פי הדעה תהיה האהבה", אמר מורי ורבי הרמב"ם.[9] זוהי אהבה!

**לב:** אי אפשר איתך, אבל לא אוכל בלעדיך. האם תסכים אחי היקר להיות הרב והמורה שלי? להזהיר אותי מעצמי במקומות מסוימים? ללמד אותי אהבת אמת?

**מוח:** חשבתי בגאוותי שרק חוכמתי תעמוד לי. בשמחה אהיה המורה שלך, אך רק אם תסכים להיות אתה הצדיק שלי. לחמם אותי, לעורר אותי, לשמור עליי מקרירות עקרה ומאנליטיות מפוררת.

"אֶת מִי יוֹרֶה דֵעָה, וְאֶת מִי יָבִין שְׁמוּעָה? גְּמוּלֵי **מֵחָלָב**, עַתִּיקֵי מִשָּׁדָיִם"[10]

**אל תקרי "מחלב" – אלא "מֹח־לב".**

9 הלכות תשובה י, ו.

10 ישעיה כח, ט.

נ ס פ ח

# אַרְבָּעָה פְּרָקִים עַל חֲסִידוּת

## הקדמה

לאורך הספר פסענו בין שלושה מרחבים שונים, תוך שאנו שואבים מכלל מעיינות החסידות. אך חשוב להכיר מעט את תולדות החסידות באופן כרונולוגי, ואת הסיבות שבגללן היא הולכת ומתפשטת עוד ועוד, ורבים מוצאים בה מקור מים חיים לנפשם. בפרקים הבאים נסקור את המהלך הפנימי של התפשטות תנועת החסידות מראשיתה ועד לדורנו.

## פרק ראשון – שורשים

ראשית תנועת החסידות היא ברבי ישראל בעל שם טוב. הבעש"ט נע מכוח חוויית ילדות מכוננת: על ערש דווי ציווהו אביו: "ישראל, תאהב כל יהודי, ותפחד רק מה' יתברך".

**אהבת יהודי** היינו ידיעת מעלתו של היהודי הפשוט. מסירות נפשו על קיום המצוות. האמונה הפשוטה. הכרת ערכה של מצווה בכוונה, של אמירת תהילים, של שמחה, של עזרה. הבעש"ט מקביל לעמוד החסד של אברהם אבינו. נע ממקום למקום, מרומם ומשמח את נפשם של היהודים הפשוטים, העממיים, ומחזק את ליבם. ממנו באה האמרה "עצמות פשיטותו של אינסוף מאירה בפשיטותו של יהודי פשוט".

**הבעל שם טוב** הוא בעל השם "טוב", אחד משמותיו של הקב"ה. הוא המביט בעין טובה על הבריות ועל מעלתן, מלמד זכות ומנחם, מעודד ומשמח.[1]

התובנה הזו, שיהודי פשוט הוא בעל מעלה וחשיבות כלפי שמיא, יצרה שינוי דרמטי עבור כל אחד מאיתנו, ופתחה פתח לכינוי חדש: מעתה לא רק "לומדי תורה" או "תלמידי חכמים", אלא "עובדי ה'". ואת ה' יתברך אפשר לעבוד בכל דבר – בתפילה, במצוות, בחסד, באהבת ישראל ובאמירת תהילים.

אך הבעש"ט אינו רק איש האנשים הפשוטים. **הוא סולם מוצב ארצה וראשו מגיע השמימה.** הראש מופנה כלפי תלמידי החכמים הנקבצים אליו, שאותם הוא מלמד לא לפחד מאף אחד חוץ מה' יתברך. לבקש את המפגש עם ה' יתברך דרך התורה, ללמוד עם נשמה, ללמוד עם חיות. לא להתפתות אחר ההנאה האינטלקטואלית שיש בתורה, אחרי המבנה המרהיב או הרצון לנצח בוויכוח, אלא ללמוד עם "אחד". השונה פרקו מאה פעמים ואחד – היינו עם האחד – הוא הנקרא עובד ה'.

**לזה מגיע תלמידו הגדול, הרב המגיד.**

"ביערות אוקראינה מסתובב דוב – לכו צודו לי אותו", אמר הבעש"ט לתלמידיו. והם הלכו והביאו לו – את הרב דוב בער, הרב המגיד.

הרב המגיד מקבל מהבעש"ט את סוד הלימוד עם הנשמה, את המפגש עם רצון הבורא דרך האותיות.

בשפת ימינו אפשר לקרוא לזה "לימוד קיומי". לא רק להבין הבנה שכלית, אלא – מה הדבר אומר לי? כיצד הוא משנה אותי? איך אני מגיב לו? זוהי הדרך שבה ניסינו ללכת לכל אורך הספר.

1 השם 'טוב' הוא גימטריה של השם אהוה העולה מפסוק: 'את השמים ואת הארץ'. והוא המחבר שמיים לארץ ורואה בשמיים אמצעי דייקא לטובת הדירה בארץ.

שם, אצל הרב המגיד, נקבצת חבורה מיוחדת ביותר. ר' לוי יצחק מברדיטשב. האחים הקדושים ר' זושא ור' אלימלך, רבי פנחס מקוריץ. וה'ליטוואק' – רבי שניאור זלמן מליאדי. כעדותו, הוא נסע אל הרב המגיד כדי ללמוד איך להתפלל. אכן, למגיד נוסעים כדי ללמוד איך להתפלל. החסידות שמה את עולם התפילה במרכז – את המפגש הישיר עם ה' יתברך. לכן הרב המגיד מקביל לעמוד העבודה, זו התפילה.

לשים את עולם התפילה במרכז, משמעו לבקש את המפגש עצמו. גם זה שינוי גדול.

אך החסידות עושה עוד משהו דרמטי, ובכך מתכתבת מאוד עם העולם שלנו, עולם בעלי העסקים: היא משנה את היחס לעולם הזה.

עד החסידות – העולם הזה נתפס, במקרה הטוב, כפרוזדור לטרקלין. תחנת ביניים בדרך אל העיקר, אל העולם הבא. העולם הזה, עולם העשייה המרוחק מהבורא יתברך, נקרא "חרן". חרונו של מקום. אך הרב המגיד, בתורה מיוחדת, אומר שהתכלית היא העולם הזה דווקא. להפוך את 'חרן' ל'רנה': לשבור את הסגירות של האות חי"ת ולהפוך אותה לה"א שיש בה פתח, לתוכו נכנס וחודר אור אלוקי, וכך להפוך את העולם הזה למספר כבודו יתברך.

העולם הזה נהיה כתובת. נהיה משהו. יש חשיבות לעבודה בו בפני עצמו, כפי שהוא, לא רק כהקדמה ומבוא למציאות אחרת. כך נשמעת מפיו של הרב המגיד האמירה המזעזעת "אצילות איז אויך דא": "עולם האצילות – זה כאן!".

העולם הזה הוא בסוד "דב" – ראשי תיבות "דירה בתחתונים". התאווה הגדולה של המלך היא שמלכותו תהיה בעולם הזה דווקא. וכמו פיצוץ יוצא מבית המדרש שבמזריטש לעבר כל עולם היהדות, בדרך לשינוי. לחיים של העלאת ניצוצות. לחיים שפורצים את גבולות בית המדרש ומבקשים אלוקות בכול. בכל מעשה, בכל תנועה, בכל חלק בבריאה.

התפיסה הזו היא קריטית כאשר חוזרים לחיות חיים שלמים בארץ ישראל. האם הקדוש ברוך הוא נמצא בחוץ? ברחוב? בעולם העסקים? האם

ה'צמצום' הוא כפשוטו והעולם נעדר אור אלוקי, או שגם בעולם החול – במערכות היחסים בין חברים, בהתמודדות בענייני ממונות, באתגרי הזוגיות – ניתן ואף חובה למצוא ולגלות את האור? החסידות פורצת את כותלי בית המדרש ומכריזה: לית אתר פנוי מיניה! הוא ממלא כל עלמין וסובב כל עלמין! וה'צמצום' – אינו כפשוטו.

מהרב המגיד הולכת החסידות ומתפשטת לשלושה ענפים ראשיים:

רבי מנחם מנדל מוויטבסק עולה לארץ ישראל יחד עם עדת חסידים, ומייסד את היישוב החסידי בטבריה.

רבי אלימלך מליז'נסק נשלח להפיץ את החסידות בפולין והגלילות. ממנו נפוצו כל אדמו"רי פולין, בעיקר דרך תלמידו הגדול החוזה מלובלין.

ורבי שניאור זלמן מליאדי – נשלח לרוסיה הלבנה, להפיץ שם את בשורת החסידות.

ובכן – להט יש. ניגונים יש. עולם תפילה עשיר יש. צדיק יש. אך האם יש תורה סדורה מאחורי תנועת החסידות? האם יש שיטה?

## פרק שני – תורה חדשה מאיתי תצא

"תורת החסידות". האם יש דבר כזה? הרי תורה אחת לנו. משה קיבל תורה מסיני ומסרה ומסרה. ומניין צמח אפוא הביטוי "תורת החסידות"?

התשובה לכך היא על ידי משל. החסידות משולה למה שעושה המנגינה למילים. המילים הן אותן המילים, אך כעת הן מוטעמות אחרת, חודרות אחרת, נהיות לחלק מן האישיות.

משל אחר מדבר על חדר חשוך שנכנסו אליו והדליקו בו את האור. זה אותו חדר בדיוק. לא נוסף בו דבר. ובכל אופן הכול השתנה. האור מאיר את הכול, מבאר ומנהיר.

משל שלישי מספר על אוכל מזין וטוב, אך חסר תבלינים. גם כאן, כל אבות המזון נמצאים, דבר לא חסר לתזונה של הגוף, אך הרבה חסר לטעם,

לחשק ולשמחה. החסידות היא התבלין המאפשר להגיע למצב של "טַעֲמוּ וּרְאוּ כִּי טוֹב ה'".[2]

התורה החסידית בדורות הראשונים אופיינה באמירות קצרות ומטלטלות. כברק שמבריק ומזעזע את העולם הפנימי, אך עדיין ללא שיטה מגובשת וסדורה. ובכל זאת, הבדל אחד צץ מייד בדור הראשון של החסידות. הבדל משמעותי מאוד להמשך: היחס ל'צמצום'.

חכמי המקובלים עסקו רבות בשאלה: כיצד ברא האינסוף את הסוף? איך ייתכן חיבור כזה, ללא פיצוץ מיידי שמבטל כל אפשרות של קיום נפרד?

תשובה אחת שהעניקו קשורה לסדר ההשתלשלות. משל לדבר: אם הרמטכ"ל פוגש את הטירון ומדבר עימו, זה עלול לשתק את החייל. אך אם הרמטכ"ל מעניק סמכות לסגנו, וממנו היא הולכת ומשתלשלת בשרשרת הפיקוד עד למפקד הכיתה, וממנו לטירון – הוא יכול לעמוד.

ותשובה אחרת היא הצמצום. הקב"ה צמצם את אורו, עד שנוצר חלל פנוי ממנו כביכול. בחלל הזה מתאפשרת בריאת עולם הנראה כישות עצמאית ונבדלת. משל למורה שנוכח בכיתה ולפתע מחליט לעזוב אותה. דווקא העזיבה שלו מאפשרת לכיתה להביא לידי ביטוי מי היא באמת, כולל אפשרות לדבר סרה במורה עצמו.

אלא שכאן בא הבעל שם טוב, וחידש בדברי רבנו האר"י שחלילה לומר שהצמצום כפשוטו. הצמצום הוא רק ביחס אלינו, אך כל המציאות כולה עדיין מלאה באלוקות. בחלק מהמקומות אנחנו רואים זאת, כמו בקיום תורה ומצוות, ובחלק מהמקומות אנחנו לא רואים זאת אלא אם נצטייד בכלים הראויים. משל גשמי לדבר – גלי אינפרה־אדום או אולטרה־סגול, שלא ניתן לראותם ללא כלי עזר מיוחדים, אך הם קיימים.

התפיסה הזאת בעצם קראה להולכים בעקבותיה לרכוש את הכלים שדרכם יוכלו לפגוש את הקדוש ברוך הוא לא רק בקיום המצוות ולימוד

2 תהילים לד, ט.

התורה, אלא בכל צעד וצעד. בפרנסה, במפגשים עם בני אדם, בסיטואציות השונות הקורות לנו. הכול אלוקות. הוא יתברך ממלא כל עלמין וסובב כל עלמין. זוהי כמובן תפיסה רדיקלית ביותר, שעתידה לשנות לא רק את עולמם של המקובלים אלא גם את עולמנו שלנו. יש צורך לבנות כלים ראויים לסוג תפיסה שכזו.

## פרק שלישי – הבינוני!

כאן המקום שבו זורח אורו הכפול של הרב שניאור זלמן בורוכוביץ – הוא רבנו הזקן, מייסד חסידות חב"ד. כאן חידושו הגדול:

במשך שנים רבות הדמות שאליה שאף כל יהודי עובד ה' הייתה דמותו של הצדיק. היצר הרע, השאיפות הנמוכות, הנפילות והחטאים – נתפסו כמין 'באג' במערכת. תקלה שלא אמורה לקרות.

אך כיוון שתקלות כאלה קורות גם קורות, הולכת ומתפשטת תחושה של זיוף, של תסכול, של פגם בייצור.

אך אם, כמו שהבאנו לעיל, ה'צמצום' אינו כפשוטו, ואם הכול ממנו יתברך – מייד עולה המחשבה, הנראית מופרעת במבט ראשון, שגם החלקים האלה, המתסכלים אותנו כל כך – גם הם ממנו יתברך.

וכך הגיע אדמו"ר הזקן להגדרה המופלאה של ה'בינוני'. זה שנמצא בין לבין. והוא, הוא ולא אחר, הגיבור של המחזה. הוא זה שגורם למלך את השמחה הכי גדולה. דווקא בגלל המאבק הקשה והמתח המובנה, דווקא מהדמות הנאבקת, המשתדלת, עולה הכי הרבה נחת רוח למלך.

אדמו"ר הזקן הפך את היוצרות. הבינוני, שהוא כל אחד מאיתנו, נעשה לגיבור הראשי, והצדיק דומה יותר לתאורה רבת עוצמה. הצדיק נשלח להאיר, לסייע, לעזור – אך הלוחם האמיתי הוא הבינוני.

בספר הזה צעדנו רבות בעקבות הבינוני הזה. המתמודד. המתקשה. השואל את עצמו שאלות. הנופל וקם. הבינוני שיש לו נפש בהמית המושכת אותו כלפי מטה ונפש אלוקית המושכת כלפי מעלה, והוא בתווך.

הנפש הבהמית השוכנת אצל הבינוני, שהכוח שלה עלול להיות היצר הרע, איננה תקלה ולא טעות ולא שגיאה. היא יציר כפיו של הקדוש ברוך הוא, שמבקש להתגלות גם דרכה ואולי בעיקר דרכה. זה החידוש. זה הפלא. הנפש הבהמית כאן, והיא כאן כדי להישאר. המלחמה לא תיפסק. אפשר שהיא תעבור שלב, אפשר שמגרש המשחקים ישתנה, אך המאבק יישאר.

בכך נזקפה קומתם של רבבות – מתחושת תסכול וזיוף לתחושת חשיבות ושליחות. אנחנו העניין המרכזי. הכול בנוי ומונח עלינו.

כדי לעמוד במשימה הגדולה הזו, מדריך אדמו"ר הזקן את חסידיו. ראשית בעצם ההבחנה הזו, ושנית בעצות מעשיות ומדויקות. אך כאשר זרם הפונים נעשה גדול מדי, מגיע הזמן להעלות על הכתב את כל העצות הללו, כשיטה מגובשת ושלמה. כך נכתב ספר התניא: "ספרן של בינונים".

השיטה היא חלק מההצלחה, והיא מיוסדת בדרך של "חכמה בינה דעת".

חכמה היא ההברקה. הרעיון הראשוני. ההברקה המטלטלת, רעיון שמבריק בשכל, אך עדיין אין לו כלים ותוכנית מעשית. השלב הזה מקביל לדורות הראשונים של תנועת החסידות, שהתאפיינו בתורות קצרות ומלהיבות אך ללא גיבוש שיטתי מסודר.

אך אז מגיע שלב הבינה. הבניין השיטתי, שמגיע מתוך התבוננות וכלים מסודרים ומובנים. זהו החידוש המרכזי של ספר התניא, שבונה שיטה מסודרת ושיטתית. בינה לשון בניין. את הרעיונות המטלטלים לוקחים ובונים מהם שיטה איתה אפשר לעבוד ביום יום.

אך בחכמה ובינה אין די. יש צורך גם בחיבור נפשי, שיהפוך את הידיעות הללו לחלק מאיתנו. לחלק מהאישיות. זה תפקידה של ספירת הדעת, המחברת בין המוחין לבין המידות. ספירת הדעת לוקחת ידיעות ותובנות והופכת אותם להיות חלק ממני – דרך עולם הרגש וההזדהות. בחסידות זהו תפקיד הניגון. בעיקר הניגון המכוון, הבא תוך כדי התוועדות. הניגון יוצר הרחבה בלב ובנפש. הלב נפתח והדברים שנלמדו נעשים חלק מהאישיות. כלומר אנחנו לא רק

יודעים אותם, אלא גם רוצים להיות כאלה. ובכן אין פלא כשאנחנו מוצאים את אדמו"ר הזקן נוכח מאוד גם בחלק הזה, של ניגונים וחיבור ניגונים. ראש לכולם הוא ניגון 'ארבע בבות', הלוקח את כל העבודה החב"דית ותוקע אותה במקום הכי עמוק בלב, באופן המשנה את האדם המנגן מיסודו.

אך עדיין נותר לנו לברר – כיצד מהפכה שקרתה לפני מאתיים שנה נעשית כה רלוונטית בשנים האחרונות? מהו הקשר המובהק בין תקופתנו לבין מהפכת החסידות?

## פרק רביעי – על הצימאון לחסידות

מה פשר המפץ הנוכחי? מדוע חלה לאחרונה התעוררות עצומה ללימוד החסידות, להכרת תורתה, התוודעות לעולם הניגונים שבה ועוד?

אפשר להעלות השערות רבות לכך. אך דומה שקו מחבר אחד עובר בין כל ההשערות שיעלו, ואותו ננסה לתאר.

החסידות עוסקת רבות בנפש האדם. בהתמודדויות היחיד, במיקום של היחיד בתוך המערך הכללי. בכך היא מציעה פשר ומענה לקשיים, להתמודדויות, וגם לנוכחות בכמה וכמה עולמות. היא מתייחסת גם לעולם התורה והמצוות מצד אחד, גם לעולם הפרנסה וקשייה מצד שני. לעולם חינוך הילדים והחינוך העצמי, ובאופן מיוחד גם למערכות החברתיות ולאופן שבו הן אמורות להתנהל. כך נוצרת הקהילה החסידית, ה"חצר", עם מוסד ההתוועדויות, ההתכנסות סביב המועדים ועוד.

אלא שאז החלה בעם ישראל תקופה אחרת. זמן כללי החל מנשב באוויר. מלחמות, שואה, הקמת מדינה. צרכיו ומצבו של היחיד נדחקו הצידה מחמת צורכי הכלל המרובים.

המטוטלת ההיסטורית נטתה מן הפרט אל הכלל. אך כדרכה, כעבור זמן, היא מבקשת איזון, וחוזרת חזרה אל הפרט.

זמננו חוזר חזרה אל היחיד, אל צרכיו ואל מצוקותיו ובעיקר אל הצורך הקיומי שלו להרגיש שייך. אמת, המהלך הכללי הוא אדיר – אך איפה אני

בכל המבנה הזה? מה החלק שלי? איך התקופה הענקית הזו חודרת גם אליי, מאירה את חיי וגואלת גם אותם?

נחשפת כאן המידה של כלל הצריך לפרט ופרט הצריך לכלל.

והנה מתברר שתורת החסידות בעת הזאת מהווה מענה מדויק, מגובש ומלוטש, לשאלות הקיומיות שאנו מתמודדים איתן. דווקא השלווה הגשמית היחסית שבה אנו נמצאים, ודאי ביחס לשנות הגלות הארוכות והקשות, ולאחר שהרמנו את הראש מעל המים הזדונים של השואה האיומה וראינו שקמה אלומתנו וגם ניצבה – פנויים אנחנו לשלב הבא. לשאול את עצמנו – מה הצבע שלי? מה האות שלי בתוך האירוע הכללי הזה?

דווקא אלה שנעים בין עולמות, שנמצאים גם בעולם הכללי של מדע ולימודים כלליים וגם בתוך בית המדרש – ואולי גם בעוד עולמות – דווקא הם הכי זקוקים לתורה שתיתן מענה למעבר התמידי שלהם מהכא להתם. דווקא הם צריכים לתורה שתצייד אותם בכלים נכונים ומדויקים לפעולה בכל העולמות בצורה טובה. כי הרי כבר למדנו – הצמצום אינו כפשוטו!

וכך, במהלך השנים האחרונות, הולכת תורת החסידות ותופסת מקום רחב יותר ויותר בקרב קהלים רבים מאוד. קהלים שלא שייכים דווקא לארגון החברתי שנקרא "חסידות", אך מוצאים עצמם קשורים יותר ויותר לרעיונות הבסיס והעומק שהיא מביאה איתה: התמודדות בין סוגי הנפשות, חיפוש אלוקות בכל דבר, היכולת לפעול בכל העולמות, נגיעה קיומית של המצוות בעולם הנפש הפנימי, הניגון, ההתוועדות, השפעה וקהילה. כל אלה יסודות חסידיים ההולכים ותופסים מקום רחב יותר ויותר. נפרט שניים מיסודות אלה, הנוכחים מאוד בחיינו:

### בין בורר למייחד

בעומק תנועת החסידות, וההתעוררות אליה בדורנו, עומדת אמירת המשיח לבעל שם טוב במענה לשאלתו "אימת אתי מר?" – "בעת שיתפרסם למודך

ויתגלה בעולם ויפוצו מעיינותיך חוצה... ויוכלו גם המה לעשות יחודים ועליות כמוך".[3]

המעבר מ'מלאכת בורר', שבה אנו נדרשים להפריד את הטוב מן הרע, ל'מלאכת הייחודים' שבה אנו מייחדים ומחברים כל דבר לאחד, ובעצם מגלים את ניצוץ האלוקות הנמצא בכל תנועת חיים במציאות, הוא מעבר שהחסידות מאפשרת אותו. הקב"ה נמצא ונוכח בנפש הבהמית שלנו, ולא רק בנפש האלוקית. הוא נמצא בימות החול, במלאכה, באכילה, בשיח החברים – ולא רק בשבתות, במצוות ובלימוד התורה. אין עוד מלבדו, אפס זולתו. על זה אמר הרב המגיד ממזריטש את אמירתו המדהימה "אצילות – זה כאן". מלאכת הייחודים היא פעולה משיחית מובהקת, כאשר הנוכחות האלוקית פורצת גבולות עד למימוש התכלית של "מָלְאָה הָאָרֶץ דֵּעָה אֶת ה' כַּמַּיִם לַיָּם מְכַסִּים".[4]

**כלל מתוך פרט**

גם הארגון החברתי החסידי הולך ומוצא את עצמו נוכח יותר ויותר בחיינו. אין מדובר כאן ב"חצר" במובן המקובל, אך כן בהתאגדות יחד לקהילות ששמות במרכז הווייתן לא רק את הפן החברתי או הפרקטי, אלא את הרצון לעבוד את ה' יחד, בדרכים שונות – בחסד, בתורה, בתפילה, בחברות וברעות. וכך, המבנה החסידי החברתי זוכה אף הוא לעדנה. גם כאן, אומנם אנחנו חיים במדינה יהודית, אך היחיד המחפש שייכות נצרך לחיי הקהילה דווקא. וכאשר הקהילה מתאגדת סביב הרצון להיות משפיעים ומושפעים אחד מן השני בעניין הזה, של עבודת ה', זוהי בעצם קהילה חסידית גם במבנה הארגוני שלה.

הצימאון לחסידות הוא בעצם צימאון לפשר. לחיבור. לתחושה אמיתית שאינני רק חייל בתוך מהלך גדול מאוד, לעיתים גדול ממני, אלא יש מי

3 איגרת הבעש"ט לגיסו ר' אברהם גרשון מקיטוב. מובאת בכתר **שם טוב** א.

4 ישעיה יא, ט.

שנותן מענה לצרכים ולהתלבטויות שלי. להתמודדות, לנוכחות בכמה וכמה עולמות. וכאשר כל זה עטוף בגאולה כללית, בקיבוץ גלויות ובבניין הארץ – הרי משהו שלם מתחיל להירקם כאן. משהו שבו הפרט הוא משמעותי, מחובר ועובד את ה׳ מתוך תחושת חיבור, חום והארה, והכול פועל במרחב כללי של גאולת עם ישראל.

״נפשי חמדה בצל ידך לדעת כל רז סודך״. והחמדה הזו, או לפחות מקצת ממנה, באה לידי ביטוי בספר הזה, שמצטרף גם הוא לתנועה הגדולה הזו ולזרם החי של מעיין מים חיים מתורת החסידות, ההולך ומרווה רבים מתורתו של משיח, כמענה לקריאה ״אימת אתי מר – לכשיפוצו מעיינותיך חוצה״. ״הוֹלֵךְ וָאוֹר, עַד נְכוֹן הַיּוֹם״.[5]

5 משלי ד, יח.

# מפתח לפי פרשות השבוע

אמר הכותב.

הספר הזה מסודר על פי מרחבים בנפש. ובאו בו שיעורים שהעברתי והרגשתי שהם הולכים איתי הרבה מעבר לזמן שבו הם הועברו. ונהפכו לאבני יסוד בעבודת הנפש.

אומנם, לתועלת הלומדים, מצורף כאן גם מפתח לפי פרשות. כי פעמים רבות המפתח בלב נפתח יחד עם הפרשה.